AF320979

Путин — мастер игры?

Жак Бо

Путин - мастер игры?

Max Milo

Макс Мило, Париж, 2022
www.maxmilo.com
ISBN: 9782315010264

Содержание

Содержание

1. Введение

Ежедневная программа «C dans l'air» на канале *France 5* - неиссякаемый источник вдохновения. Попеременно с докладами и комментариями группы французских экспертов, он охватывает различные внутри- и внешнеполитические темы.

17 октября 2021 года специальный выпуск программы под названием «Путин, мастер игры», который ведет Каролин Ру, дает нам представление о политике «хозяина Кремля» Владимира Путина. Он дает нам возможность углубить размышления, начатые «Франс 5», и критически оценить наш образ России. Мы будем следовать программе, которая послужит основой для более целостного осмысления.

Наша первая цель - обеспечить лучшее понимание угроз, рисков и опасностей нынешних отношений между Западом и Россией.

Вторая цель - осветить работу журналистов и СМИ, которые работают честно, и представить ее в перспективе с размышлениями «экспертов» *France 5*.

В конце 2021 года наши СМИ повторяют звук сапог на украинской границе, предвещая возможный конфликт в начале 2022 года. После долгой карьеры в области предотвращения конфликтов и с учетом моих знаний о России, я подумал, что было бы полезно изучить пути улучшения наших отношений с Россией.

Первый шаг в этом процессе - подвергнуть сомнению наше восприятие России, ее менталитета, ее внешней политики и ее целей, а также проверить, в какой степени наши дипломаты имеют целостный образ «врага».

Вопреки распространенному мнению, стратегические разведывательные службы, то есть те, кто анализирует международную ситуацию для политиков, почти на 95% работают с открытыми источниками, то есть с нашими СМИ. Таким образом, помимо влияния СМИ на мнения лиц, принимающих решения, существует также структурное влияние СМИ и «экспертов» на политические решения, влияющие на общественную жизнь.

Именно поэтому разнообразие информации является основополагающим элементом осуществления власти в демократическом обществе. Цель этой книги - не оправдать или оправдать какое-либо конкретное правление, не занять позицию в пользу или против какого-либо конкретного правительства (даже если ее выводы кажутся таковыми), а отдать должное СМИ, которые вносят свой вклад в это разнообразие.

1.1 Методология

Вполне логично, что обвинения Запада наталкиваются на противоположную риторику в странах-мишенях (в данном случае: в России). Как и в моей книге «*Управление с помощью фальшивых новостей*», моя цель не в том, чтобы передать послания стран, которые обвиняются. С этой точки зрения, я использовал почти исключительно западные источники, чаще всего американские или французские, часто традиционные СМИ, официальные или авторитетные источники по теме.

В отличие от *организаций по проверке фактов*, таких как Conspiracy Watch, которые избегают определения таких терминов как «заговор» в целях цензуры и дезинформации, здесь мы будем использовать точную терминологию. В отличие от них, мы будем использовать *фактчекинг,* чтобы показать, что есть честные журналисты, которые добросовестно выполняют свою работу. С этой точки зрения мы будем анализировать ситуации без политической предвзятости.

1.2 Терминология

Термин «ложь» означает утверждать что-то, зная, что это неправда. Мы не будем использовать этот термин, когда «правда» будет опубликована после отчета. С другой стороны, в подготовленной программе, содержащей кадры, которые уже были развенчаны, мы будем использовать термин «ложь». В этой книге мы будем использовать термин «дезинформация» в том же смысле.

Фальшивые новости - это информация, которая может быть или не быть намеренно ложной. Это результат невежества, непонимания, искажения информации или преднамеренной лжи.

Пропаганда» - это подчеркивание одного аспекта вещей за счет других аспектов. Не заблуждайтесь: он не обязательно распространяет ложную информацию. Но подчеркивая одну сторону вещей, он искажает наше восприятие. Обычно это приводит к заговору.

Конспирология» или «заговор» - это создание повествования из частичной информации, предположений или подозрений, рассматриваемых как факты, и собранных в соответствии с произвольной логикой. Поскольку он создает историю из разрозненных элементов, конспирология может сочетать элементы пропаганды с дезинформацией и дезинформацией.

Например, утверждение о том, что Россия находится в тени «желтых жилетов», основанное на твитах из России, представляет собой смесь пропаганды (потому что там, вероятно, также есть твиты из Швейцарии, Бельгии или Германии) и дезинформации (потому что «русские» - это не «Россия», не говоря уже о российском правительстве), собранную в теорию заговора. Слабым местом теорий заговора обычно является цель, которую они преследуют («с какой целью?»).

Мы будем говорить об отсутствии честности, когда человек воспринимает предположение как факт, позволяя своим предрассудкам говорить за себя или авторитетно игнорируя альтернативные объяснения, чтобы выдвинуть обвинения.

2. Внешняя политика Владимира Путина

2.1.Стремится ли Владимир Путин воссоздать СССР?

Нет. СССР был марксистским государством, смысл существования которого состоял в том, чтобы способствовать динамике классовой борьбы в мире. Россия Владимира Путина - это государство с либеральной экономикой, принципиально иное по своей идеологии и функционированию.

Его неоднократно обвиняли[1] в сожалении о бывшем СССР и в том, что он заявил, что «разрушение СССР было величайшей геополитической катастрофой в истории 20-го века[2] «. Эта фраза периодически повторяется в СМИ, таких как *Le Monde*[3], *Le Figaro*[4] или *France 24*[5] и, конечно, *France 5*[6], чтобы объяснить его «ностальгию»

---

1. Программа "C dans l'air", 19 января 2022 года ("Украина: можно ли избежать войны? #cdanslair 19.01.2022", *France 5/YouTube*, 20 января 2022 года (18'24").
2."Comment un homme a changé la Russie", *la-croix.fr*, 26 апреля 2005 г.
3."Падение советской империи, двадцать пять лет спустя", *lemonde.fr*, 8 сентября 2016 г.
4."Владимир Федоровский: "Распад СССР - это все еще травма...", *lefigaro.fr*, 16 декабря 2016 г.
5."Путин, неизбежный босс России", *France 24*, 18 марта 2018 г.
6.Программа "C dans l'air", 19 января 2022 года ("Украина: можно ли избежать войны? #cdanslair 19.01.2022", *France 5/YouTube*, 20 января 2022 года (32'12").

по СССР и стремление вернуть его «величие». Это фактическая ложь и политическое введение в заблуждение.

Оригинальное предложение взято из речи 25 апреля 2005 года, в которой Владимир Путин сетует на хаотичность перехода к демократии:

> *Прежде всего, мы должны признать, что распад Советского Союза был крупной геополитической катастрофой этого века, которая стала настоящей трагедией для российского народа. Десятки миллионов наших граждан и соотечественников оказались за пределами российской территории. Более того, эпидемия дезинтеграции заразила и саму Россию. Все экономики таяли, а старые идеалы были разрушены. Многие учреждения были ликвидированы или жестоко реформированы (...)[7] .*

Так что это катастрофа не для человечества, а для повседневной жизни российского населения. Эта фраза относится к настоящей ностальгии среди населения, 11-13% электората которого остались верны Коммунистической партии, главной оппозиционной партии. Путин ни разу не сожалеет о старой коммунистической системе. Напротив, он выступает за либеральную экономику, образцом которой является Запад. Что касается воссоздания Российской империи, то это очень западная фантазия, на которую ни российское правительство, ни Владимир Путин никогда не претендовали.

Задача Владимира Путина - не воссоздание советской империи, а восстановление голоса России на международной арене для защиты своих интересов. Но, вопреки распространенному мнению, этот подход не имеет территориальных или идеологических амбиций. По сути, она призвана служить противовесом громоздкому вездесущему

7.*Ежегодное послание Федеральному Собранию Российской Федерации*, 25 апреля 2005 года, Кремль, Москва (http://en.kremlin.ru/events/president/transcripts/22931)

присутствию Соединенных Штатов, которые действуют только в своих собственных интересах в ущерб интересам своих союзников и остального мира. Путин справедливо заметил, что с 1990 года Запад принимает одно неверное решение за другим, создавая конфликты, которые он уже не может разрешить. Европа не в состоянии создать противовес Соединенным Штатам. По простой причине: Европа не является ни членом Совета Безопасности, ни ядерной державой. Именно поэтому она согласна попирать собственные ценности.

Хотя европейцы поняли, что биполярный мир времен холодной войны стал однополярным и в нем доминируют Соединенные Штаты, они не до конца оценили последствия, в том числе и для себя. Дисбаланс в Совете Безопасности ООН привел к большому количеству международных дисфункций. К ним относятся бесконечные войны, незаконно развязанные Соединенными Штатами. Они велись при благодушии и участии европейских стран и привели к беспрецедентным миграционным явлениям и проблемам безопасности - от организованной преступности до терроризма.

2.2. Стремится ли Россия расширить свою "зону влияния"?

2.2.1. Европа времен холодной войны

На телеканале *France 5* Жан-Доминик Джулиани, президент Фонда Роберта Шумана, утверждает, что «Россия хочет иметь зону влияния в странах Балтии или в Польше.[8] «. Это ложь, Россия никогда не претендовала на такую «зону», ни открыто, ни тайно. Ни в *Стратегической концепции национальной безопасности 2000*[9], ни

8. Программа "C dans l'air" от 25 января ("Украина: русский или американский перегиб? #cdanslair 25.01.2022", *France 5/YouTube*, 26 января 2022 (19'02")
9. https://www.bits.de/EURA/natsecconc.pdf

в *Стратегии национальной безопасности России 2021*[10] это понятие ни разу не упоминается.

Это показывает, насколько невежественны те, кто представляется «экспертами», в вопросах, о которых они говорят... если только они не лгут.

Историческая тенденция к экспансии, которую сегодня приписывают России, в основе своей является атрибутом марксистского мышления, которым руководствовалась советская политика. В этой схеме СССР рассматривал себя как острие классовой борьбы и вел постоянную и системную войну с Западом, которая была частью исторического процесса. До смерти Сталина в военно-стратегическом мышлении СССР доминировала идея о том, что безопасность страны может быть гарантирована только победой социализма над капитализмом и что противостояние двух систем неизбежно. Советские стратеги говорили о принципе «неизбежности войны».

В ответ на эту опасность в 1949 году было создано НАТО. Его целью было поставить Западную Европу под ядерный зонтик Соединенных Штатов. Именно поэтому военную структуру НАТО с тех пор возглавляет американский солдат.

Все первые 12 членов НАТО расположены в западной части Европы: Альянс был явно оборонительным и сформулирован в соответствии с моделями немецких вторжений времен двух мировых войн. Он был отделен от СССР поясом стран, не входящих в него, и странами Восточной Европы. В 1952 году интеграция Греции и особенно Турции подтолкнула НАТО к границе СССР и встревожила Советы. Но решающим изменением стало вступление Федеративной Республики Германия (ФРГ) в НАТО 8 мая 1955 года. Это привело к созданию Организации Варшавского договора (или Пакта) неделю спустя.

---

10. https://carnegiemoscow.org/commentary/84893

На первый взгляд, в создании Варшавского договора не было необходимости: восточные страны управлялись коммунистическими партиями, которые зачастую были более жесткими, чем их советские коллеги, и Москва держала их под жестким контролем. В Польше, например, министром обороны был маршал СССР (который в 1949 году стал маршалом Польши) Константин Рокоссовский. Будучи советским гражданином, он привел Красную Армию к победе, несмотря на то, что в 1937 году был приговорен к смертной казни, которая была отменена только в 1956 году. Контроль Москвы был таков, что необходимость в Варшавском договоре не кажется очевидной. Поэтому есть и другое объяснение.

Вот оно: Советы получили ядерное оружие в 1949 году, и они понимают, что чем ближе НАТО к их границам, тем короче время их ядерной готовности и тем выше риск того, что им придется применить ядерное оружие.

Поэтому смысл существования Варшавского договора заключался в создании «буферной зоны», образованной странами Востока (Восточная Германия, Польша, Чехословакия, Венгрия, Румыния). Его основная функция заключалась в формировании плацдарма, но не для того, чтобы остановить агрессора, а для того, чтобы замедлить его, чтобы дать Советской Армии время привести себя в боевой порядок и контратаковать.

Жертвы нескольких попыток вторжения за два столетия (1812, 1918-1922 и 1941-1945), не говоря уже о революции 1917 года, спровоцированной Германией), русские сохранили глубокое недоверие к Западу, который всегда и везде имеет назойливую тенденцию начинать войны. Июнь 1941 года еще очень хорошо запомнился, и Советы не хотят снова оказаться в такой же ситуации.

Речь шла не столько о защите СССР, сколько о формализации границ буферной зоны, чтобы предотвратить слишком быстрое вступление в прямой контакт двух ядерных держав того времени, США и СССР, что вынудило бы их применить ядерное оружие.

После смерти Сталина в 1953 году идея системной конфронтации с Западом угасла. В 1956 году по инициативе Никиты Хрущева XX[e] съезд Коммунистической партии Советского Союза принял политику мирного сосуществования между коммунистическим блоком и западным блоком с последующим включением в советскую стратегию принципа неизбежности войны. Однако Советы продолжали верить, что социализм идет в русле истории. Даже без войны его победа неизбежна. Они пришли к выводу, что для предотвращения этого единственным выходом для «капиталистических» стран будет превентивное нападение на СССР.

2.2.2. Эпоха после холодной войны

После падения коммунизма, когда идея новой архитектуры безопасности на европейском континенте витала в воздухе, Россия не рассматривала новых членов НАТО как угрозу своей безопасности. Именно изменения, привнесенные администрацией Буша в начале 2000-х годов, встревожили россиян и вызвали реакцию Владимира Путина в его мюнхенской речи 2007 года.

Жан-Доминик Джулиани ошибается, когда заявляет в эфире телеканала *France 5,* что Россия не чувствует угрозы от нескольких небольших контингентов НАТО, время от времени размещаемых у ее границы[11]. Она также не чувствует угрозы со стороны НАТО, как ошибочно утверждают *Radio-Télévision Suisse*[12] или Caroline Roux[13]. Россия далека от паранойи, по словам Пьера Сервента[14], «эксперта» в области военной стратегии, который абсолютно ничего не понял

---

11. Программа "C dans l'air" от 25 января ("Украина: русский или американский перегиб? #cdanslair 25.01.2022", *France 5/YouTube*, 26 января 2022 года (19'10")
12. "Вашингтон предупреждает о возможном нападении России "в любое время" в Украине", *rts.ch*, 19 января 2022 г.
13. Программа "C dans l'air" от 11 января 2022 года ("Poutine rêve d'URSS, l'Ukraine sous tension #cdanslair 11.01.2022", *France 5/YouTube*, 12 января 2022 года) (26'50")
14. Программа "C dans l'air" от 11 января 2022 года ("Poutine rêve d'URSS, l'Ukraine sous tension #cdanslair 11.01.2022", *France 5/YouTube*, 12 января 2022 года) (26'50")

в этой проблеме. Владимир Путин прекрасно понимает, что НАТО вряд ли начнет крупное наступление на Россию. Но русские понимают, что военные действия против русскоязычного гражданского населения вблизи своей территории могут вызвать цепную реакцию от незначительного инцидента, как в 1914 году. Вследствие взаимодействия альянсов ситуация может развиваться быстро, и у России не будет достаточного времени для предупреждения, чтобы защитить свою национальную территорию обычными средствами. Тогда применение ядерного оружия станет первым, если не единственным вариантом.

Поэтому Россия опасается ситуации, аналогичной Украине в 2021-2022 годах. Именно это объяснил Владимир Путин во время пресс-конференции с Эммануэлем Макроном в феврале 2022 года[15].

Этот риск совершенно симметричен для НАТО, как выкристаллизовался украинский кризис в декабре 2021 года: продвигаясь ближе к российской границе, НАТО лишает себя возможности предварительного оповещения. Действительно, Россия - ядерная держава, и чем ближе к ее территории, тем меньше пространства для обычного конфликта.

Именно по этой причине в 1997 году Джордж Ф. Кеннан, американский дипломат (и архитектор стратегии сдерживания СССР в конце 1940-х годов), предупредил в газете «Нью-Йорк Таймс»:

Расширение НАТО стало бы самой фатальной ошибкой в политике США в эпоху после холодной войны[16].

Именно по этой причине Россия никогда не претендовала на украинскую территорию: она не намерена ни приближать НАТО к своей границе, ни сближаться с НАТО. На момент написания статьи результаты российского наступления еще не известны. Однако ясно,

---

15. Пресс-конференция по итогам российско-французских переговоров, *kremlin.ru*, 8 февраля 2022 г.

16. Джордж Ф. Кеннан, Роковая ошибка, *Нью-Йорк Таймс*, 5 февраля 1997 г.

что целью является не завоевание территории, а навязывание формы «нейтрализации» Украины.

Насколько серьезен был Владимир Зеленский, когда в феврале 2022 года на Мюнхенской конференции по безопасности[17] он упомянул о возможном ядерном перевооружении Украины, можно обсуждать. Вполне вероятно, что русские увидели в этом потенциальную угрозу, которую разглагольствования министра иностранных дел Франции мало чем смягчили.

Тем не менее, американцы осознали опасность оказаться «в логгергарде» с Россией. Именно поэтому они пытаются возобновить действие договора о промежуточных ядерных силах (INF), который Дональд Трамп денонсировал в 2019 году. Договор позволяет установить правило, в соответствии с которым можно осуществлять дипломатические действия или даже принимать санкции, но когда это правило отменяется, все становится разрешенным. Таким образом, главными жертвами политики США являются сами страны Восточной Европы: наличие ядерного оружия не защищает и может заставить его использовать.

Однако во время кризиса в Украине Путин дал понять, что чем ближе две ядерные державы евроатлантического региона друг к другу, тем больше вероятность того, что они станут ядерными. Таким образом, в случае конфликта у русских вряд ли будет время рассмотреть характер ракет, загруженных в пусковые установки Mk41, расположенные в Польше и Румынии. Поскольку угроза слишком близка, они могут по умолчанию считать их ядерной атакой.

Страны *новой Европы* вступили в НАТО, не понимая, что в случае войны им суждено стать полями ядерных сражений в возможной конфронтации с Россией, тогда как вне альянса они останутся (по крайней мере, дольше) под угрозой обычных вооружений.

17.Зеленский: Украина может пересмотреть свой ядерный статус, *uawire.org*, 19 февраля 2022 г.

С таким риском сталкиваются такие страны, как Швеция и Финляндия, которые решили вступить в НАТО.

Ядерный потенциал, предоставленный НАТО США, является одновременно и его силой, и его слабостью. Его сила в том, чтобы выступать в качестве сдерживающего фактора против агрессора, склонного применить ядерное оружие; это становится вероятным при нападении на территорию-убежище (например, на Россию). С другой стороны, это слабость, поскольку не позволяет вмешаться в, казалось бы, менее серьезную ситуацию, когда у одного из противников есть ядерное оружие. Например, украинский кризис принял бы совсем другой оборот, если бы Европа обладала автономным оборонным потенциалом. В данном конкретном случае влияние Соединенных Штатов, вероятно, было бы менее пагубным и позволило бы провести переговоры, чтобы избежать военных действий. Именно поэтому Соединенные Штаты делают все возможное, чтобы предотвратить появление европейской обороноспособности.

Поэтому российский проект заключается не в «расширении зоны влияния», а в обеспечении того, чтобы окружающие страны были свободны от любого влияния. Поэтому некоторые эксперты поднимают вопрос о возможности создания нейтральной Украины. ᵉВ этой схеме Украина оказалась бы в ситуации, несколько сравнимой с ситуацией Швейцарии с 1815 года или Австрии с 1955 года, нейтралитет которых был навязан им европейцами (в отличие от нейтралитета Бельгии в 20 веке, который был декретирован ею самой, но, будучи никем не признанным, нарушался всеми). Нейтралитет, признанный всеми, надежен, потому что он выгоден всем. Такова суть требований, переданных Владимиром Путиным администрации Байдена в качестве элемента переговоров. Это видение разделяют и в Соединенных Штатах[18]. Такая конфигурация

---

18. Анатоль Ливен, Украина: самая опасная проблема в мире - но решение уже есть, *The Nation*, 15 ноября 2021 года; Катрина ван ден Хеувел, Мнение: как выглядела бы разумная политика в отношении Украины, *The Washington Post*, 4 января 2022 года.

также была бы выгодна НАТО, поскольку вернула бы Альянсу стратегический потенциал раннего предупреждения.

Следует отметить, что термин «финляндизация», использованный на пресс-конференции Эммануэля Макрона и Владимира Зеленского, в то время был неуместен. Термин «финляндизация» не является синонимом термина «нейтрализация», а относится к положению Финляндии во время холодной войны, когда она придерживалась политики нейтралитета, вытекающей из соглашения с СССР в конце Второй мировой войны. Это соглашение было заключено для того, чтобы Россия отказалась от своих территориальных претензий на Финляндию. В конечном итоге, неспособность Запада разрешить конфликт в Донбассе посредством Минских соглашений может привести к «финляндизации» Украины, в то время как Россия была бы удовлетворена «нейтрализацией».

Озабоченность России симметрична озабоченности США, которые стремятся предотвратить внешнее вмешательство в дела Америки. Это «доктрина Монро», цель которой - запретить любой альянс или коалицию, которые могут непосредственно угрожать ее границам. ᵉПринятая в 19 веке в ответ на европейские колониальные интервенции на американском континенте, эта доктрина была применена против Кубы в 1962 году. Советский Союз разместил там ракеты в ответ на установку ракет «Юпитер» в Турции. Ракетный кризис» был разрешен путем вывода ракет с обеих сторон.

Возможно, именно для того, чтобы подчеркнуть эту симметрию, Владимир Путин позвонил своему венесуэльскому коллеге 20 января 2022 года[19], а президент Кубы - четырьмя днями позже[20].

На самом деле, когда страны «новой Европы» вступали в НАТО, они, скорее всего, не имели в виду риск конфронтации с Россией.

19.Телефонный разговор с президентом Венесуэлы Николасом Мадуро, *kremlin.ru*, 20 января 2022 года

20.Телефонный разговор с президентом Кубы Мигелем Диас-Канелем Бермудесом, *kremlin.ru*, 24 января 2022 г.

Сегодня их членство в Альянсе должно обязывать их поддерживать нормальные отношения со своим восточным соседом, поскольку их внешняя политика оказывает влияние на весь Альянс. Однако это не так - напротив, членство в НАТО усилило их антироссийские настроения.

В этих странах рост воинствующего и националистического консерватизма сопровождается презрением к русскоязычным меньшинствам, растущим вмешательством в дела России с официальной поддержкой трансграничной деятельности боевиков (вопреки Уставу ООН), а также распространением ложной информации, которая является «хлебом с маслом» для западных теоретиков заговора.

Примером детского активизма этой «новой Европы» является проект Intermarium, который Польша пытается возродить с 2015 года[21]:

> *Сейчас мы являемся свидетелями интересных событий в Европе, где Польша больше не беспокоится о военной угрозе для своего европейского заднего двора и теперь может сосредоточиться на противодействии геополитическим намерениям России. Более того, США также заинтересованы в поддержке поляков, что создает исключительно хорошие условия для успеха «Интермариума».*

Интермариум - это своего рода военно-политический альянс, который объединит страны от Балтийского до Черного моря с целью изоляции России. Задуманная в 1930-х годах маршалом Пилсудским - личным другом Адольфа Гитлера - она поддерживается Польшей и Литвой. Его также поддерживает украинское неонацистское

---

21. Эмиль Авдалиани, Польша и успех ее проекта "Интермариум", *moderndiplomacy. eu*, 31 марта 2019 г.

движение «Азов», поддерживаемое западными странами, как утверждает британский сайт *Bellingcat*[22].

Усилия по созданию «зоны влияния» в регионе бывших восточноевропейских стран, похоже, исходят из Европы при поддержке США. Существует американское желание изолировать Россию, явно поддерживаемое Европейским Союзом. Эти усилия стали очевидны с тех пор, как Владимир Путин начал реагировать на это окружение и отстаивать геостратегическую роль России.

2.3 Было ли обещание, что НАТО не будет расширяться на восток после 1990 года?

После краха коммунистической системы геополитическая карта Европы изменилась. Расширение НАТО на восток с включением Венгрии, Чехии и Польши в 1999 году, а затем трех стран Балтии, Словакии, Словении, Румынии и Болгарии в 2004 году, неумолимо подталкивает НАТО к российской границе.

Сначала Россия не увидела в этом развитии событий никакой угрозы. Но ситуация приняла новый оборот в начале 2000-х годов, когда американцы планировали разместить противоракеты (ПРО) в Восточной Европе. Это стало причиной жесткой речи Владимира Путина в Мюнхене в 2007 году, в которой он напомнил о заверениях, данных Михаилу Горбачеву в 1990-1991 годах, исключив расширение НАТО на Восток. Объявление об «активизации диалога» с Украиной и Грузией с целью их принятия в 2008 году приобрело новое измерение.

Часто представляемые как надуманные слухи, распространяемые Россией[23], заверения Запада о нерасширении НАТО подтверждаются

---

22. Алексей Кузьменко, "Защищать белую расу: американские экстремисты, которых поддерживают украинские ультраправые", *bellingcat.com*, 15 февраля 2019 г.
23. *Расширение НАТО и Россия: мифы и реальность* (www.nato.int/docu/review/2014/ Russia-Ukraine-Nato-crisis/Nato-enlargement-Russia/FR/index.htm)

многочисленными рассекреченными документами, обнародован-
ными в декабре 2017 года Архивом национальной безопасности
Университета Джорджа Вашингтона[24].

В 2021 году Йенс Столтенберг, генеральный секретарь НАТО,
передает[25] - вполне логично - позицию Альянса о том, что «никогда
не было обещания, что НАТО не будет расширяться на восток после
падения Берлинской стены[26] «. Он лжец.

Те, кто поддерживает это предложение, такие как *Conspiracy
Watch*[27], Бруно Тертрейс из Фонда стратегических исследований
(FRS)[28], Изабель Мандро на канале *France 5*[29] или Николя Госсе
из Королевского высшего института обороны (IRSD) на *RTBF30*,
утверждают, что обещаний не было, потому что не было договора
или письменного соглашения.

Правда,несуществуетдоговоровилирешенийСевероатлантического
совета (NAC), которые материализовали бы эти обещания. Но это не
значит, что они не были сделаны! Таким образом, аргумент довольно
прост. По нескольким причинам.

Во-первых, с юридической точки зрения, у нас сейчас есть
ощущение, что, «проиграв холодную войну», СССР больше не имеет
права голоса в мировых событиях. Это неправда. Уже в ноябре 1989
года идея воссоединения Германии витала в воздухе. Но Запад знал,

---

24.”Рассекреченные документы показывают гарантии безопасности против расширения НАТО советским лидерам от Бейкера, Буша, Геншера, Коля, Гейтса, Миттерана,
Тэтчер, Херда, Мейджора и Вернера”, *Архив национальной безопасности*, 12 декабря
2017 года, Вашингтон, округ Колумбия.
25.”Беседа о будущем НАТО”, nato.int, 25 марта 2021 года (обновлено 29 марта 2021
года)
26.”Расширение НАТО и Россия: мифы и реалии”, *Обзор НАТО*, 2014 г.
27.”Действительно ли НАТО обещало России не расширяться на восток? Не все так
просто...”, *Conspiracy Watch*, 20 декабря 2017 г.
28. https://twitter.com/BrunoTertrais/status/943152395273539584
29.Изабель Мандро в программе “C dans l’air” от 11 января 2022 года (“Poutine rêve
d’URSS, l’Ukraine sous tension #cdanslair 11.01.2022”, France 5/YouTube, 12 января
2022) (24’06”)
30.Николя Госсе, в программе “QR l’actu”, 21 февраля 2022 года

что СССР, как победитель Германии в 1945 году, имел *де-юре* право вето на ее воссоединение. Поэтому они были обязаны получить его согласие и удовлетворить его законную потребность в безопасности.

Об этом сказал Ганс-Дитрих Геншер, министр иностранных дел Германии, в своей речи 31 января 1990 года в Тутцинге (Бавария), о чем сообщило посольство США в Бонне[31]:

> *Геншер, однако, предупредил, что любая попытка распространить военное влияние [НАТО] на территорию Германской Демократической Республики (ГДР) будет препятствовать воссоединению Германии.*

Для СССР это означало, что НАТО *ipso facto* приближается к советской границе. На этом этапе Варшавский договор все еще существовал, а доктрина НАТО оставалась неизменной, поэтому СССР вполне законно рассматривал это как угрозу безопасности. Более того, согласившись на объединение Германии, СССР согласился вывести свою Группу советских войск в Германии (ГСВГ), свой самый мощный и современный контингент, тем самым значительно ослабив свою стратегическую позицию в Европе. Именно поэтому Геншер утверждает, что

> *Изменения в Восточной Европе и процесс объединения Германии не должны «подрывать интересы советской безопасности». Поэтому НАТО должно исключить «расширение своей территории на восток, то есть приближение к советским границам».*

Поэтому Михаил Горбачев очень быстро - и очень законно - поставил условия своего соглашения, побудив Джеймса Бейкера,

---

31.   https://nsarchive.gwu.edu/document/16112-document-01-u-s-embassy-bonn-confidential-cable

госсекретаря США, немедленно начать с ним переговоры. 9 февраля 1990 года, чтобы успокоить свои опасения, Бейкер объявил[32]:

> *Не только для Советского Союза, но и для других европейских стран важно иметь гарантии того, что если Соединенные Штаты сохранят свое присутствие в Германии в рамках НАТО, то ни один дюйм нынешней военной юрисдикции НАТО не распространится на восток.*

Так что обещания были, просто потому что у Запада не было альтернативы, чтобы заставить СССР согласиться, а без обещаний Германия не была бы воссоединена. Горбачев согласился на воссоединение Германии только потому, что получил заверения от президента Джорджа Буша и Джеймса Бейкера, канцлера Гельмута Коля и его министра иностранных дел Ханса-Дитриха Геншера, премьер-министра Великобритании Маргарет Тэтчер, ее преемника Джона Мейджора и их министра иностранных дел Дугласа Херда, президента Франсуа Миттерана, а также от директора ЦРУ Роберта Гейтса и Манфреда Вёрнера, тогдашнего генерального секретаря НАТО[33].

Так, 17 мая 1990 года, выступая в Брюсселе, Манфред Вёрнер заявил[34]:

32. *Запись беседы между Михаилом Горбачевым и Джеймсом Бейкером*, 9 февраля 1990 года (Архив национальной безопасности, Университет Джорджа Вашингтона, Вашингтон, округ Колумбия) (https://nsarchive2.gwu.edu// dc.html?doc=4325680-Document-06-Record-of-conversation-between)

33. "Рассекреченные документы показывают гарантии безопасности против расширения НАТО советским лидерам от Бейкера, Буша, Геншера, Коля, Гейтса, Миттерана, Тэтчер, Херда, Мейджора и Вернера", *Архив национальной безопасности*, 12 декабря 2017 года, Вашингтон, округ Колумбия.

34. Дэйв Маджумдар, "Новые рассекреченные документы: Горбачев говорил, что НАТО не продвинется за границу Восточной Германии", *The National Interest*, 12 декабря 2017 г.

Тот факт, что мы готовы не размещать натовскую армию за пределами территории Германии, дает Советскому Союзу надежную гарантию безопасности.

В феврале 2022 года в немецком журнале *Der Spiegel* Джошуа Шифринсон, американский политолог, раскрыл документ от 6 марта 1991 года, засекреченный SECRET, составленный по итогам встречи политических директоров министерств иностранных дел США, Великобритании, Франции и Германии. Он передает слова представителя Германии Юргена Хробога[35]:

На переговорах 2+4 мы ясно дали понять, что не будем расширять НАТО за пределы Эльбы. Поэтому мы не можем предложить членство в НАТО Польше и другим странам.

Представители других стран также приняли идею не предлагать членство в НАТО другим восточным странам. Раймонд Сейтц, американский представитель штатов:

Мы ясно дали понять Советскому Союзу - на переговорах «два плюс четыре» и в других местах - что мы не выиграем от вывода советских войск из Восточной Европы.

Во-вторых, независимо от того, есть ли бумажный след или нет, *сделка состоялась*, потому что *она* была неизбежна. В международном праве обещание - это действительный односторонний акт, который должен соблюдаться («*promissio est servanda*»). Те, кто отрицает это сегодня, являются людьми, не знающими значения того или иного слова. Правда, перед нью-йоркским адвокатом такие принципы мало чего стоят...

Проблема в том, что Запад - и американцы в частности - рассматривали падение коммунизма как свою победу, которую они хотели

---

35. Клаус Вигрефе, "Neuer Aktenfund von 1991 stützt russischen Vorwurf", *Der Spiegel*, 18 февраля 2022 г.

бы считать полной, и что поэтому России больше нечего сказать. В действительности, не Запад выиграл холодную войну, а коммунистическая система проиграла ее: она оказалась нежизнеспособной и рухнула по собственной воле. Тем не менее, американские «ястребы» увидели возможность полностью уничтожить Россию. Роберт М. Гейтс, бывший глава ЦРУ (1986-1993), рассказывает в своих мемуарах, что Ричард Чейни, тогдашний министр обороны, стремился уничтожить Россию[36]:

> *Когда Советский Союз распался в конце 1991 года, Дик [Чейни] хотел видеть демонтаж не только Советского Союза и Российской империи, но и самой России.*

Таким образом, то, что наши обозреватели сочли «паранойей» в речи Владимира Путина 21 февраля 2022 года, имело определенную реальность в 1991 году.

В то время Китай все еще был развивающейся страной, и Соединенные Штаты считали, что могут исключить любую «конкуренцию» в сфере международной безопасности. Они боролись за то, чтобы Россия не смогла восстать в любом виде, форме или виде и бросить вызов их руководству. Именно поэтому в «ельцинское десятилетие», несмотря на хорошие отношения с администрацией Клинтона, в России не наблюдается значительных западных разработок или инвестиций. Вместо этого она стала жертвой разнузданного капитализма и беспринципных олигархов, которые разделили ее догола и способствовали господству мафий. Эти олигархи бежали в начале 2000-х годов в Израиль и Великобританию с огромными состояниями.

Таким образом, прекрасные обещания 1990-1991 годов были быстро забыты, и страны «новой Европы», как выразился Дональд Рамсфелд, постепенно присоединились к Атлантическому альянсу,

---

36. Роберт М. Гейтс, *Долг: Мемуары военного секретаря*, Knopf Doubleday, 2014, стр. 97.

2. Внешняя политика Владимира Путина

начиная с 1999 года. Для главных антироссийских деятелей современности Запад добросовестно выполнил свои обязательства, и что не написано, то не сказано... Плохое представление о данном слове и о чести, потому что это не мнение Роберта М. Гейтса, который заявил в июле 2000 года[37]:

> *В момент особого унижения и трудностей для России ускорение расширения НАТО на восток, когда Горбачев и другие были убеждены, что этого не произойдет - по крайней мере, быстро - я думаю, не только ухудшило отношения между Соединенными Штатами и Россией, но и значительно затруднило конструктивную работу с ними.*

Обратите внимание на фразу «были вынуждены поверить», которая указывает на то, что со стороны Соединенных Штатов с самого начала была явная недобросовестность.

Так что русские правы, ставя под сомнение слова и намерения НАТО сегодня[38]. По сути, единственной ошибкой Михаила Горбачева было то, что он поверил в добрую волю западных демократий и не попросил у них письменных гарантий. Коэн, профессор русского и славянского языков в Нью-Йоркском университете, говорит, что проблема в том, что это нарушенное обещание - ни по форме, ни по духу - подорвало доверие россиян к слову Запада[39].

При этом, вопреки видимости - и несмотря на давние антироссийские настроения - большинство стран Восточной Европы вступили в НАТО не из-за страха или враждебности к России.

---

37. *Роберт Гейтс, Университет Вирджинии, Центр Миллера, устная история, президентство Джорджа Г.У. Буша*, 24 июля 2000 года, стр. 101 (http ://web1.millercenter. org/poh/transcripts/ohp_2000_0723_gates.pdf)
38. Филипп Дескам, "Когда Россия мечтала о Европе: НАТО не расширится ни на дюйм на восток", *Le Monde Diplomatique*, сентябрь 2018, стр. 10-11
39. "Stephen F. Коэн: расширение НАТО и Россия", *YouTube/Carnegie Council for Ethics in International Affairs*, 2 июня 2010 г.

В 1990-х годах Россия была очень слаба и не представляла для них серьезной угрозы: распад СССР разрушил ее армию и промышленную базу. На самом деле, членство в НАТО было не столько гарантией от возможной российской агрессии, сколько необходимым шагом к более глубокой интеграции в западные структуры. С обеих сторон это воспринималось как залог вестернизации и форма приверженности европейскому сообществу. Не следует забывать, что в странах Восточной Европы существовали гораздо более прочные и гораздо более жестокие коммунистические партии, чем в самом СССР, и что их службы безопасности зачастую были гораздо более жестокими, чем советские; более того, они в значительной степени сохранили свою культуру, а некоторые продолжали практиковать «незаметные» ликвидации, по крайней мере, до 1990-х годов...

Но эти расхождения были вскоре забыты. Благодаря поддержке США в модернизации их вооруженных сил, членство в НАТО также помогло облегчить их финансовое положение. Этому будет способствовать их участие в возглавляемых США коалициях в Афганистане и Ираке. Таким образом, США буквально покупали страны, готовые продаться и выполнять их грязную работу на Ближнем Востоке (включая программы пыток ЦРУ). Неудивительно, что в 1998 году газета New York Times отметила, что расширение НАТО продвигалось американским оружейным лобби, которое потратило около 51 миллиона долларов на подкуп американских политиков[40].

Последовательность событий показывает, что на Востоке членство в НАТО часто предшествовало членству в ЕС, которое рассматривалось как гарантия быстрого развития и процветания и являлось реальной целью.

40.Кэтрин К. Сили, "Подрядчики вооружений тратят средства на продвижение расширенного НАТО", *Нью-Йорк Таймс*, 30 марта 1998 г.

Вступление стран Восточной Европы в НАТО и Европейский Союз

Страна	НАТО	Европейский Союз
Чешская Республика	Март 1999 года	Май 2004 года
Венгрия	Март 1999 года	Май 2004 года
Польша	Март 1999 года	Май 2004 года
Болгария	Март 2004 года	Январь 2007 года
Эстония	Март 2004 года	Май 2004 года
Латвия	Март 2004 года	Май 2004 года
Литва	Март 2004 года	Май 2004 года
Румыния	Март 2004 года	Январь 2007 года
Словакия	Март 2004 года	Май 2004 года
Словения	Март 2004 года	Май 2004 года
Албания	Апрель 2009 года	
Хорватия	Апрель 2009 года	июль 2013 г.
Черногория	май 2017 г.	
Северная Македония	март 2020 года	

Рисунок 1 - Вступление стран «новой Европы» в НАТО всегда предшествовало их вступлению в Европейский Союз. Их подход был обусловлен скорее процветанием, которое принесет Европейский Союз, чем страхом или ненавистью к России.

Такая же картина наблюдается и в Украине, чье желание приблизиться к Европейскому союзу и НАТО, вероятно, проистекает не столько из враждебности к России, сколько из преувеличенных ожиданий относительно выгод от такого шага. Это также было воспринято Россией в то время. Именно поэтому, вопреки тщательно поддерживаемому на Западе мифу, Россия никогда не противилась этому сближению, как мы увидим. В 2022 году перспектива получения помощи от ЕС и аутсорсинга расходов на оборону, безусловно, останется главным фактором политики в стране, экономика которой ухудшилась, а коррупция возросла после сближения с ЕС в 2014 году.

В 1990-х годах российские элиты не рассматривали НАТО как угрозу. Отсюда следует, что они никогда не требовали его роспуска, вопреки утверждениям политолога Клементин Фоконье о *France 5*[41]. Напротив, они рассматривали Альянс как основу новой архитектуры европейской безопасности, в которой Россия могла бы участвовать на правах самостоятельного участника. Они были не единственными, потому что в своей речи от 31 января 1990 года в Тутцинге Ганс-Дитрих Геншер «видит, что союзы продолжаются, но принимают скорее политическую, чем военную роль[42] «.

Таким образом, к середине 1990-х годов Россия уже не воспринимала расширение НАТО на восток как проблему; она также не считала необходимым отказываться от обещаний, данных ей перед воссоединением Германии.

Что касается отстаиваемой Бруно Тертрейсом идеи о том, что Запад сдержал свое слово, преобразовав СБСЕ в ОБСЕ, то она не соответствует действительности. Прежде всего, эта трансформация не была направлена на удовлетворение России. Она должна была превратить структуру, которая до этого была неформальной (что и обеспечило ее успех во время холодной войны), в постоянную, благодаря ее роли во время Балканской войны. С тех пор роль ОБСЕ заключалась, прежде всего, в обеспечении гуманитарной безопасности и в меньшей степени в вопросах международной безопасности. Задуманный Советами в конце 1960-х годов как форум для решения вопросов международной безопасности, он постепенно был ориентирован Западом на вопросы прав человека и гуманитарной безопасности. Хотя русские по-прежнему рассматривают ее как модель, ОБСЕ - это не то, что они представляли себе в конце холодной войны в плане сотрудничества в области безопасности в Европе.

41.Программа “C dans l’air” от 11 января 2022 года (“Poutine rêve d’URSS, l’Ukraine sous tension #cdanslair 11.01.2022”, *France 5/YouTube*, 12 января 2022 года) (19’55”)
42. https://nsarchive.gwu.edu/document/16112-document-01-u-s-embassy-bonn-confidential-cable

2. Внешняя политика Владимира Путина

Украинский кризис демонстрирует отсутствие у Запада стратегического мышления. Поскольку НАТО соприкасается с российской границей, ни у НАТО, ни у России нет буферной зоны, которая обеспечила бы им гибкость в реагировании на субъядерный конфликт. Находясь в непосредственном контакте с заповедной российской территорией, НАТО - и особенно страны Восточной Европы - подвергают себя риску почти немедленного вовлечения в ядерный конфликт.

Это объясняет два предложения, которые Россия передала США и НАТО в середине декабря 2021 года, под названием «Договор между Соединенными Штатами Америки и Российской Федерацией о гарантиях безопасности» и «Соглашение о мерах по обеспечению безопасности Российской Федерации и государств-членов Организации Североатлантического договора». На Западе крайне правые левые говорят об «ультиматуме[43]», а Паскаль Бонифас утверждает, что Владимир Путин заявил, что «оба проекта договора - это «бери или не бери»[44]. Неверно: российский оппозиционный сайт *Meduza* четко говорит о «*предложениях*»[45]. На самом деле, как и во всем украинском кризисе 2021-2022 годов, российские слова и намерения искусственно «раздуваются», чтобы создать иллюзию, что Путин отступит и что после этого западная дипломатия окажется эффективной: это манипуляция.

Выдвигая свои предложения, русские не были дураками и знали, что ни США, ни НАТО не примут их в таком виде. Но они добились двух вещей. Во-первых, они четко изложили на бумаге требования, которые на самом деле не были новыми, а оставались просто

43.Франсуаза Том, "Что означает российский ультиматум Западу?", *desk-russie.eu*, 30 декабря 2021 г.

44.Программа "C dans l'air" от 25 января ("Украина: русский или американский перегиб? #cdanslair 25.01.2022", *France 5/YouTube*, 26 января 2022 года (14'41")

45."Условия Москвы Россия публикует предложение о юридически обязывающих гарантиях безопасности, требуя отказа НАТО от деятельности в Украине и вывода американских вооруженных сил из постсоветского мира", *Meduza*, 17 декабря 2021 г.

«тезисами». Теперь они заставили Запад занять четкую позицию. Во-вторых, они установили отправную точку и уровень переговоров с требованиями, некоторые из которых немного выше, чем они хотят, чтобы сохранить *переговорный козырь*.

Будет утверждаться, что каждая страна имеет законное право на вступление в НАТО и что Россия не имеет права вмешиваться в эти решения. Это так, но дело не в этом: вопрос не в праве стран вступать в НАТО, а в том, разумно ли самому Альянсу принимать определенных членов. Владимир Путин прекрасно понимает, что этот процесс до сих пор был лишен всякой рациональности, в частности, за счет отказа от ядерного измерения проблемы.

Вступление в альянс - это не тривиальный акт, так как он подразумевает обязательства для всех членов альянса. Именно такой механизм привел к убийству эрцгерцога Франца Йозефа в 1914 году, в результате которого погибло 40 миллионов...

Действительно, НАТО проводит политику «открытых дверей», но ее неправильно понимают. Он описан в статье 10 Вашингтонского договора:

> *Стороны могут, по единогласному согласию, пригласить присоединиться к Договору любое другое европейское государство, которое может способствовать реализации принципов настоящего Договора и внести вклад в безопасность Североатлантического региона. Любое государство, приглашенное таким образом, может стать участником Договора, сдав свой документ о присоединении на хранение правительству Соединенных Штатов Америки. Правительство Соединенных Штатов Америки информирует каждую из Сторон о сдаче на хранение каждого документа о присоединении.*

Другими словами, страны «приглашаются» в той мере, в какой они могут «внести вклад в безопасность Североатлантического региона». Другими словами, критерием является не безопасность отдельных стран, а коллективная безопасность региона. Вот чего не поняли страны «новой Европы». Более того, это означает, что каждая страна евроатлантического пространства может стать его членом, но решение принимается по усмотрению Альянса, который не обязан принимать каждую страну, желающую присоединиться.

Например, когда Филипп Ламбертс, евродепутат, говорит, что украинцы должны сами решать, хотят ли они быть частью НАТО[46], это неверно. Решение в любом случае остается за странами-членами Альянса, в зависимости от того, какую безопасность принесет им Украина.

При этом возникает вопрос, насколько рациональным было бы решение стран НАТО в данной ситуации, так же как и вопрос, какой выигрыш в безопасности был у НАТО при интеграции стран Балтии. Последние, лишенные каких-либо демократических традиций и движимые квази-атавистической ненавистью к русским, могут стать источником погромов или злоупотреблений, которые могут потребовать внешнего вмешательства - возможно, со стороны России - в соответствии с призывом к «ответственности по защите» (R2P). Эти страны с идеологией другого времени не предоставляют права гражданства своим русскоязычным жителям (в той мере, в какой их паспорта выданы Европейским Союзом).

Кроме того, утверждение, что «Россия не может иметь право вето на расширение НАТО», является несколько упрощенным. Это правда, что Россия не должна вмешиваться в решения Альянса. Но расширение Альянса также не обходится без условий. Один принцип был принят всеми членами ОБСЕ и закреплен в Стамбульском документе (1999)[47] и Астанинской декларации (2010)[48]: «Безопасность каждого государства-участника неразрывно связана с безопасностью

46.Программа "Украинский кризис: о чем не смеют говорить основные СМИ", *ATIPIK TV/YouTube*, 8 февраля 2022 года

47. https://www.osce.org/files/f/documents/0/2/39570.pdf

48. https://www.osce.org/files/f/documents/b/3/74987.pdf

всех остальных. Это означает, что безопасность одной страны не может быть достигнута за счет другой. Это действительно так, когда НАТО и, в частности, США развертывают вооружения и *ipso facto* сокращают время предупреждения и раннего оповещения страны.

До сих пор принятие новых членов НАТО происходило в эйфории и без какого-либо стратегического мышления, потому что Россия и Китай были слабы. Однако сегодня ситуация кардинально изменилась, и проблемы одной страны могут быстро стать проблемами всего Альянса, как это было в 1914 году. Украинский кризис высветил риски непродуманного расширения для самой НАТО.

Об этом Владимир Путин сказал в Москве во время пресс-конференции с Эммануэлем Макроном 8 февраля 2022 года. Проблема в том, что наши «эксперты» не слушают.

По словам Ричарда Саквы, профессора российской и европейской политики в Университете Кента[49],

> *Настоящий геополитический парадокс заключается в том, что НАТО существует для того, чтобы управлять рисками, создаваемыми ее собственным существованием.*

2.4. Членство России в НАТО: шутка?

В начале 1990-х годов Швейцария рассматривала вопрос о вступлении в континентальные институты, такие как Европейский Союз и НАТО. Но, стремясь сохранить нейтралитет, она проконсультировалась с этими институтами, а также с членами Совета Безопасности, чтобы оценить возможные последствия такого членства. В этом контексте я был вовлечен в диалог с высшим российским внешнеполитическим и оборонным руководством того

---

49. Дэниел Маклафлин, "Знакомый холод пронизывает Россию, но она также изменилась к лучшему", *The Irish Times*, 18 декабря 2021 г.

времени, что позволяет мне выразить точку зрения, более близкую к российскому восприятию, чем та, которую мы имеем сегодня.

Документы, недавно обнародованные Великобританией, показывают, что в 1995 году Россия серьезно рассматривала возможность вступления в НАТО, но эта идея была отвергнута западными канцеляриями как «шутка»[50]. Смысл существования НАТО заключается в том, чтобы поставить своих членов под ядерную защиту Соединенных Штатов. Соединенные Штаты не считали сосуществование двух крупных ядерных держав в одном альянсе чем-то хорошим. Отчасти по этой причине генерал де Голль вывел Францию из состава объединенного командования Альянса в 1966 году.

В 1950-х годах Советский Союз обратился к некоторым влиятельным странам НАТО, чтобы изучить идею членства. Хотя кажется, что они не питали особых иллюзий относительно своих шансов на успех, тот факт, что они рассматривали это, вероятно, не был отклонением. Действительно, после смерти Сталина политика мирного сосуществования между коммунистическим и западным блоками, а также отказ от принципа «неизбежности войны» в советской стратегии, открыли возможность для новых отношений на европейском континенте. В то время Советы жили в условиях военной экономики, и они стремились выйти из нее, чтобы развивать реальную экономику.

Но холодная война была в самом разгаре, и Запад не очень понимал, как можно интегрировать СССР в такую систему коллективной безопасности, как НАТО, целью которой было предложить своим членам ядерную защиту от Советского Союза. Даже не говоря об идеологических проблемах, Запад опасается, что это полностью заблокирует механизмы принятия решений в Альянсе и сделает его неработоспособным[51].

---

50. Крис Йорк, "Секретный план по вступлению России в Нато был отвергнут как "фарсовый", рассекреченные документы свидетельствуют", *The Huffington Post*, 31 декабря 2019 г.

51. "Тот случай, когда Советский Союз пытался вступить в НАТО в 1954 году", *euromaidanpress.com*, 31 марта 201 года; см. также документы, рассекреченные Нато: http://archives.nato.int/uploads/r/null/2/4/24086/C-R_54_14_ENG.pdf.

В начале 1990-х годов Советский Союз/Россия возродили идею членства. Опять же, эта идея не так надуманна, как кажется. Конечно, если рассматривать НАТО в его сегодняшнем виде, то есть с той целью, ради которой он был создан в 1949 году (противостоять СССР/России), то эта идея кажется абсурдной. С другой стороны, если представить себе переосмысленное НАТО, с понятием безопасности, основанным не на идее конфронтации, а на идее сотрудничества, то российское предложение выглядит последовательным и реалистичным.

В 1990-1991 годах надежда, порожденная концом коммунизма, была очень реальной для новых российских лидеров. В июле 1991 года, после расторжения Варшавского договора, они увидели возможность задуматься о новой архитектуре безопасности на европейском континенте. Советы/Россия никогда не требовали и не хотели роспуска НАТО в качестве ответной меры на расторжение Варшавского договора, вопреки утверждениям Каролин Ру[52], и Запад никогда не обещал сделать это, как утверждает генерал Венсан Депорт на сайте France 5[53]. Напротив, Россия присоединилась к программе НАТО «Партнерство ради мира» (ПРМ).

Однако Россия была очень привязана к ОБСЕ (созданной по инициативе СССР) и лелеяла идею коллективной безопасности на ее основе, которая объединила бы европейские и североамериканские страны. Российские лидеры, видевшие ущерб, нанесенный коммунизмом, считали, что архитектура безопасности, основанная на силовых отношениях, устарела, и мечтали о более кооперативной системе. Это была идея *«общего европейского дома»*, которую Михаил Горбачев выдвинул в 1989 году, позаимствовав идею Шарля де Голля о «Европе от Атлантики до Урала».

52.Программа "C dans l'air" от 25 января ("Украина: русский или американский перегиб? #cdanslair 25.01.2022", *France 5/YouTube*, 26 января 2022 года (20'20")
53."НАТО усиливает напряженность в Европе - C à Vous", *France 5/YouTube*, 28 февраля 2022 г. (01'15")

Но в этой идее не было ничего абсурдного. В своей речи 17 мая 1990 года Манфред Вёрнер, тогдашний генеральный секретарь НАТО, заявил[54]:

Главной задачей следующего десятилетия станет построение новой структуры европейской безопасности, включающей Советский Союз и страны Варшавского договора. Советскому Союзу предстоит сыграть важную роль в создании такой системы. Если посмотреть на нынешнее положение Советского Союза, у которого практически не осталось союзников, то можно понять его оправданное желание не быть вынужденным покинуть Европу.

Создание НАТО Совета североатлантического сотрудничества (ССАС) в конце 1991 года было с энтузиазмом встречено властями и общественным мнением в России. Идея континентального сотрудничества в области безопасности была очень популярна и не исключала идею возможного членства в НАТО. Дискуссии в этом направлении состоялись в октябре 1993 года между Борисом Ельциным и американским госсекретарем Уорреном Кристофером, который остался сдержанным:

В свое время мы рассмотрим вопрос о членстве в качестве более долгосрочной возможности. Произойдет эволюция, основанная на развитии привычки к сотрудничеству, но со временем[55].

---

54. Дэйв Маджумдар, "Новые рассекреченные документы: Горбачев говорил, что НАТО не продвинется за границу Восточной Германии", *The National Interest*, 12 декабря 2017 г.

55. Внутренний меморандум Уоррена Кристофера о его интервью с Борисом Ельциным от 22 октября 1993 года (рассекречен 8 мая 2000 года), цитируемый Дейвом Маджумдаром, "How Bill Clinton Accidentally Started Another Cold War", *The American Conservative*, 18 октября 2017 г.

Реакция НАТО не оправдала ожиданий российского населения. В июне 1994 года российское правительство присоединилось к недавно созданной программе НАТО «Партнерство ради мира», вопреки мнению общественного мнения. В 1997 году, чтобы создать иллюзию, что НАТО хочет развивать сотрудничество с Россией, НАТО заложила основы Совета Россия-НАТО (СРН), созданного в 2002 году. Его цель - поддерживать диалог с Россией, чтобы расширение НАТО не воспринималось как угроза. В действительности, как резюмирует Билл Клинтон, это довольно циничный способ не выполнять обещания, данные лидерам бывшего СССР:

> *Что получают русские от этого исключительного соглашения, которое мы им предлагаем, так это возможность сидеть в одной комнате с НАТО и присоединяться к нам всякий раз, когда мы с чем-то соглашаемся, но у них нет возможности остановить нас от того, с чем они не согласны. Они могут показать свое неодобрение, выйдя из комнаты. И, как второе большое преимущество, они получают наше обещание, что мы не будем ставить наши военные дела с их бывшими союзниками, которые теперь будут нашими союзниками, если только мы не проснемся однажды утром и не решим передумать[56].*

В странах Восточной Европы ситуация несколько иная. В их сознании членство в Европейском Союзе и НАТО часто идет рука об руку: это вопрос обеспечения их развития в сфере безопасности, в подходе, который является скорее оппортунистическим, чем философским. Для них ценности демократии и прав человека остаются, несмотря ни на что, весьма второстепенными. Таким образом, несмотря на некоторые конституционные и правовые гарантии,

---

56.Джеймс Голдгейер и Майкл Макфол, *Власть и цель: политика США в отношении России после холодной войны*, Вашингтон 2003, стр. 204-205

2. Внешняя политика Владимира Путина

их спецслужбы остаются службами безопасности, в значительной степени сохранившими наследие своих коммунистических предшественников, о чем свидетельствует их участие в программе пыток ЦРУ; что, похоже, нисколько не беспокоит Европейский Союз! Более того, их готовность следовать за США в Афганистане или Ираке была мотивирована скорее модернизацией вооруженных сил, чем гуманистическими ценностями.

Они заслужили ярлык «новой Европы» от Дональда Рамсфельда[57]. Они сыграли большую роль в создании миграционного кризиса, вмешавшись вместе с США на Ближнем Востоке, а затем отказавшись принять его последствия и полагаясь на страны «старой Европы», чтобы справиться с ним.

2.5. Было ли вмешательство России в Сирии оппортунистическим?

В программе «C dans l›air» от 17 октября 2021 года Владимир Путин был представлен как своенравный человек, который будет стремиться к завоеванию новых территорий. Такова риторика, разработанная администрацией Трампа, которую нам подала Лора Мандевиль[58]. Она утверждает, что отказ Обамы вмешаться после химической атаки в Гуте в августе 2013 года стал «геополитическим вакуумом, и Путин видит в этом абсолютно идеальную возможность для проведения операции [в Сирии]». Эта идея о слабости Запада, которой пользуется Путин, является чисто западной конструкцией, возведенной в факт, на которую часто ссылаются «эксперты» на «C dans l'air». Это и упрощенно, и ложно.

---

57. Марк Бейкер, "США: "Старая" и "новая" Европа Рамсфельда затрагивает непростой раскол", *РСЕ/РС*, 24 января 2003 г.
58. Программа "C dans l'air" от 17 октября 2021 года ("Poutine, maître du jeu #cdanslair 17.10.2021", *France 5/YouTube*, 18 октября 2021 года) (54'11")

И мы знаем, что это не так с 2016 года, благодаря объяснению, данному в то время действующим лицом из первых рук: Джоном Керри, тогдашним госсекретарем США.

В феврале 2016 года Александр Яковенко, посол России в Великобритании, рассказал, что решение о вмешательстве в Сирии было принято летом 2015 года, когда «Исламское государство» (ИГ) достигло города Пальмира. Тогда западная коалиция ожидала, что ИГ войдет в Дамаск в октябре, и США смогли бы установить бесполетную зону над городом. Поэтому русские вмешались не из-за слабости Запада, а чтобы предотвратить передачу столицы джихадистам[59].

Лора Мандевиль явно очень сдержанно относится к двусмысленности - не говоря уже о вероломстве - Запада. Ведь, как объясняет Джон Керри, западная коалиция намеренно допустила развитие ИГ в надежде, что это вынудит сирийское правительство пойти на переговоры:

> *Причина, по которой Россия ввязалась в это дело, заключалась в том, что ИГ усилилась. Daech угрожал достичь Дамаска, поэтому Россия и вмешалась. Потому что они не хотели правительства ДАИШ и поддерживали Асада.*

> *И мы знали, что она [Daech] растет. Мы наблюдали. Мы видели, что Daech становится все более и более влиятельным, и мы думали, что Асаду угрожает опасность. Но мы думали, что, возможно, нам удастся справиться, что Асад будет вести переговоры после этого. Вместо того, чтобы вести переговоры, он обратился за помощью к Путину[60].*

---

59. Александр Яковенко, "Россия и США - партнеры в попытке положить конец войне в Сирии", *The Evening Standard*, 15 февраля 2016 г.

60. Джон Керри, запись встречи с сирийской оппозицией в представительстве ООН в Нидерландах, 22 сентября 2016 года, опубликованная Wikileaks ("Leaked audio of John Kerry's meeting with Syrian revolutionaries/UN (improved audio)", *YouTube*, 4 октября 2016 года)

Изучение карт показывает, что западные (в том числе французские и бельгийские) удары наносятся по ИГ *только* тогда, когда она находится в контакте с поддерживаемыми Западом повстанческими силами (такими как курды), и когда она не находится в контакте с силами, союзными сирийскому правительству[61]. Действительно, именно в период с конца 2014 года (начало западных ударов) по сентябрь 2015 года (начало российских ударов) территориальное расширение ИГ происходило быстрее всего[62].

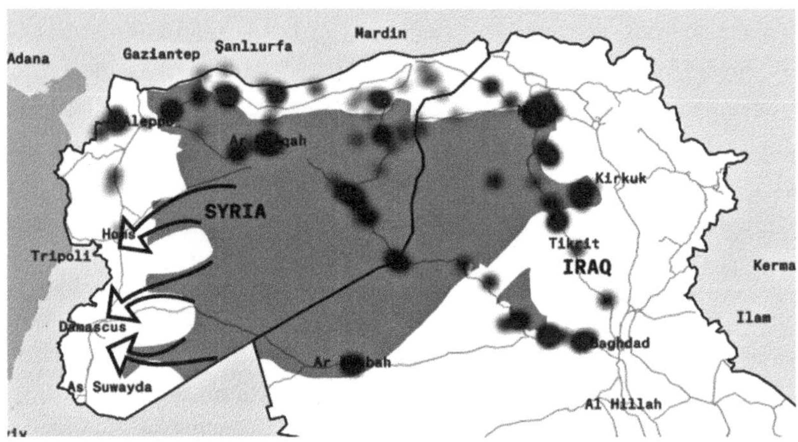

Рисунок 2 - Карта ударов Запада (черные точки) по ИГ (темно-серая область) в период с 2014 по сентябрь 2015 года (когда прибыли русские). Стрелками показаны наступательные действия ИГ в направлении Дамаска. Как видно, удары наносились только по исламистам, которые контактировали с курдами или поддерживаемыми Западом группировками, но ни разу не были направлены против сил ИГ, когда они контактировали с сирийскими войсками. [Источник: airwars.org].

---

61. Жорж Мальбруно, "La France face au conflict syrien: le choix de l'i-realpolitik", *Outre-Terre 2015/3* (n°44) (стр. 23-26)

62. Смотрите динамические карты войны: https://syria.liveuamap.com/

Только в конце 2015 года, после российского вмешательства, территория ИО начала сокращаться[63]. В конце сентября 2015 года Россия предложила Западу создать расширенную коалицию для борьбы с ИГ, но они отказались.

Действительно, в то время Запад не был заинтересован в уничтожении ИГ. Они стремились демонтировать Сирию и разделить ее на курдскую зону (на северо-западе), шиитскую зону (на западе) и суннитскую зону (на востоке), в которой они были готовы позволить развиться салафитскому государству. В секретном докладе Разведывательного управления министерства обороны США (DIA) о ситуации в Сирии от 5 августа 2012 года излагается идея содействия созданию исламского государства в восточной Сирии:

Если ситуация позволит, существует возможность создания объявленного или необъявленного салафитского княжества в Восточной Сирии (Хасака и Дейр-эз-Зор), и именно этого хотят страны, поддерживающие оппозицию, чтобы изолировать сирийский режим, который рассматривается как стратегическая глубина шиитской экспансии (Ирак и Иран)[64].

Именно этот район был пощажен ударами международной коалиции до прихода в регион российских войск. Идея создания салафитского государства в Сирии является частью американского плана (разработанного по согласованию с Израилем) по разделу Сирии, упомянутого Джоном Керри во время слушаний в сенатском

63.Смотрите "Гражданская война в Сирии, каждый день", *YouTube* (обновляется ежедневно)

64. Брэд Хофф, "Запад будет способствовать подъему "Исламского государства", чтобы изолировать сирийский режим: документ ЦРУ 2012 года", *Foreign Policy Journal*, 21 мая 2015 года; см. также: http://www.judicialwatch.org/wp-content/uploads/2015/05/ Pg.-291-Pgs.-287-293-JW-v-DOD-and-State-14-812-DOD-Release-2015-04-10-final-version11.pdf.

комитете по иностранным делам в феврале 2016 года[65]. Этот план будет принят администрацией Трампа и объясняет нынешнее присутствие США в Сирии[66]. Не совсем случайно, что Абу Бакр аль-Багдади, а позже Абу Ибрагим аль-Хашими аль-Кураши, лидеры ИГ, были застрелены спецназом США в районах, укрытых западными силами от сирийских вооруженных сил[67].

Таким образом, вмешательство России в Сирии - это не результат прихоти Владимира Путина, а опасность, возникшая в результате продуманной стратегии западных стран, которые играли с огнем... и обожглись!

В феврале 2012 года Россия вместе с Мартти Ахтисаари, лауреатом Нобелевской премии мира и бывшим президентом Финляндии, предложила западным странам план из трех пунктов, который предусматривал уход Башара Асада[68]:

Первое: мы не должны давать оружие оппозиции. Второе: мы должны наладить диалог между оппозицией и Асадом сейчас. Третье: мы должны найти элегантный способ вывода Асада[69].

Таким образом, с самого начала сирийского кризиса Россия выступала за политическое решение по уходу Башара Асада.

65.Патрик Винтур, "Джон Керри говорит, что раздел Сирии может стать частью "плана Б" в случае провала мирных переговоров", *The Guardian*, 23 февраля 2016 г.
66.James Dobbins, Jeffrey Martini & Philip Gordon, "A Peace Plan for Syria", *Rand Corporation*, 2015 (документ PE-182-RC); Jeff Mackler, "The US Plan to Partition Syria", *Counterpunch*, 9 февраля 2018; Nafeez Mosaddeq Ahmed, "US Military Document reveals how the West opposed a democratic Syria", *mondiplo.com*, 24 сентября 2018.
67.Шанталь Да Сильва, Аммар Шейх Омар, Кортни Кубе и Фил Хельсель, "Лидер ИГИЛ погиб во время рейда американского спецназа в Сирии, говорит Байден", *NBC News*, 3 февраля 2022 г.
68.Джулиан Боргер и Бастьен Инзаурральде, "Запад "проигнорировал предложение России в 2012 году, чтобы сирийский президент Асад отошел в сторону", *The Guardian*, 15 сентября 2015 года.
69.Фанни Арландис, "В 2012 году Франция и ее союзники проигнорировали план по устранению Башара Асада", *Slate.fr*, 15 сентября 2015 г.

Именно Запад отказывается: их целью является не замена Башара аль-Асада, а демонтаж Сирии, которую Израиль - а значит, США и Франция - воспринимают как передовой бастион Ирана.

Кстати, карта и слова Керри свидетельствуют о том, что Франсуа Олланд не сказал правду во время суда над исполнителями терактов 13 ноября 2015 года[70]: участие Франции в коалиции в 2014-2015 годах в Ираке, а затем в Сирии, было - на том этапе - направлено не на уничтожение ИГ, а на дезинтеграцию Сирии. Только после того, как Франция обожгла себе пальцы (в результате терактов), она решилась рассмотреть вопрос об уничтожении ИО.

Кроме того, давайте помнить, что с точки зрения международного права, как бы мы ни относились к Башару Асаду, Россия была официально приглашена сирийским правительством вмешаться в дела Сирии, как говорит Джон Керри. Поэтому она является законной. В отличие от них, США и Франция действуют в Сирии незаконно. Резолюция Совета Безопасности ООН 2170 от 15 августа 2014 года[71], на которую часто ссылается Франция, не санкционирует вмешательство в дела суверенной страны (даже если вам не нравится ее президент!).

Они пытаются заставить нас рассматривать поддержку Россией Сирии как своего рода диктаторскую дружбу. Это грубое упрощение ситуации. Если говорить конкретно, то проблема заключается не столько в том, является ли президент Асад легитимным или нет, сколько в том, к чему приведет его свержение и кто станет его преемником. Априори Россия не собиралась оставаться в Сирии, просто чтобы избежать той же ситуации, что и в Ливии. Именно поэтому в марте 2016 года, менее чем через шесть месяцев после начала своего вмешательства и после того, как Россия вернула

70.Люк-Антуан Ленуар, "EN DIRECT - Procès 13-Novembre : "Nous n'avions pas l'information qui aurait pu empêcher les attentats", свидетельствует Олланд", *Le Figaro*, 10 ноября 2021 г.
71. https://www.undocs.org/fr/S/RES/2170 (2014)

преимущество сирийской армии, она произвела частичный вывод своего контингента[72].

2.6.Является ли компания "Вагнер" параллельной армией Владимира Путина?

О существовании частной военной компании (ЧВК) «Вагнер» говорилось на протяжении нескольких лет, но именно в 2021 году французские СМИ начали проявлять к ней интерес. Вывод французских военных по требованию правительства Мали и одновременный набор персонала «Вагнера» вызвал гнев министра иностранных дел Франции и беспрецедентную пропагандистскую кампанию против России.

Отвечая на вопрос Каролин Ру о присутствии российских наемников из организации Вагнера в Африке «против французских интересов»[73], Жан-Ив Ле Дриан утверждает, что в Центральноафриканской Республике они «*конфискуют фискальные возможности государства*», чтобы платить себе и «*умножают нарушения, поборы, хищения, чтобы иногда даже заменить власть в стране*». Естественно, с характерной для него относительной честностью, он не приводит ни доказательств, ни примеров того, что он утверждает. Его заявления широко освещались во французской прессе[74] и вызвали гнев властей Банги[75].

72.Денис Дёмкин и Сулейман аль-Халиди, "Путин сказал, что россияне начнут выводить войска из Сирии, поскольку возобновились мирные переговоры", *Рейтер*, 14 марта 2016 г.

73.Программа "C dans l'air" от 17 октября 2021 года ("Poutine, maître du jeu #cdanslair 17.10.2021", *France 5/YouTube*, 18 октября 2021 года) (1h27'17")

74."Le groupe Wagner se substitue à l'autorité de l'État en Centrafrique, selon Paris", *Le Figaro/AFP*, 17 октября 2021; "Le groupe Wagner se substitue à l'autorité de l'État en Centrafrique, selon Paris", Mediapart/AFP, 17 октября 2021.

75."Центральноафриканская Республика: Власти осуждают отъезд французского дипломата Дриана", *africa24tv.com*, 21 октября 2021 г.

Несколько дней спустя Сильви Байпо-Темон, министр иностранных дел Центральноафриканской Республики, ответила Жан-Иву Ле Дриану на канале TV5 Monde[76]. Она осудила «неприемлемые» и «неправдивые» высказывания своего французского коллеги и опровергла все его обвинения, «которые не отражают того, что происходит в Центральноафриканской Республике».

Она поясняет, что эти заявления относятся к трехмесячной оценочной миссии, проведенной Россией - по просьбе правительства ЦАР - в центральноафриканской таможне, которая подготовила рекомендации. По данным центральноафриканских СМИ, ожидается, что эта работа увеличит налоговые поступления на 36 млрд. франков КФА[77]. Г-жа Байпо-Темон отмечает, что в течение некоторого времени французский министр пытается «инфантилизировать» свою страну[78]. Она напоминает, что президент Макрон[79] уже «обвинил президента Туадера в том, что он является заложником российского присутствия», что является ложью. Она подчеркнула, что Центральноафриканская Республика является «автономной, независимой, суверенной страной и что она имеет право обращаться к партнерам». Он также напоминает, что российское присутствие в стране обусловлено отказом других стран откликнуться на его призыв о помощи, и в частности на просьбу президента Туадера в 2016 году сохранить силы SANGARIS, о выводе которых как раз просил Ле Дриан. Поэтому он считает комментарии Ле Дриана «клеветническими и вводящими в заблуждение» и осуждает «информационную войну», которую ведет Париж.

76.”Centrafrique: la ministre des Affaires Étrangères accuse Le Drian de “propos mensongers”, *TV5Monde*, 21 октября 2021 г.

77.”ЦАР: российский опыт позволил таможне получить доход в размере 36 млрд. франков КФА”, *nouvellesplus.com*, 9 августа 2021 г.

78.”Сотрудничество с русскими: Центральноафриканская Республика обвиняет Францию в “инфантилизации””, *Tchadinfos*, 20 октября 2021 г.

79.”Центральноафриканская Республика: Макрон считает президента Туадера “заложником группы Вагнера”, *rfi.fr*, 31 мая 2021 г.

В ответ на обвинения в злоупотреблениях, выдвинутые международным сообществом, Центральноафриканская Республика создала комиссию по расследованию. Г-жа Байпо-Темон также напомнила, что все войска, которые были задействованы на территории Центральной Африки, совершали злоупотребления, и что на данном этапе дело об изнасиловании несовершеннолетних военнослужащими SANGARIS еще не закрыто. В любом случае, российские военизированные формирования, похоже, являются объектом меньшего числа обвинений в изнасиловании, чем французские военные (которые в то время находились в ведении Ле Дриана[80]... и которые стали объектом явно неудачного расследования[81], а затем прекращения дела, которое, мягко говоря, сомнительно).[82]

Кажется, что присутствие Вагнера в Африке является скорее проблемой для Парижа, чем для африканцев. В Центральноафриканской Республике парламент поблагодарил русских за их приверженность[83], а правительство установило памятник в их честь[84].

80.”Soupçons de viols en Centrafrique par des militaires français : l'affaire en quatre dates”, *franceinfo*, 30 апреля 2015 года; “Soupçons de viols par des soldats français en Centrafrique : des enfants témoignent”, *franceinfo*, 8 мая 2015 года; “Quatre militaires français entendus sur des accusations de viols en Centrafrique” (Четыре французских солдата заслушаны по обвинению в изнасиловании в Центральноафриканской Республике), *franceinfo / AFP*, 8 декабря 2015 года; “Centrafrique: Правосудие расследует новые обвинения в насилии со стороны французских солдат”, *franceinfo / AFP*, 8 февраля 2016 г.; “Centrafrique : новые обвинения в сексуальном насилии со стороны французских солдат и ОУН”, *franceinfo Afrique*, 2 апреля 2016 г.
81.Натали Эрнандес, “Военные обвиняют в насилии в Центральной Африке: гражданские партии осуждают расследование как лакуну и пристрастность”, *Радио Франс*, 11 марта 2017 г.
82.”Accusations de viols contre des soldats français en Centrafrique : non-lieu ordonné”, *Le Monde/AFP*, 15 января 2018 г.; Maria Malagardis, “Viols d'enfants par des soldats en Centrafrique: un non-lieu qui ne dissiper pas le malaise”, *Libération*, 15 января 2018 г.
83.Надя Чахед, “Centrafrique: l'Assemblée adresse ses 'remerciements' aux paramilitaires russes de la société Wagner”, *aa.com.tr*, 16 октября 2021 г.
84.Фатма Бендау, “Сентрафрик: открытие памятника во славу русских солдат”, *aa.com. tr*, 1ᵉʳ декабря 2021 г.

В целом, заявления Ле Дриана иллюстрируют проблемы «Франсафрики 2.0»: африканские страны хотят быть свободными в принятии решений. Только снисходительность Ле Дриана объясняет, почему Франции больше не рады в этом регионе. Потому что когда иностранные силы - национальные или многонациональные - вмешиваются в дела страны, они в значительной степени заменяют ее власть: французские военные, даже если они делают очень хорошую работу, делают это на службе Франции, а не Мали, Нигера или другой страны. Эта общая проблема также затрагивает миротворческие операции ООН или ОБСЕ. Это иногда приводит к ситуациям, когда военные не очень эффективны (как, например, в Демократической Республике Конго), потому что они не чувствуют себя действительно обеспокоенными проблемой.

Африканцы обнаружили, что то, как Франция проводит операции, увеличивает их проблемы; и когда они хотят работать по-своему и вступить в диалог с теми, кого французы называют джихадистами, им не дают этого сделать. Они хотят быть суверенными у себя дома.

Во многом именно это привело к перевороту в Мали и использованию российской частной военной компании (ЧВК) под названием «Вагнер». ЧВК (широко используемые Западом в Ираке, Афганистане, Ливии и других странах), вызывают много функциональных и юридических вопросов. Но у них есть одно существенное преимущество: когда им говорят идти, они идут («Кто платит, тот и командует»).

По сути, то, что называют Вагнером, является малоизвестной сущностью. Она описывается как «параллельная армия Владимира Путина[85] «, которую, как говорят, возглавляет Евгений Пригожин, известный как «кремлевский повар» и, кстати, который - по данным

85.Шарлотта Лаланн, "Сентрафрик, Мали... Comment les mercenaires russes de Wagner tissent leur toile ", *L'Express*, 3 октября 2021 (обновлено 4 октября 2021)

France info - пытался повлиять на выборы Дональда Трампа[86] (что позже было опровергнуто, как мы увидим ниже). Короче говоря, мы ничего о нем не знаем и выдумываем, до такой степени, что некоторые эксперты задаются вопросом, существует ли Вагнер в той форме, которую ему приписывают. Скорее, это созвездие мелких охранных компаний, которые получают разрозненные мандаты[87]. Эти компании имеют базы в нескольких европейских странах (Венгрия, Сербия, Швейцария, Италия, Германия, Греция и Тайвань) и называются по-разному, кроме «Wagner»[88].

Представление, которое дают французские власти и СМИ, является больше пропагандой (даже дезинформацией), чем анализом. Жан-Ив Ле Дриан, Каролин Ру и другие склонны представлять нам образ компактной армии, своего рода теневых сил, которые *CNews* описывает как «тайную армию Владимира Путина[89] «. Это не основано на каких-либо конкретных фактах, и реальность кажется менее романтичной. По данным Africa Intelligence, «параллельная дипломатия» Вагнера является проблемой для Москвы[90]... Владимир Путин намеренно создает себе дополнительные проблемы?

Кажется более вероятным, что Ле Дриан говорит нам все, что угодно, в качестве алиби для отсутствия реальной стратегии в странах, где участвует Франция. Как всегда, его военные действия кажутся эффективными, потому что убивают много людей, но не решают проблему[91]. Так, по данным France Inter, «в Мали (...) в

86.”Кто такая группа Вагнера, поставщик российских наемников в Центральноафриканской Республике?", *rfi/franceinfo*, 29 января 2019 г.

87.Эми Макиннон, “Российская группа Вагнера фактически не существует", *Foreign Policy*, 6 июля 2021 г.

88.Николай Коваль, “”Фабрики” наемников: где в России готовят террористов", *obozrevatel.com*, 12 июня 2018 г.

89.Франсуа Бланшар, “Мали: что представляет собой группа Вагнера, “тайная армия Владимира Путина”?", *CNews*, 7 октября 2021 г. (обновлено 11 октября 2021 г.)

90.”Параллельная дипломатия Вагнера ставит Москву в неловкое положение", *AfricaIntelligence.fr*, 28 октября 2021 г.

91.”Choguel Maïga : face au retrait de Barkhane, “nous avons l'obligation de chercher des solutions", *rfi.fr*, 27 сентября 2021 г.

2020 году больше мирных жителей было убито солдатами, которые должны были их защищать (35%), чем так называемыми джихадистскими группировками (24%).[92] «.

Именно за это правительство Мали критикует Францию: она ведет войну на тактическом уровне, без какой-либо общей стратегии, и в конечном итоге порождает терроризм[93]. Французский патернализм сделал все остальное: чувствуя, что с ним не советуются о ходе операций, малийское правительство полагается на частных субъектов, которыми оно может руководить по своему усмотрению или даже уволить.

Во Франции вокруг этой «армии тени» создается роман, определяемый как «предприятие по дестабилизации Запада через Африку», которое «оплачивает себя за счет зверя». Его лидеры восстанавливают золотые прииски, серебряные рудники и имеют интересы в газовых месторождениях. 16 февраля 2022 года на телеканале *France 5* журналистка Александра Жуссе, которая занималась их расследованием, заявила, что в Мали «они не смогут реально бороться с террористами, потому что мы видим, что такие силы, как BARKHANE, не смогли эффективно бороться». По ее словам, в стране развернуто 1000 человек, которые «уже начали поиски трех золотых рудников в Мали»[94]. На следующий день президент Макрон говорит о 800 человек[95], в то время как «французский чиновник» говорит о 300-400 человек[96]: точная цифра остается загадкой.

92.Натанаэль Шарбонье, "Регулярные вооруженные силы будут так же страдать от террористов в Сахеле", *France Inter*, 3 мая 2021 г.

93.Мари Бретт, "Операция Бархане: "Чем больше французских военных в Сахеле, тем больше джихадистов"", *TV5 Monde*, 3 февраля 2020 г. (обновлено 6 февраля 2020 г.)

94.Александра Жуссе в программе "C à dire" от 16 февраля 2022 года ("Wagner : qui sont les mercenaires de Poutine ?", *France 5/YouTube*, 17 февраля 2022 года)

95.Сильви Корбе и Самуэль Петрекен, "Франция и ЕС выведут войска из Мали, оставаясь в регионе", *ABC News/Associated Press*, 17 февраля 2022 г.

96.Джон Айриш, "Французский чиновник говорит, что 300-400 российских наемников действуют в Мали", *swissinfo.ch*, 11 января 2022 г.

Единственное, что справедливо говорит наш журналист, это то, что эти русские будут только обеспечивать защиту. Малийцы опасаются, что их французские союзники организуют контрпереворот, и это главная причина, по которой они обратились к российскому подрядчику.

При этом русские, вероятно, также будут выполнять учебные задачи. Но им не суждено перенять миссии Баркхана, как любят говорить во Франции. В действительности, причина, по которой хунта, находящаяся у власти в Мали, больше не хочет видеть Францию, заключается в том, что она считает, что ее подход не сможет победить терроризм. Хунта хочет менее разрушительной стратегии, которая включает в себя диалог с повстанцами, от которого Париж отказался[97]. Таким образом, русские являются лишь одним из элементов более сложной и целостной стратегии, чем та, которую французы практикуют уже десять лет. Сочетая военные элементы с диалогом, эта стратегия является, по крайней мере, попыткой выйти из тупика.

Россия имеет не меньше легитимности для присутствия в Африке, чем Франция. Проблема в том, что последняя не привыкла к тому, что африканские страны легко относятся к Парижу.

Однако ГМП часто представляют собой проблему, поскольку они способствуют милитаризации ситуаций, не имеющих тех же правовых и политических ограничений, что и традиционные армии. Такие организации, как Wagner, не являются исключением. Но акцент на Вагнере заслоняет военные преступления, совершенные западными ЧВК в Ираке и Афганистане, где все западные страны использовали десятки тысяч наемников[98]. Например, как выяснил сам автор, безопасность американского посольства в Кабуле обеспечивали наемники. То, что американцы и французы скромно называли

---

97. Шарлотта Лаланн, "Диалог с джихадистами: между Парижем и Бамако пропасть расширяется", *L'Express*, 21 октября 2021 г.
98. Марк Кансиан, "В Афганистане подрядчики были невоспетыми героями усилий США", *Breaking Defense*, 30 августа 2021 г.

«подрядчиками» в Афганистане и Ираке, стало «наемниками» в Центральноафриканской Республике. В Ираке они были виновны в многочисленных военных преступлениях[99], избежав при этом правосудия[100]... к большому неудовольствию наших знаменитых западных ценностей, так хорошо защищаемых экспертами на наших телевизорах....

99.Питер В. Сингер, "Темная правда о Blackwater", *Brookings.edu*, 2 октября 2007 г.
100.Майкл Сафи, "Трамп помиловал подрядчиков Blackwater, осужденных за массовое убийство мирных жителей Ирака", *The Guardian*, 23 декабря 2020 г.

3. Шпионаж и дестабилизация России

3.1.Ведет ли Россия гибридную войну против Запада?

Нет. Но это миф, тщательно взращиваемый на Западе, как свидетельствует евродепутат Натали Луазо в репортаже France 5 *«Путин, мастер игры»*[101]. Она явно не понимает, о чем говорит, и - как многие западные политики и исследователи - использует это понятие как универсальное, чтобы придать искусственную связность событиям, которые *априори* не имеют никакой связи. В качестве доказательства в докладе не приводится ни примера, ни того, какой была бы цель такой «гибридной войны».

Эта гибридная война основана на концепции, которую, как сообщается, описал Валерий Герасимов, начальник российского Генерального штаба, в статье 2013 года под названием «Значение науки в предвидении»[102]. После украинского кризиса 2014 года западные люди пытаются понять смысл российского вторжения без российских войск, демократической революции, совершенной

101.Программа "C dans l'air" от 17 октября 2021 года ("Poutine, maître du jeu #cdanslair 17.10.2021", *France 5/YouTube*, 18 октября 2021 года) (1h18'07")
102.Герасимов Валерий, «Ценность науки в предвидении", *vpk-news.ru*, 26 февраля 2013 (https://vpk-news.ru/articles/14632)

националистическими ультраправыми боевиками, легитимность правительства, которое правит, не будучи избранным, и так далее. Затем выстраивается логика, объединяющая кибервойну, терроризм, тайную войну, обычную войну и, естественно, информационную войну. Статья Герасимова становится ключом к прочтению бессвязных событий.

На волне украинской пропаганды буквально и искусственно создается российская доктринальная база, которую такие СМИ, как *Le Temps*[103] или *La Croix*[104], используют для осуждения России. Журнал Le Point идет еще дальше, утверждая, что доктрина «утверждена самим Владимиром Путиным»[105]. Они лгут: в действительности такого понятия не существует, и Россия не теоретизировала и не ссылалась на него. Настолько, что в 2015 году даже НАТО сомневается, существует ли гибридная война на самом деле.[106]

Проблема исходила от эксперта по России Марка Галеотти, который первым прокомментировал российскую статью, которую он назвал «Доктриной Герасимова» и которая иллюстрирует российскую концепцию гибридной войны[107]. Но в 2018 году, осознав ущерб, который он невольно нанес, Галеотти извинился - смело и разумно - в статье под названием «Я сожалею, что создал доктрину Герасимова», опубликованной в журнале *Foreign Policy*[108]:

---

103. Фредерик Коллер, "Дезинформация, русское наступление", *Le Temps*, 27 декабря 2016 г.

104. Оливье Таллес, "Bruxelles s'alarme de la désinformation russe", *La Croix*, 4 мая 2017 г.

105. Марк Нексон, "Герасимов, российский генерал, который ведет информационную войну", *Le Point*, 2 марта 2017 г.

106. Доктор Дамьен Ван Пювельде, "Существует ли гибридная война на самом деле?", *Обзор НАТО*, 7 мая 2015 г.

107. Марк Галеотти, "Доктрина Герасимова и российская нелинейная война", *intmoscowsshadows.wordpress.com*, 7 июня 2014 г.

108. Марк Галеотти, "Я сожалею, что создал "доктрину Герасимова"", *Foreign Policy*, 5 марта 2018 г.

Я был первым, кто написал о печально известной высоко-технологичной военной стратегии России. Одна маленькая проблема: его не существует.

В своей статье Герасимов анализирует последние события в конфликтах (особенно на Ближнем Востоке) и делает выводы о том, как интегрировать их в военное мышление. Его текст представляет собой методологический подход, а не описание того, как Россия интегрировала бы эти уроки в свою доктрину.

Но ущерб нанесен: Запад продолжает объяснять конфликт несуществующей доктриной, а наши «эксперты» продолжают распространять ложную информацию, например, о «проекте по дестабилизации Европейского Союза». Концепция «гибридной войны» предлагает неопределенное пространство, которое позволяет «экспертам» всех мастей создавать согласованность вокруг обвинений (чаще всего непроверенных) и придавать «логику» действиям, приписываемым России. Не указывая при этом, каковы будут цели такой войны. Ради плохих отношений? Чтобы привлечь санкции?

Иногда кажется, что мы сами создаем кризисные ситуации из криминальных инцидентов (таких как *хакерство, фишинг* и т.п.), чтобы спровоцировать единый фронт и подавить гнев граждан на зачастую бессвязную политику и коррумпированных политиков, которые ее разрабатывают.

3.2. Напала ли Россия на американских дипломатов на Кубе и в других странах с помощью звукового оружия?

9 августа 2017 года на пресс-конференции Госдепартамента пресс-секретарь Хезер Науэрт сообщила, что дипломаты в посольстве США в Гаване жалуются на различные недомогания, и некоторых

пришлось репатриировать[109]. Журнал *Time* утверждает, что эти дипломаты были «ранены» «акустическим оружием», которое нацелено на них с конца 2016 года[110], и страдают от серьезных нарушений или даже потери слуха[111].

Воображение разгулялось. Говорят об «акустических пушках», похожих на систему, разработанную немцами в 1942 году (которая вдохновила Эрже на *Дело о подсолнухе*). Говорят о неисправности жучка, установленного в посольстве: вероятно, речь идет о «*Вещице*», обнаруженной в 1952 году в американском посольстве в Москве[112], которая представляла собой абсолютно пассивное подслушивающее устройство, подвергавшееся постоянному микроволновому излучению и посылавшее обратно сигнал, модулированный человеческим голосом. На канале *Fox News* ведущий Лу Доббс предлагает напасть на Кубу; «эксперт» Себастьян Горка говорит, что за этими «атаками» стоит Россия, которая использовала то же оружие в Крыму[113]. 3 октября 2017 года пятнадцать кубинских дипломатов высылаются в связи с «неспособностью Кубы защитить дипломатический персонал США[114] «.

Ученые менее категоричны. Невролог Сет Хоровиц утверждает, что «в мире не существует акустического явления, способного

109.Нора Гамес Торрес, "Теперь Россию подозревают в нападениях на дипломатов на Кубе. Нанесут ли США ответный удар?", *Майами Геральд*, 11 сентября 2018 г.
110. https://soundcloud.com/user-493247881/the-sound-in-havana#t=0:00; Josh Lederman & Michael Weissenstein (Associated Press), "What Americans heard in mysterious soundic attacks in Havana", *pbs.org*, 12 октября 2017 г.
111.Кейт Самуэльсон и Джастин Ворланд, "Дипломаты США на Кубе были ранены "звуковым оружием", что это такое?", *журнал Time*, 10 августа 2017 г.
112.См. статью Википедии "Вещь (подслушивающее устройство)".
113.Fox Business, "Россия стояла за нападениями на посольства США на Кубе, в Китае: доклад", *YouTube*, 11 сентября 2018 г.
114.Рекс В. Тиллерсон, "О высылке кубинских официальных лиц из США", Государственный *департамент США*, 3 октября 2017 года; Гардинер Харрис, Джули Хиршфельд Дэвис и Эрнесто Лондоньо, "США высылают 15 кубинских дипломатов, в последнем признаке разрядки, которая может закончиться", *The New York Times*, 3 октября 2017 года; "Таинственные "нападения" на Кубе: Вашингтон высылает 15 кубинских дипломатов", *Le Monde/AFP*, 3 октября 2017 года.

64

вызвать подобный симптом[115] «. В январе 2019 года *New York Times* сообщает, что врачи начинают сомневаться в природе и даже существовании симптомов[116], в то время как ученые утверждают, что это брачный призыв карибского сверчка[117] !

Несмотря на это, французская пресса, чья русофобия является ее деонтологией, продолжает передавать ложь Дональда Трампа. В 2020 году *Le Monde* без обиняков указывает пальцем на Москву[118], а *La Croix* утверждает, что в марте 2017 года «Владимир Путин лично вручил премию молодому ученому Илье Романченко, (...) за его исследования в области разработки мощных генераторов радиоимпульсов (...) в то время как число жертв «Гаванского синдрома» росло[119] «. Пресса приходит на помощь дуракам из администрации Трампа!

В сентябре 2021 года *BuzzFeed News* сообщил[120], что рассекреченный доклад Госдепартамента, датированный ноябрем 2018 года, установил, что проблема не исходит от микроволновых печей, и поднял возможность природного происхождения[121]. Но в декабре 2021 года в эфире телеканала *France-Culture* Филипп Хайез, бывший заместитель

115.Кевин Лория, “Таинственное звуковое оружие, как сообщается, вызвало черепно-мозговые травмы у американских дипломатов на Кубе - вот что мы знаем”, www.businessinsider.com, 24 августа 2017 г.

116.Карл Циммер, “Звуки, которые преследовали американских дипломатов на Кубе? Влюбленные сверчки, говорят ученые”, *Нью-Йорк Таймс*, 4 января 2019 г.

117.Марианна Гуенот, “Рассекреченный отчет Госдепартамента за 2018 год предполагает, что шумы, связанные с “гаванским синдромом”, вероятно, были просто сверчками”, *Business Insider*, 1 октября 2018 года; Alexander L. Stubbs & Fernando Montealegre-Z, *Recording of 'soundic attacks' on U.Дипломаты США на Кубе спектрально совпадают с эхом призыва карибского сверчка, Biorxiv*, 4 января 2019 г.; “Звуковая атака на посольство США на Кубе: удивительная гипотеза сверчков”, *Sciences et Avenir / AFP*, 8 января 2019 г.

118.”Гаванский синдром”: происхождение загадочной болезни перемещается с Кубы в Москву”, *Le Monde*, 8 декабря 2020 г.

119.Франсуа д’Алансон, “Le ‘syndrome de La Havane’, une saga digne de la guerre froide”, *La Croix*, 29 ноября 2021 г.

120.Дэн Вергано, “В рассекреченном отчете Госдепартамента говорится, что микроволны не вызывали “гаванский синдром””, *BuzzFeed News*, 30 сентября 2021 г.

121.https://www.documentcloud.org/documents/21068770-jason-report-2018-havana-syndrome

директора по разведке DGSE, заявил, что это было «глобальное предприятие по запугиванию со стороны американских спецслужб». Он признает, что доказательств нет, но подчеркивает, что «все говорит о том, что за этим стоит наша старая Россия»[122].

На самом деле он вообще ничего не знает и все выдумывает. В январе 2022 года в секретном отчете ЦРУ[123] определяется, что проблема не в «враждебной державе»[124].

Этот пример подчеркивает легкость, с которой Запад формулирует свои нападки на Россию и применяет санкции. Она подчеркивает неспособность наших спецслужб анализировать фактологически и квалифицированно события, влияющие на нашу внешнюю политику и политику национальной безопасности.

Это также показывает, что мы идеологически мотивированы и не способны учиться на прошлых ошибках. Ибо это уже не в первый раз!

13 сентября 1981 года Александр Хейг, тогдашний госсекретарь США, обвинил Советы в использовании микотоксинов в Афганистане[125]. Анализ собранных образцов показал, что это были... пчелиные экскременты[126]! Чтобы не оправдывать свое невежество и недобросовестность, американское правительство так и не захотело рассекретить это дело, которое так и осталось официально нераскрытым.

Аналогичным образом, в 1981 году посадка на мель советской подводной лодки С-363 вблизи военно-морской базы Карлскрона[127]

122.”Что такое гаванский синдром, от которого страдают несколько американских дипломатов?”, *France Culture*, 2 декабря 2021 г.

123.”Акустические сигналы и физиологическое воздействие на американских дипломатов на Кубе”, *JASON Group*, ноябрь 2018 г.

124.Кен Диланян и Джош Ледерман, “ЦРУ утверждает, что “гаванский синдром” не является результатом продолжительной кампании враждебной державы”, *nbcnews.com*, 20 января 2022 г.

125.Джонатан Б. Такер, “Спор о “желтом дожде”: уроки для соблюдения контроля над вооружениями”, *Обзор нераспространения*, весна 2001 г.

126.”Падает желтый дождь”, *Нью-Йорк Таймс*, 3 сентября 1987 г.

127.Йорис Ниевинт, “Виски на камнях - когда Швеция проснулась и обнаружила, что российская подводная лодка застряла на скале”, *warhistoryonline.com*, 5 августа 2015 г.

вызвала кризис паранойи в Швеции. Шведские военные утверждали, что Советы проникают в их воды для проведения тайных операций. В то же время Виктор Резун, перебежчик из ГРУ, раскрыл западным спецслужбам секреты советского спецназа (Спецназ): этого было достаточно, чтобы предположить самые тревожные сценарии. Шведы предупредили международное разведывательное сообщество, и на северном фланге НАТО развернулась охота за подводными лодками. Шведские службы уловили подозрительные звуки, но ничего не обнаружили. Пятнадцать лет спустя они обнаружили, что звуки исходят от метеоризма сельди[128] !

Эти анекдоты забавны, но раскрывают несколько явлений. Во-первых, поразительный уровень некомпетентности «экспертов», которые заставляют факты (которые даже не были доказаны) соответствовать их предрассудкам. Во-вторых, менталитет, который доминирует в современных международных отношениях и который превращает события (о которых мы не знаем ни причин, ни хода, ни действующих лиц) в определенность, с единственной целью укрепить заранее определенные цели внешней политики.

3.3. Были ли российские спецслужбы ответственны за взрыв склада боеприпасов в Врбетице в Чехии?

В докладе Каролин Ру обсуждается ответственность России за взрыв склада боеприпасов в Врбетице в Чехии в 2014 году, виновниками которого, как утверждается, были те же два «агента» ГРУ, «идентифицированные» Bellingcat в деле Скрипаля.

В то время я отвечал за контроль за распространением стрелкового оружия и физическую безопасность складов оружия и боеприпасов НАТО. Тогда авария в Врбетице была четко идентифицирована

---

128. "Как пук селедки чуть не привел к дипломатическому кризису: Магнус Уолберг на TEDxGöteborg", *TEDx Talks*, 2 ноября 2012 г.

и доложена НАТО как техническая проблема, связанная с отказом технического обслуживания, и не было никаких доказательств саботажа. Даже Милош Земан, президент Чешской Республики, отметил, что в течение семи лет никто не говорил об ответственности российских агентов в этом инциденте и что отчет секретной службы (BIS) *«указывает на отсутствие доказательств или свидетельств присутствия двух российских агентов на сайте*[129] «...

Таким образом, *France 5* передает теорию, которая создает факт из предположения. Это конспирологическое теоретизирование, которое, кстати, дает Чехии повод удовлетворить своего американского хозяина: российская фирма «Росатом» исключена из конкурса на строительство атомной электростанции[130], а решение о приобретении российской вакцины «Спутник-V» отменено[131]. Бывшая ранее сателлитом СССР, Чешская Республика стала сателлитом Соединенных Штатов...

Это обвинение, которое удобно выдвинуто спустя семь лет после факта, было призвано скрыть другое дело. Несколькими днями ранее, 17 апреля 2021 года, российские власти объявили об аресте лиц, готовивших переворот против президента Беларуси Лукашенко[132]. В контексте преобладающей войны за влияние трудно сказать, правда это или нет. Тем не менее, в своем выступлении перед Федеральным Собранием 21 апреля Владимир Путин сказал:

[Вы можете думать что угодно, скажем, о президенте Украины Януковиче или Мадуро в Венесуэле. Повторяю, они

---

129. Петр Мусил, "Земан: Немужские нечаты агенства по борьбе с терроризмом" (Petr Musil, "Zeman: Nemůžeme nechat cizí agenty páchat u nás terorismus. BIS ale zatím nemá důkazy", *Prima News (cnn.iprima.cz)*, 25 апреля 2021 г.

130. "Чехи запрещают Росатому участвовать в ядерном тендере, исключают вакцину Sputnik", *AFP*, 20 апреля 2021 г.

131. "Чехи исключают российскую вакцину против коронавируса после шпионских разоблачений", *The Moscow Times*, 20 апреля 2021 г.

132. Уэсли Докери, "Беларусь: двое мужчин, обвиняемых в планировании переворота, арестованы в Москве", *dw.com*, 17 апреля 2021 г.

Путин - мастер игры?

Естественно, это событие почти не освещается в наших СМИ, и ни одно западное правительство не реагирует на него. Это, похоже, указывает на то, что обвинения Путина правдивы и что наши службы организуют перевороты...

3.4.Поддерживает ли Владимир Путин белорусскую политику?

Вопреки утверждениям Запада, политика России не заключается во вмешательстве во внутреннюю политику других стран. Поэтому она поддерживает теплые отношения с Минском, не одобряя его политику.

По окончании холодной войны, в отличие от других республик бывшего СССР, которые поспешили принять западную экономическую модель, Беларусь осталась в системе, сильно вдохновленной советской моделью. Несмотря на культурную близость к России, Беларусь имеет концепцию государства и общества, диаметрально противоположную российской, и сделала все, чтобы сохранить независимый курс.

Беларусь рассматривала свое неприсоединение как способ избежать соперничества между Востоком и Западом времен холодной войны, которое усугубилось в результате интеграции в Европейский Союз и НАТО соседей с глубокими антироссийскими настроениями.

133.”Послание Президента Федеральному Собранию”, *kremlin.ru*, 21 апреля 2021 г.

Таким образом, он поддерживает сбалансированные связи между Востоком и Западом.

В начале 2020 года, чтобы еще больше дистанцироваться от Москвы, Беларусь решает покупать нефть у США[134], за счет своего большого соседа; первые поставки начнутся в июне[135]. Но после выборов в августе 2020 года и слухов о том, что Лукашенко был избран только благодаря манипуляциям с голосами, Запад принимает экономические санкции, которые будут усилены в 2021 году после дела RyanAir FR4978.

В результате западных санкций Россия становится его единственным стабильным партнером. В ответ на эту ситуацию Беларусь пошла на сближение с Россией и в 2021 году подписала союзный договор, который охватывает ряд областей, включая таможенную.

Поэтому вместо того, чтобы использовать слабость Беларуси для сближения с Европой, было сделано все, чтобы подтолкнуть ее в объятия России: в ноябре 2021 года Беларусь признала аннексию Крыма Россией, хотя до этого воздерживалась от этого[136].

Такая непоследовательность Запада, как правило, поддерживает среди белорусского и российского населения ощущение, что Запад - в частности, Европейский Союз - стремится не улучшить, а ухудшить ситуацию. Удовлетворяя амбиции нескольких посредственных европейских политиков, мы подрываем доверие к нашим собственным институтам.

134.”Беларусь хочет уменьшить свою зависимость от российской нефти”, *AFP/lapresse.ca*, 21 января 2020; “Беларусь начала покупать нефть в США после конфликта с российскими нефтяными компаниями”, *Настоящее Время (Currenttime)*, 15 мая 2020 (https://www.currenttime.tv/a/belarus-nachala-pokupat-neft-usa/30614362.html)

135.Рустем Фаляхов, «Из Техаса с любовью: Лукашенко привезли американскую нефть», gazeta.ru, *11 июня 2020 г.* (https://www.gazeta.ru/business/2020/06/11/13115077.shtml)

136.”Белорусский лидер в ходе разворота заявил, что аннексированный Крым юридически является российским”, *Рейтер*, 30 ноября 2021 г.

3.5.Одобрил ли Путин угон белорусского рейса 4978 авиакомпании Ryanair?

23 мая 2021 года анонимная угроза взрыва по электронной почте вынудила рейс FR4978 авиакомпании RyanAir, следовавший из Афин в Вильнюс, приземлиться в Минске. Немедленно, несмотря на имеющуюся на тот момент информацию, швейцарский государственный телеканал RTS обвинил президента Александра Лукашенко в том, что он «лично приказал истребителю МиГ-29 перехватить самолет после угрозы взрыва[137] «, ссылаясь на белорусскую пресс-службу. Это ложь: пресс-служба, о которой идет речь, четко заявляет, что решение о вызове истребителя было принято после того, как пилот решил приземлиться в Минске[138]. Лукашенко приказал, чтобы аэропорт был готов к приему самолета RyanAir и чтобы его сопровождал военный самолет, в соответствии с международными правилами[139]. Таким образом, швейцарский канал создает конспирологический нарратив.

Исходя из предположения, что белорусский президент сознательно взял на себя инициативу по угону авиалайнера и принуждению его к посадке с помощью истребителя, это было расценено как «*спецоперация*[140] « президента Лукашенко. Операция, которая, учитывая ее серьезность, могла быть проведена только с благословения Владимира Путина.

137.”Беларусь арестовала активиста после перехвата его самолета”, *РТС Инфо*, 23 мая 2021 (обновлено 24 мая 2021)

138.”ВВС и войска ПВО всегда готовы отразить любую угрозу в воздушном пространстве - Гурцевич”, *Белта*, 23 мая 2021 (17:01) https://www.belta.by/society/view/vvs-i-vojska-pvo-vsegda-gotovy-otrazit-ljubuju-ugrozu-v-vozdushnom-prostranstve-gurtsevich-442589-2021/

139.”Команду принять в Минске “заминированный” самолет Ryanair дал лично Лукашенко”, Белта, 23 мая 2021 (14:38) (https://www.belta.by/president/view/komandu-prinjat-v-minske-zaminirovannyj-samolet-ryanair-dal-lichno-lukashenko-442580-2021/)

140.Лор Мандевиль, “Avion détourné en Biélorussie : l'Europe a un gros problème sur son flanc Est”, *Le Figaro*, 26 мая 2021 г. (обновлено 27 мая 2021 г.)

Симптоматично, что на телеканале *France 5* Каролин Ру ведет две программы подряд, *в названии которых фигурирует* имя Путина: «Когда друг Путина угоняет авиалайнер...» (24 мая) и «Может ли Европа «переделать» Путина? (24 мая) и «Угнанный самолет: может ли Европа «переделать» Путина?» (25 мая). Они пытаются убедить нас в том, что это был акт «государственного пиратства», который не мог произойти без одобрения Владимира Путина, хотя нет абсолютно никаких доказательств, указывающих на причастность России. Отсутствие доказательств не помешало Европейскому Союзу принять - и сохранить - санкции против Беларуси[141], некоторые из них призывают к санкциям против России[142] и реализуют некоторые из них[143].

В программе от 24 мая Лоре Мандевиль из Le Figaro говорила о «хаосе специальных операций в европейском воздушном пространстве (...), проводимых белорусами сегодня, но они были и до Путина»[144]. Хотя на данном этапе нет доказательств, подтверждающих это, создается сценарий, утверждающий, что белорусские власти хотели «перехватить ирландский авиалайнер» и по личному приказу Александра Лукашенко послали МиГ-29 «явно с желанием запугать», «чтобы развернуть самолет»[145]. В действительности FR4978 повернул обратно в Минск в 12:47, а МиГ-29 взлетел с авиабазы Барановичи в 13:04. Хотя информация поступила из Беларуси, она была быстро подтверждена заявлениями пассажиров, стенограммой диалога между самолетом и диспетчерской вышкой, а затем и отчетом ИКАО.

---

141. Альберто Нарделли, "ЕС вводит санкции против российского миллиардера, а США присоединяются к действиям против Беларуси", *Блумберг*, 21 июня 2021 г.

142. Илья Заславский, "Почему ЕС должен наказать российских "кремлигархов" за угон самолета Ryanair", *euractiv.com*, 3 июня 2021 г.

143. Альберто Нарделли, Джон Фоллейн и Александр Сазонов, "ЕС вводит санкции против российского миллиардера, а США присоединяются к действиям против Беларуси", *Блумберг*, 21 июня 2021 г.

144. Программа "C dans l'air" от 24 мая 2021 года: "Когда друг Путина угоняет авиалайнер... #cdanslair 24.05.2020", *France 5/YouTube*, 25 мая 2021 (02'20")

145. https://youtu.be/-LfZt4ESJ44?t=235

В Беларуси авторитарное правительство. Это легкая мишень для всевозможных обвинений, обоснованных или нет. Здесь игра идет дальше, поскольку речь идет об установлении - искусственно - связи с Россией. Для этого эксперты France 5 строят сценарий на основе своих представлений. Так, Фредерик Энсель, предполагая, что Лукашенко является авторитарным лидером, приписывает ему решение «использовать метод сильного» и послать «истребитель-бомбардировщик на перехват авиалайнера». Предполагая, что это «переворот силы», «вызов Европейскому союзу», Энсель делает вывод, что для этого логически необходима «поддержка или обещание поддержки со стороны Владимира Путина» [146]. Далее Каролин Ру продолжает: «Мы говорим о Беларуси, но на самом деле мы говорим о России.[147] «. Однако Бенуа Виткин, московский корреспондент Le Monde, признает - в который уже раз - что для предположения о причастности России «не так уж много». Это не помешало Изабель Мандро три дня спустя упомянуть в Le Monde «доминирующую позицию России в этом вопросе.[148] «.

25 мая в программе «C à vous» на канале France 5 журналистка Анн Нариват заявила, что Лукашенко «этим абсолютно безумным трюком хотел порадовать Владимира Путина, показать, что он тоже способен нарушить международный порядок, международное право и т.д.[149] «, но через несколько секунд отметила, что «это все равно довольно неудобно для Путина.[150] «. Подумаешь!

Короче говоря, для ее заявления нет абсолютно никаких фактических оснований. Она выдумывает историю. Потому что, как

---

146. Программа "C dans l'air" ("Quand l'ami de Poutine pirate un avion de ligne... #cdanslair 24.05.2020 ", France 5/YouTube, 25 мая 2021) (11'30")

147. Программа "C dans l'air" ("Когда друг Путина угоняет авиалайнер... #cdanslair 24.05.2020 ", France 5/YouTube, 25 мая 2021) (24'13")

148. Изабель Мандро, "Авиация, покинутая Биелоруссией, санкции Евросоюза: наши ответы на ваши вопросы", *Ле Монд*, 28 мая 2021 г.

149. Программа "C à vous", "Alexandre Loukachenko, l'autocrate biélorusse - C à Vous - 25/05/2021", *France 5/YouTube*, 25 мая 2021 года (04'10")

150. *Id.*

отмечает Libération, это дело ставит в неловкое положение Россию[151], которая не фигурирует ни на одном этапе этого инцидента. Какова будет цель Владимира Путина? Чтобы привлечь новые санкции против России? Это набор предположений, превращенных в факты. Буквально, заговор.

Эксперты обслуживают правительственную пропаганду, которая говорит о «государственном пиратстве»,[152] по словам Клемана Боне, государственного секретаря по европейским делам. Мари Мендрас, исследователь из CNRS и профессор Science Po, говорит о «невероятном акте пиратства и захвата заложников, который мог стоить жизни всем пассажирам самолета»[153]. Обозреватель Пьер Хаски рассматривает это как акт «очень высокого уровня в шкале нарушений международного права», которые, как говорят, совершил Лукашенко, полагая, что Европейский Союз не отреагирует[154]. Патрик Мартен-Женье, преподаватель Sciences Po, даже видит «угрозу» целостности Европы[155] !

Их бредни основаны на предположении, что самолет был захвачен намеренно с единственной целью - арестовать Романа Протасевича[156], ультраправого оппонента, который находился в самолете. Директор RyanAir[157] ссылается на присутствие агентов КГБ на борту самолета, чтобы угнать его и арестовать противника[158]. На самом деле, мы не

---

151. Лео Видаль-Жиро, "Россия вынуждена поддерживать Беларус, но не может контролировать", *Libération*, 27 мая 2021 г.

152. Робин Вернер, "Avion détourné par le Bélarus : Clément Beaune dénonce "une piraterie d'Etat"", *BFM TV*, 24 мая 2021 г.

153. Мари Мендрас в программе "C à vous", "Alexandre Loukachenko, l'autocrate biélorusse - C à Vous - 25/05/2021", *France 5/YouTube*, 25 мая 2021 года (04'50")

154. Программа "C dans l'air" от 25 мая 2021 года ("Avion détourné: l'Europe peut-elle "recadrer "Poutine? #cdanslair 25.05.2021 ", *France 5/YouTube*, 26 мая 2021) (02'20")

155. Id (06'38")

156. "Le pouvoir biélorusse a détourné un avion de Ryanair afin de capturer un opposant", *La Montagne*, 23 мая 2021 г.

157. https://youtu.be/-LfZt4ESJ44?t=965

158. Билл Босток, "В Беларуси были агенты КГБ на пассажирском самолете, который был перенаправлен для ареста журналиста-диссидента, говорит генеральный директор

знаем, но западная теория заговора находится на марше[159]. Грецию обвиняют в том, что она позволила этим агентам сесть на самолет в Афинах[160]. Но 27 мая премьер-министр Греции Кириакос Мицотакис заявил, что после «тщательного расследования», проведенного его спецслужбами (EYP), стало ясно, что нет «абсолютно никаких доказательств (...). Ни одного, ноль!» о присутствии возможных белорусских агентов «или других спецслужб» на самолете[161].

На самом деле, на видеозаписях с камер наблюдения минского аэропорта, опубликованных сразу после инцидента, видно, как Протасевич свободно и в одиночку покидает самолет в 14:02[162], чтобы сесть в маршрутный автобус, который доставит его в терминал. [163]Предупрежденная твитами белорусской оппозиции[164], полиция аэропорта допросила его в 14:53, через 50 минут после того, как он покинул самолет[165], без вмешательства другого пассажира или какого-либо агента под прикрытием.

Что касается пассажиров, которые не вернулись в Вильнюс и были обозначены Бенуа Виткине как агенты КГБ, то это были три гражданина Беларуси, один гражданин Греции и один пассажир российской национальности, которые заказали билеты на рейсы из Афин в Вильнюс и Минск и поэтому остались в Минске. Проще говоря.

Два дня спустя, когда большинство документов было опубликовано российской и белорусской оппозицией, Лор Мандевиль

Ryanair”, *Business Insider*, 24 мая 2021 г.

159.”Давление на Беларусь усиливается после захвата самолета”, *RTS.ch*, 25 мая 2021 г.

160.Алексия Кефалас, “Grèce : les services secrets mis en cause pour avoir pas protégé Protassevitch”, *lefigaro.fr*, 25 мая 2021 г.

161.”Афины отрицают наличие агентов КГБ в захваченном Минском самолете”, *AFP/VOA*, 27 мая 2021 г.

162. https://youtu.be/IF2DAEboPCE?t=1539

163. https://twitter.com/franakviacorka/status/1396429666374782981

164. https://twitter.com/Tsihanouskaya/status/1396435123592179714

165. https://youtu.be/IF2DAEboPCE?t=1672

повторила свое обвинение в Le Figaro, говоря о «потрясающей «спецоперации», которую лично организовал диктатор Александр Лукашенко, заставив авиалайнер (...) повернуть назад над своей территорией»[166].

Чтобы сделать эту теорию правдоподобной, Рамана Протасевича нужно выставить независимым, любящим демократию журналистом. Это не совсем так.

В 2020 году американская НПО *FOIA Research провела* назидательное расследование о нем[167]: он ярый антикоммунист, член нескольких неонацистских группировок, в том числе отряда «ПАГОНИЯ», сформированного белорусскими добровольцами-боевиками во время войны в Украине. В 2015 году он дал интервью в Украине американскому СМИ *Radio Svaboda,* где признался, что воевал на Донбассе[168] в составе отряда «ПАГОНИЯ»[169] в составе полка «Азов» и что был ранен в Широкино в марте 2015 года, что подтвердил его отец[170]. В июле 2015 года он был изображен на обложке неонацистского журнала «*Black Sun*»[171]. Он участвует - с оружием - в параде полка «Азов» на улицах Мариуполя. В марте 2017 года он был в составе неонацистских *черных блоков* во время протестов в Бресте, Беларусь.

Естественно, портрет, нарисованный *Швейцарским радио-телевидением,* избегает упоминания многочисленных фотографий, размещенных им на своей странице в Facebook, свидетельствующих о его связях[172] с неонацистским движением и полком «Азов»,

---

166. Лор Мандевиль, "Avion détourné en Biélorussie : l'Europe a un gros problème sur son flanc Est", *Le Figaro*, 26 мая 2021 г. (обновлено 27 мая 2021 г.)

167. https://www.foiaresearch.net/person/roman-protasevich

168. pbs.twimg.com/media/E2UIHnIXsAAVSE7?format=jpg&name=large

169. "Баец атраду "Пагоня": У выпадку ўварваньня мы будзем першымі, хто кінецца бараніць Беларусь", *svaboda.org*, 18 сентября 2015 г.

170. twitter.com/Volod_Ishchenko/status/1397509726641008643

171. https://archive.ph/mYUOU

172. https://www.rts.ch/audio-podcast/2021/audio/portrait-de-l-opposant-belarusse-roman-protassevitch-25201392.html

который виновен в многочисленных военных преступлениях против русскоязычного гражданского населения (пытки, уничтожение и т.д.), но швейцарская государственная телекомпания привыкла к такого рода манипуляциям.

17 января 2022 года ИКАО опубликовала отчет о расследовании[173]. Он поддерживает версию, представленную Беларусью еще 23 мая 2021 года, и подтверждает содержание моей книги по этому вопросу[174]. Очень четко видно, что МиГ-29 взлетел более чем через четверть часа после разворота «Боинга» над Минском и что не было никакого принуждения, что подтверждает информацию, имевшуюся 23 мая 2021 года. Причудливые и нечестные сценарии, выдвинутые европейскими политиками - и использованные в качестве основы для санкций против Беларуси - были воображаемыми: Беларусь отреагировала в соответствии с международными правилами, и поэтому участие Владимира Путина в этом деле было бессмысленным.

В отчете подтверждается, что ложная угроза взрыва была «заведомо ложной», и что «следственная группа не смогла приписать совершение этого акта незаконного вмешательства какому-либо лицу или государству». Есть еще вопросы, которые предстоит прояснить, особенно в процедурах управления кризисом, но уже ясно, что белорусский президент не угонял авиалайнер и, следовательно, участие Владимира Путина было полным притворством. Это не помешало Министерству иностранных дел Франции заявить на следующий день после публикации доклада:

173.”Событие, связанное с рейсом Fr4978 авиакомпании Ryanair в воздушном пространстве Беларуси 23 мая 2021 года - отчет ИКАО о расследовании фактов”, *ICOA*, январь 2022 года (https://www.politico.eu/wp-content/uploads/2022/01/19/ICAO-Fact-Finding-Investigation-Report_FR497849.pdf).
174.Жак Бо, *Угон рейса FR4978 авиакомпании RyanAir*, Сигест, 2021 г.

В результате белорусский режим организовал угон гражданского самолета с единственной целью - арестовать оппозиционного журналиста Романа Протасевича[175].

Короче говоря, мы все смешиваем и придумываем, когда не знаем; мы судим не по фактам, а по предрассудкам: это точное определение теории заговора.

Было бы неприемлемо, если бы государство угнало самолет для извлечения противника. Но с самого начала дела не было никаких фактов, указывающих на то, что это было именно так. Как и *RTS*, мы работаем с этикой переменной геометрии, чтобы скрыть преступления и экстремизм противника. Здесь мы обнаруживаем, что Мюнхенская хартия не соблюдается, что свидетельствует о глубоком отсутствии профессионализма и журналистской честности; что не очень удивительно для СМИ с сомнительной и коррумпированной практикой[176].

Хорошо бороться с тиранией. Но это должно быть сделано мудро и разумно, а именно этого компонента не хватает упомянутым нами актерам. Они иллюстрируют нынешнюю тенденцию жертвовать нашими ценностями ради того, чтобы передать политическое послание и повлиять на политические решения, которые являются мускулистыми и эффектными, но неэффективными и контрпродуктивными.

3.6. Вмешивалась ли Россия в президентские выборы 2016 года в США в интересах Дональда Трампа (Russiagate)?

---

175. "Отчет ИКАО по рейсу FR4978 авиакомпании Ryanair - вопросы и ответы - выдержка из пресс-брифинга (18 января 2022 года)", www.diplomatie.gouv.fr.

176. Борис Басслингер, Селия Херон и Сильвия Ревелло, "La *RTS*, Darius Rochebin et la loi du silence", *letemps.ch*, 31 октября 2020 (обновлено 30 ноября 2020)

В программе «Путин, мастер игры» от 17 октября 2021 года Каролин Ру не преминула упомянуть о попытках России вмешаться в демократическую жизнь Запада. Она обсуждает американские и французские президентские выборы, а также Brexit.

Названный «Доклад о расследовании российского вмешательства в президентские выборы 2016 года» и опубликованный в марте 2019 года, *доклад Мюллера* должен был определить степень влияния России на выборы Дональда Трампа[177]. В конечном итоге, в отчете говорится, что Россия могла быть заинтересована в этом, но «расследование не установило, что члены кампании Трампа вступили в сговор или координировали действия с российским правительством в его деятельности по вмешательству в выборы».

Громкий скандал о вмешательстве России в президентские выборы в США 2016 года (Russiagate) зиждется на трех столпах:

– обвинение в сговоре между Дональдом Трампом и Россией, объясняемое досье, составленным Кристофером Стилом, бывшим агентом британской МИ-6, в котором утверждается, что Россия будет «держать» Трампа с компрометирующими документами («Компромат»)[178];

– кампания влияния, проводимая в социальных сетях хакерами, работающими на российские военные (ГРУ) и внутренние (ФСБ) спецслужбы;

– кража электронных писем с серверов избирательной комиссии Демократической партии хакерами российской разведки.

3.6.1. Досье Стила

Досье Стила» - это КОНФИДЕНЦИАЛЬНЫЙ секретный документ, подготовленный бывшим британским агентом МI-6, находящимся в отпуске, в котором утверждается, что Дональд Трамп

---

177. https://www.justice.gov/archives/sco/file/1373816/download
178. https://www.documentcloud.org/documents/3259984-Trump-Intelligence-Allegations.html

занимался развратной деятельностью с проститутками в Москве, а также его связи с российскими деятелями, которые якобы помогали ему в президентской кампании.

Очень быстро стало ясно, что досье было грубой фальсификацией, но американские и европейские СМИ увидели в нем возможность делегитимизировать избрание Трампа. В октябре 2021 года дело раздули, и то, что предполагалось, оказалось правдой: досье было сфабриковано. Майкл Сассманн, адвокат Хиллари Клинтон, обвиняется во лжи ФБР[179]. Игорь Данченко, информатор Стила, был обвинен ФБР[180]: он получил свою информацию от человека, близкого к Клинтонам. Таким образом, досье не только финансировалось кампанией Хиллари Клинтон и Демократическим национальным комитетом (DNC)[181], но и ложные утверждения в нем исходили от ближайшего окружения Клинтонов. В январе 2017 года Данченко уже признался ФБР, что досье было подделкой[182], но никто не обратил на это внимания, а команда Хиллари Клинтон все это время лгала о финансировании досье. Цель демократов состоит в том, чтобы создать ситуацию, которая будет способствовать импичменту Трампа...

Короче говоря, это дело было полной фикцией и было полностью развенчано ФБР, о чем сообщило *Associated Press* в апреле 2019 года[183].

Conspiracy Watch пытается преуменьшить важность досье Стила[184]. Тем не менее, это было важно, потому что представляло собой «доказательство» того, что Трампом можно манипулировать,

179. "США против Майкла Суссманна", *Вашингтон Пост*, 16 сентября 2021 г.

180. https://www.justice.gov/opa/press-release/file/1446386/download

181. Адам Энтус, Девлин Барретт и Розалинд С. Хелдерман, "Кампания Клинтон, DNC оплатили исследования, которые привели к досье на Россию", *The Washington Post*, 24 октября 2017 г.

182. https://mate.substack.com/p/russiagate-has-no-rock-bottom

183. Майк Шнайдер, "Власти Флориды заявляют об отсутствии хакерства, несмотря на доклад Мюллера", *AP News*, 19 апреля 2019 г.; Аарон Мате, "Конец "русиагейта", *Le Monde diplomatique*, май 2019 г.

184. "The Deconspirators - Show #08", *ConspiracyWatch.info/YouTube*, 15 Dec5 Dec 2021

и, следовательно, представляло собой «мотив» России для того, чтобы Трамп был избран президентом. Если «мотив» исчез, неясно, какой интерес у России брать на себя политический риск вмешательства в эти выборы. Как мы отмечаем в Приложении 1, Трамп, вероятно, является президентом, который за время своего пребывания на посту предпринял больше всего «антироссийских» действий в новейшей истории.

3.6.2.Кампания влияния в социальных сетях

Использование социальных сетей (особенно Facebook и Twitter) для влияния на избрание Дональда Трампа широко цитируется демократами для объяснения поражения Хиллари Клинтон. Эксперты» указывают пальцем на Агентство интернет-исследований (АИИ), базирующееся в Санкт-Петербурге и якобы управляемое Евгением Пригожиным, известным как «кремлевский повар»; но мы ничего об этом не знаем. В 2019 году ИРА становится объектом репортажа *France 24, который* должен показать российскую угрозу европейским выборам: он «уличающий», без соблюдения Мюнхенской хартии (которая является эквивалентом клятвы Гиппократа для журналистов) и имеет очевидную предвзятость.

Чтобы представить это в перспективе, два кандидата в президенты 2016 года потратили в общей сложности 81 миллион долларов на Facebook, в то время как «русские», по сообщениям, потратили менее 50 000 долларов[185]. Помимо того, что ни Google, ни Facebook не смогли установить доказанную связь между любым из «постов» и российским правительством, и что некоторые из них рекламировали Обаму, Facebook обнаружил, что 10 миллионов человек видели хотя бы одну из оплаченных Россией рекламных объявлений, 44% из них

185.Джош Констайн, "Трамп и Клинтон потратили 81 млн долларов на рекламу в Facebook на выборах в США, российское агентство - 46 тыс. долларов", *TechCrunch*, ноябрь 2017 г.

до выборов и 56% после, а около 25% были нацелены на конкретные профили и не были замечены никем[186].

В отчете, подготовленном по заказу сенатского комитета по разведке (SSCI), компания New Knowledge обнаружила, что только 11% сообщений, приписываемых ИРА, имели политическое содержание. На сообщения с именами Клинтон или Трампа пришлось всего 6% твитов, 18% сообщений в Instagram и 7% сообщений в Facebook[187].

Влияние на социальные сети

	Facebook	Instagram	Twitter
Общее количество постов	61 483	116 205	10 401 029
« Сообщения с упоминанием Клинтон	1 777 (2,9 %)	7 915 (6,8 %)	198 123 (1,9 %)
« Сообщения с упоминанием Трампа	2 563 (4.2 %)	13 106 (11,3 %)	430 185 (4,1 %)

Рисунок 3 - Сообщения с упоминанием кандидатов в президенты США 2016 года. Малое количество сообщений говорит о том, что это была не политическая, а коммерческая операция [Источник: The Tactics & Tropes of the Internet Research Agency, University of Nebraska/US Senate Documents].

Таким образом, «российские» действия не только не оказали практически никакого влияния на избирателей, но и связи с российским правительством носят сугубо спекулятивный характер. На самом деле, *New Knowledge* и журналист-расследователь Аарон Мате пришли к выводу, что в действительности стратегия ИРА больше напоминает цифровой маркетинг, чем стратегию влияния[188]. Отнюдь

---

186. Дайсуке Вакабаяси, "Google обнаружил, что связанные с Россией аккаунты покупали рекламу на выборах", *The New York Times*, 9 октября 2017 г.

187. Рене ДиРеста и др., "Тактика и тропы Агентства интернет-исследований", *Университет Небраски/документы Сената США*, октябрь 2019 г.

188. Аарон Мате, "Новые исследования показывают, что эксперты ошибаются относительно участия российских социальных сетей в политике США", *The Nation*, 28 декабря 2018 г.

не имея конфигурации сложной пропагандистской операции, это была гораздо более простая работа, оперирующая «ловушками для кликов», предназначенными для зарабатывания денег.

Что касается компьютерных атак, на которых основаны официальные обвинения в адрес России, то фирма *Worldfence*, проанализировавшая данные Министерства внутренней безопасности (DHS) и ФБР, делает вывод[189]:

> *IP-адреса, предоставленные МНБ, могли быть использованы для атаки государственным субъектом, таким как Россия, но, похоже, они не имеют отношения к России. Они, скорее всего, будут использоваться широким кругом других злоумышленников, особенно теми 15% IP-адресов, которые являются выходными узлами TOR.*

> *Образец вредоносной программы является старым, широко распространенным и, судя по всему, украинским. Он не имеет очевидной связи с российской разведкой и является индикатором компрометации для любого веб-сайта.*

В довершение всего, в марте 2020 года *New York Times* объявила, что ФБР снимает все обвинения против российских хакеров и IRA[190]... Таким образом, обвинения и заговоры, вынашиваемые нашими «экспертами», являются выдумкой.

3.6.3. Кража электронной почты Демократической партии

Остается обнародование Wikileaks электронных писем *Демократического национального комитета* (DNC), которые

---

189. Марк Маундер, "Данные правительства США показывают, что Россия использовала устаревшее украинское вредоносное ПО PHP", Worldfence, 30 декабря 2016 г.
190. Кэти Беннер и Шарон ЛаФраньер, "Министерство юстиции собирается снять обвинения против российских фирм, выдвинутые Мюллером", *Нью-Йорк Таймс*, 16 марта 2020 г. (обновлено 7 мая 2020 г.)

раскрыли коррупцию и манипуляции с голосами в Демократической партии (в частности, в пользу Хиллари Клинтон против Берни Сандерса).

Проблему можно разбить на две части, которые конспирологи пытаются примирить: а) наблюдаемые вторжения на серверы NEC в начале 2016 года и б) утечка электронных писем NEC и их последующее раскрытие Wikileaks.

Что касается первого аспекта, то сейчас известно, что программное обеспечение, использованное для этих вторжений, было закодировано в Украине[191]. В декабре 2016 года Национальный центр интеграции кибербезопасности и коммуникаций (NCCIC) опубликовал сводку, в которой обвинил Россию во взломе электронной почты деятелей Демократической партии[192]. Однако данные, опубликованные NCCIC, позволяют определить, что *хакерами* являются... украинские[193] !

Что касается электронных писем, то, не вдаваясь в технические подробности, вопрос заключается в том, как они попали с серверов NEC в Wikileaks. По данным Демократической партии, взлом был осуществлен из России; по данным Wikileaks, файлы были скачаны, а затем переданы ей.

На самом деле, еще в 2016 году основатель Wikileaks Джулиан Ассанж заявил, что файлы были получены не в результате взлома со стороны России, как утверждает Демократическая партия, а благодаря осведомителю в Демократической партии, который якобы эксфильтрировал их. В соответствии с журналистской практикой, он отказался назвать имя своего источника, предположив, что им мог быть член DNC Сет Рич, после того как он был убит - до сих пор

---

191. Брайан Фельдман, "Украина оказывается ключом к расследованию взлома ДНК", *Intelligencer*, 16 августа 2017 г.

192. *GRIZZLY STEPPE - российская вредоносная кибердеятельность*, NCCIC/FBI, 29 декабря 2016 г. (Ссылка: JAR-16-20296A)

193. Петри Крон, "Создал ли студент украинского университета степь гризли?", *Off-Guardian*, 9 января 2017 г.

необъяснимо - на одной из улиц Вашингтона. Слухи о том, что его убрали по контракту, были немедленно приписаны России. Однако в июле 2021 года в серии документов, опубликованных ФБР[194], было сказано, что «учитывая [отредактировано], можно предположить, что человек или группа могли хотеть заплатить за его смерть.

Проблема в том, что CND отказал ФБР в доступе к своим оригинальным серверам. Он предоставил копии серверов в распоряжение ФБР, как признался директор ФБР Комитету по расследованиям Конгресса[195]. В декабре 2017 года Донна Брэзиле, исполняющая обязанности председателя DNC, признает, что комитет уничтожил оригинальные серверы[196]! Итак, Демократическая партия не только отказала ФБР в доступе к вещественным доказательствам, но и уничтожила их!

Что касается того, как эти электронные письма попали в распоряжение Wikileaks, то имеющиеся технические данные, как правило, подтверждают версию, изложенную Джулианом Ассанжем. В служебной записке, направленной бывшими сотрудниками разведки Дональду Трампу, они подтверждают, что файлы были загружены сотрудником CND[197]. Фирма CrowdStrike, созданная по заказу CND, позже подтвердила через своего директора, что не обнаружила никаких доказательств того, что данные были взломаны[198]. Более того, ФБР получило от CrowdStrike только три отредактированных черновика, поскольку фирма так и не представила полный

---

194. https://vault.fbi.gov/seth-rich/seth-rich-part-01-of-03/view
195.”DNC отказала ФБР в доступе к своим серверам для поиска российского взлома”, *YouTube*, 11 января 2017 года (https://www.youtube.com/watch?v=u96t7dQZ_pI)
196.Николас Балласи, “Брейзиле: После взлома DNC продублировала сервер для ФБР, а затем “уничтожила” машины”, *PJMedia*, 13 декабря 2017 г.
197. https://consortiumnews.com/2017/07/24/intel-vets-challenge-russia-hack-evidence/
198. https://intelligence.house.gov/russiainvestigation/

окончательный отчет[199]. Наконец, АНБ, которое должно было бы обнаружить российское вторжение, явно не смогло этого сделать.[200]

В результате всего этого в событиях, связанных с избранием Дональда Трампа в 2016 году, остается много серых зон, даже если можно исключить попытку российского вмешательства. То, что отдельные лица - русские - пытались воспользоваться выборами с помощью «ловушек для кликов», весьма вероятно. То, что (западные) попытки вторжения использовали российские серверы, также вполне вероятно. Но утверждения о попытке России навязать кандидата - это чушь.

На самом деле, это явный шаг Демократической партии, направленный на то, чтобы признать выборы Дональда Трампа недействительными. Для того чтобы добиться *импичмента,* ему требовалось убедительное обвинение в сговоре или измене в пользу России.

Тем не менее, «охотники за заговорами», такие как Руди Райхштадт[201], быстро заклеймили заговорщиками тех, кто ставил под сомнение обвинения в адрес России. Он предполагает связь между вмешательством России и тем, что Хиллари Клинтон проиграла, получив почти на 2 миллиона голосов больше, чем Дональд Трамп. Но это две совершенно несвязанные вещи. Очевидная несправедливость к Клинтону народного голосования является результатом необычного для француза избирательного механизма. Система «электората» призвана исправить непропорциональное влияние, которое могут иметь густонаселенные штаты (такие как Калифорния или Нью-Йорк) за счет «малых» штатов, таких как Делавэр.

199.Рэй Макговерн, "ФБР никогда не видело нередактированный или окончательный отчет CrowdStrike о предполагаемых российских взломах, потому что он не был подготовлен", *Consortium News,* 17 июня 2019 г.; *Ответ правительства на ходатайство ответчика о предоставлении нередактированных отчетов CrowdStrike,* окружной суд округа Колумбия, уголовный документ № 19-cr-18-ABJ, 31 мая 2019 г.
200.Роберт Маки, "Если бы российская разведка взломала DNC, АНБ знало бы об этом, говорит Сноуден", *The Intercept,* 26 июля 2016 г.
201.Руди Райхштадт, "Является ли 45-й президент США российским шпионом?", *Conspiracy Watch,* 21 января 2017 г.

3.7. Пыталась ли Россия повлиять на голосование по Brexit?

23 июня 2016 года в ходе исторического голосования 51,9% британских избирателей приняли решение о выходе из Европейского Союза. Для европейских политических элит здравый смысл может быть только в пользу Европы, поэтому такой выбор может быть только результатом сильного иностранного влияния. Более того, они опасаются, что Brexit создаст прецедент, воодушевит суверенистов и станет звонком к смерти для Европейского Союза. Так обстоит дело во Франции, где в 2005 году правительство решило проигнорировать выбор народа (который, однако, обладает национальным суверенитетом в соответствии с Конституцией), и где известно, что новый референдум, скорее всего, приведет к Frexit[202].

После упоминания ложных обещаний, таких как перераспределение европейских взносов в британскую систему социального обеспечения, в ход идут темные силы. В США только что начался скандал «Руссиагейт»: возникла идея, что Brexit - результат заговора, организованного Россией. Возникает идея о вмешательстве России в народное голосование. Вот что говорит Каролин Ру в репортаже *France 5*.

Тем не менее, в докладе парламента Великобритании о дезинформации и эксплуатации фальшивых новостей отмечается[203]:

> *[Мы] хотели бы повторить, что у правительства нет доказательств успешного использования дезинформации иностранными субъектами, включая Россию, для влияния на британские демократические процессы.*

202."Франция вышла бы из ЕС на референдуме, аналогичном британскому, говорит Макрон", *The Guardian*, 22 января 2018 г.
203."Дезинформация и "фальшивые новости": окончательный отчет, *Палата общин*, 14 февраля 2019 года

Использование слова «успешный» вызвало много вопросов, потому что действительно были действия в социальных сетях, но - при всем желании в мире - трудно связать их с операцией влияния.

Например, в Twitter 419 аккаунтов, предположительно базирующихся в России, опубликовали 3 468 твитов, связанных с Brexit, 78% из которых были сделаны после голосования[204], а общая сумма, потраченная на рекламу *Russia Today* на платформе, составила £767 (около €850)[205]. По данным Facebook, который подробно изучил деятельность аккаунтов, возможно, связанных с Россией, Агентство интернет-исследований (IRA) потратило в общей сложности $0,97 (или €0,85) на три рекламных объявления, связанных с иммиграцией, без упоминания Brexit[206] ! Facebook делает вывод, что Россия не пыталась повлиять на голосование по Brexit[207]. Google, со своей стороны, не нашел никаких доказательств влияния[208].

В июне 2019 года Ник Клегг, бывший заместитель премьер-министра, член парламента и заместитель главы Facebook, подтвердил, что нет «абсолютно никаких доказательств» того, что Россия повлияла на голосование[209], и что социальная сеть не видела «никаких значительных попыток внешних сил» сделать это, заявив,

---

204. Роберт Бут, Мэтью Уивер, Алекс Херн, Стейси Смит и Шон Уолкер, "Россия использовала сотни фальшивых аккаунтов для твитов о Brexit, данные показывают", *The Guardian*, 14 ноября 2017 г.

205. Джеймс Титкомб, "Russia Today потратила 767 фунтов стерлингов на рекламу в Twitter во время кампании Brexit", *The Telegraph*, 14 Dec4 Dec 2017

206. "Facebook утверждает, что связанные с Россией аккаунты потратили всего 97 центов на рекламу во время Brexit", *Reuters*, 13 декабря 2017 г.

207. Мэллори Локлир, "Facebook не обнаружил никаких российских усилий по подтасовке результатов голосования по Brexit", *Engadget*, 13 декабря 2017 г.

208. Джеймс Титкомб, "Russia Today потратила 767 фунтов стерлингов на рекламу в Twitter во время кампании Brexit", *The Telegraph*, 14 Dec4 Dec 2017

209. "Facebook: Ник Клегг говорит, что "нет доказательств" вмешательства России в голосование по Brexit", *BBC News*, 24 июня 2019 г.

что «корни британского евроскептицизма уходят очень глубоко», и поэтому не было необходимости в российском вмешательстве[210].

В 2017-2018 годах были выдвинуты обвинения в российском финансировании[211], затем их решительно опроверг миллиардер Аарон Бэнкс, главный финансист кампании Brexit[212]. Обвинение заключается в том, что Бэнкс сделал свое состояние в России[213].

В июле 2020 года в докладе парламентского комитета по разведке и безопасности (ICS) едва упоминается Brexit[214]:

> *Мы попытались выяснить, существовали ли какие-либо секретные разведданные, которые подтверждали или были проинформированы об этих исследованиях. В ответ на наш запрос о письменных доказательствах в начале расследования MI5 сначала предоставила только шесть строк текста.*

Что касается утверждений о тайном финансировании Россией через Аарона Бэнкса, подхваченных «C dans l›air» в ноябре 2019 года[215], в докладе делается вывод:

> *Отметим, что Аарон Бэнкс стал крупнейшим донором в политической истории Великобритании, выделив 8 миллионов фунтов стерлингов на кампанию Leave.EU. В октябре 2018 года Избирательная комиссия - которая выясняла источник*

---

210. Крис Бейнс, "Facebook не нашел "никаких доказательств" вмешательства России в голосование по Brexit, говорит лоббист Ник Клегг", *The Independent*, 24 июня 2019 г.
211. Кейт Холтон и Гай Фолконбридж, "Великобритания расследует финансирование кампании Brexit на фоне предположений о вмешательстве России", *Reuters*, 1er ноября 2017 г.
212. Пол Даллисон, ""Никаких российских денег" в кампании Brexit, говорит донор UKIP", *Politico*, 4 ноября 2018 г.
213. Иэн Кэмпбелл, "Раскрыто: как "посол" предвыборной кампании Аррона Бэнкса заработал свои миллионы в России", *opendemocracy.net*, 10 ноября 2018 г.
214. "Россия", *Комитет по разведке и безопасности Парламента*, Палата общин, 21 июля 2020 г.
215. "Выборы: Борис Джонсон, Brexit... и "российское дело" #cdanslair 23.11.2019", *YouTube/France 5*, 23 ноября 2019 г.

этого пожертвования - передала дело в Национальное агентство по борьбе с преступностью, которое провело расследование. В сентябре 2019 года Национальное агентство по борьбе с преступностью объявило о завершении расследования, не обнаружив доказательств совершения уголовных преступлений в соответствии с Законом о политических партиях, выборах и референдумах 2000 года или законодательством о компаниях кем-либо из лиц или организаций, переданных ему Избирательной комиссией.

Так что: ничего. Даже агентство Reuters отмечает, что службы не смогли найти никаких доказательств того, что Россия пыталась повлиять на голосование по Brexit[216]. По иронии судьбы, на сайте Slate.fr Дерек Чоллет из Германского фонда Маршалла США, стремясь обвинить Владимира Путина, оправдывает его[217]:

Путин сделал все, чтобы разделить Запад, но ему это не удалось. [Брексит] выгоден ему, без его вмешательства.

Наконец, как и в случае с американским «русским делом», так называемое вмешательство в голосование по Brexit, похоже, было больше похоже на ловушку для зарабатывания денег, чем на схему политического или стратегического влияния. Иностранное влияние было в основном в пользу того, чтобы Великобритания осталась в ЕС, как это сделал Барак Обама[218], но его было недостаточно, чтобы компенсировать скептицизм британцев.

---

216. Элизабет Пайпер и Уильям Джеймс, "Правительство Великобритании не смогло выяснить, вмешивалась ли Россия в голосование по Brexit: доклад", *Рейтер*, 21 июля 2020 г.

217. Дэн де Люс и Пол МакЛири, "Le Brexit, bonne nouvelle pour la Russie et grosse migraine pour l'Otan", slate.fr, 1er июля 2016 г.

218. "Визит Барака Обамы: придерживаться ЕС, президент США призывает Великобританию", *BBC News*, 22 апреля 2016 г.

С 2010 года опросы показывают, что британская общественность сильно разделилась: мнения чередуются между «да» и «нет», как показывают опросы этого периода[219]. Скорее всего, последнее слово сказал кризис мигрантов 2014-2015 годов - после операций в Ливии, Сирии и Ираке.

Что касается идеи о том, что Россия стремилась бы отдать предпочтение Brexit, чтобы снизить риск санкций ЕС, то это просто глупая западная интеллектуальная конструкция[220] по трем основным причинам.

Во-первых, с прагматической точки зрения, Россия восприняла санкции как возможность. После падения в 2015 году в результате украинского кризиса ВВП страны с тех пор стабильно растет. Она создала новые промышленные сектора, которые ранее обеспечивались европейскими компаниями, и новые, более стабильные рынки в Азии, в частности, в Китае. Поэтому главным следствием европейской политики стало укрепление оси Москва-Пекин.

Второе - предполагается, что россияне считают политику ЕС рациональной. Однако они видят, что не только санкции стали главным инструментом европейской внешней политики в отношении России, но и то, что европейская политика согласовывается с вязкой ненавистью некоторых стран к России, таких как Польша и Литва, становится иррациональной. Таким образом, против России вводятся санкции за проблемы, которые ее не касаются[221].

Третье - после Brexit Великобритания стала укреплять «антироссийский» «блок» США - предсказуемо: новая ситуация не

---

219. Статья "Список опросов о референдуме о членстве Великобритании в ЕС", *Вкипедия* (дата обращения: 20 ноября 2021 г.).

220. Марк Нексон, "Brexit: Путин потирает руки", *Le Point*, 26 июня 2016 г.

221. Илья Заславский, "Почему ЕС должен наказать российских "кремлигархов" за угон самолета Ryanair", *euractiv.com*, 3 июня 2021 г.; Альберто Нарделли, "ЕС вводит санкции против российского миллиардера, а США присоединяются к действиям против Беларуси", *Блумберг*, 21 июня 2021 г.

3. Шпионаж и дестабилизация России

несла никаких изменений для России, и поэтому она не была в ней заинтересована.

Без сомнения, если бы Россия рассматривала Brexit как стратегический вопрос и активно включилась в кампанию влияния, все прошло бы совсем по-другому. Ибо, наконец, если для того, чтобы разделить и дестабилизировать Европейский Союз, как утверждает СМИ *Slate.co.uk*[222], требуется всего 850 евро, у нас есть показатель его прочности!

Соединенные Штаты вложили миллионы долларов в дестабилизацию Украины, оказывая влияние на общественное мнение и поощряя оппозиционные движения. Она тратит миллионы долларов каждый год, чтобы сделать то же самое в России. Если Россия предпримет такое же предприятие против Европейского Союза, имея всего лишь горстку евро, это многое скажет о ценности самой идеи Европы... Непроверенные и спекулятивные обвинения лишь показывают, что мы сами не верим в наш проект.

3.8. Пыталась ли Россия повлиять на президентские выборы во Франции в 2017 году?

По мере приближения президентских выборов 2022 года возникает соблазн вернуться к повторяющемуся во Франции обвинению в том, что Россия пыталась повлиять на президентские выборы 2017 года.

В феврале 2017 года предвыборный штаб Эммануэля Макрона был на волне Russiagate. Ришар Ферран[223] утверждает в Le Monde, что «сайт движения «En Marche!» и его инфраструктура ежемесячно

---

222. Дэн де Люс и Пол МакЛири, "Le Brexit, bonne nouvelle pour la Russie et grosse migraine pour l'Otan", slate.fr, 1 июля 2016 г.

223. Ришар Ферран, "Не дайте России дестабилизировать президентские выборы во Франции", *lemonde.fr*, 14 февраля 2017 г.

Путин - мастер игры?

подвергаются нескольким тысячам атак в различных формах», а Мунир Махджуби[224], IT-менеджер кампании «En Marche», признается, что «сомневается в происхождении кибератак». Обвинения в адрес России косвенные и объясняются тем, что «Россия очень активна, в фейковых новостях и в социальных сетях». Закономерное сомнение, поскольку сам Ферран признает, что «2 000 атак (...) очень четко исходят из Украины».[225] Это не мешает BFM TV безоговорочно обвинять Россию[226]... Что касается причин такого вмешательства, Ферранд утверждает, что Путин стремится расширить свое влияние[227]. С какой целью и как? Нет ответа. Это глупо.

Это искажение позволяет СМИ убить двух зайцев одним выстрелом: против Трампа и против России, одновременно открывая дверь для обвинений в отношении референдума Brexit и предвыборной кампании Эммануэля Макрона[228].

В феврале 2017 года кандидат Макрон идет вровень с Франсуа Фийоном, но у него нет программы, а опрос IFOP показывает, что его электорат наименее убежден в своем выборе[229]. Поэтому его нужно укрепить и придать ему авторитет, показав, что он является целью России. Обвинения Ферранда не имеют технической основы: давая интервью на платформе «pol», он обманывает вопрос и приводит

---

224. Мартин Унтерсингер, "En marche! осуждает "организованные" и "конвергентные" компьютерные атаки", *lemonde.fr*, 14 февраля 2017 г.

225. "Когда хакерство угрожает президентским выборам", *France 3 (www.francetvinfo.fr)*, 16 февраля 2017 года (обновлено 30 марта 2017 года). Примечание редактора: фраза *"очень четко"* произнесена Феррандом (см. видео), но не включена в текстовую цитату.

226. "Сайт "En Marche!" снова стал жертвой российской атаки", *BFM TV*, 14 февраля 2017 г.

227. "Ришар Ферран наводит прицел на Россию после компьютерных атак на Макрона", *The Huffington Post/YouTube*, 16 февраля 2017 г.

228. "La campagne d'Emmanuel Macron dans le cible de pirates russes", *lemonde.fr*, 25 апреля 2017 г.

229. Арно Фокро, "Президиум: почему результаты опросов не способны предсказать результат второго тура", *Le Journal du Dimanche*, 18 апреля 2017 года (обновлено 27 июля 2017 года); Жюльен Абсалон, "Президиум 2017: Макрон должен составить композицию с рыхлым электоратом", *RTL*, 6 марта 2017 года.

лишь косвенные элементы. Он уточняет, что даже если бы это был «рекламный трюк», он бы не признался в этом[230] ! Пример французской политической этики!

5 мая 2017 года, за два дня до второго тура президентских выборов, движение En Marche объявило, что оно подверглось компьютерной атаке и что около 20 000 электронных писем были взломаны. Сразу же было упомянуто вмешательство России. На следующий день Виталий Кремез, директор фирмы по информационной безопасности «Flashpoint», заявил в газете *The Independent*, что хакеры принадлежат к организации FANCY BEAR[231], подозреваемой во взломе американской Демократической партии в 2016 году. На самом деле, он ничего об этом не знает: у него не было доступа к французским серверам, и он выдумывает историю. Анализ, проведенный *slate.fr*, показывает, что происхождение утечек, вероятно, находится во Франции, и что в дополнение к «утечкам» электронных писем существуют также подделки, которые не являются результатом взлома, о котором идет речь[232]. Американский журнал *Forbes*[233] проводит расследование и имеет те же сомнения в ответственности России. Есть все основания полагать, что скандал с Macronleaks зародился в самой Франции.

В июне Гийом Пупар, директор французского Национального агентства по безопасности информационных систем (ANSSI), которое отвечает за кибербезопасность во Франции, заявил, что

230.”Макрон и Россия: Ришар Ферран отрицает любой трюк “En Marche!”", *lelab. europe1.fr*, 16 февраля 2017 г.

231.Лиззи Дирден, “Утечки электронной почты Эммануэля Макрона “связаны с поддерживаемыми Россией хакерами, которые атаковали Демократический национальный комитет””, *The Independent*, 6 мая 2017 г.

232.Жан-Марк Манах, “Мы изучили “утечки Макрона” для вас, вот что мы нашли”, *slate.fr*, 9 мая 2017 г.

233.Томас Брюстер, “Россия взломала Макрона? Доказательства далеко не убедительны”, *Forbes*, 8 мая 2017 г.

Путин - мастер игры?

«нет никаких доказательств того, что за этой атакой[234] стоит Россия». Он сказал Associated Press, что атака не имеет признаков государственной акции, что нет ничего, что связывало бы ее с Россией, и что она «могла быть осуществлена даже отдельным человеком[235] «. Так что: ничего.

Но у мифа есть своя жизнь. В 2018 году авторы совместного доклада Центра анализа, прогнозирования и стратегии МИД (CAPS) и Института стратегических исследований при Военной школе Министерства вооруженных сил (IRSEM) в 2018 году признают, что «Франция никогда официально не приписывала себе это нападение» и что Гийом Пупар заявил, что «атака была настолько общей и простой, что это мог быть кто угодно[236] «. Тем не менее, они заключают, что «с относительной уверенностью можно утверждать, что ответственные лица, кем бы они ни были, были, по крайней мере, связаны с российскими интересами и получали помощь от американских ультраправых и французской фашосферы - двух кругов, которые сегодня преимущественно близки к кремлевскому видению мира».[237]

Поэтому мы не знаем, кто это, это может быть отдельная личность, но она определенно связана с Россией, и ей помогала факосфера, которая, как известно, близка к Кремлю! Это как раз и есть определение заговора: создание нарратива на основе гипотез, чтобы сделать его реальностью. Кстати, имена четырех авторов доклада можно найти в списке членов французского *кластера238*

---

234. Луи Адам, "MacronLeaks: l'Anssi ne confirme pas la piste russe", *ZDNet*, 2 июня 2017 г.; Луи Адам, "Macronleaks: Alors M.Poupard, c'est la Russie?", www.zdnet.fr, 8 июня 2017 г.

235. Джон Лестер, "Интервью AP: Франция предупреждает о риске войны в киберпространстве", *AP News*, 1 июня 2017 г.

236. Эндрю Реттман, "Утечки Макрона могут быть "единичным случаем", говорит Франция", *EU Observer*, 2 июня 2017 г.

237. Jean-Baptiste Jeangène Vilmer, Alexandre Escorcia, Marine Guillaume & Janaina Herrera, *Les Manipulations de l'information*, CAPS/IRSEM, Paris, August 2018

238. https://fdik.org/Integrity_Initiative/integrity-france.pdf

Integrity Initiative. Это проект, финансируемый британским правительством, ответственным за войну влияния против России.

В Бельгии ежедневная газета *La Libre* зашла так далеко, что заявила, что те же самые актеры атаковали телефонного оператора Proximus и НАТО[239], не упомянув, что один из следов ведет в... Соединенные Штаты[240] !

Короче говоря, русские несут ответственность за все. Компьютерные сбои в системе дистанционного обучения во время блокировки в марте 2020 года[241] и апреле 2021 года[242] были названы министром национального образования Жан-Мишелем Бланкером кибератакой со стороны России. С какой целью? Украсть французское мастерство?», как предлагает пародийный сайт *Nord Presse*?

Во время визита Владимира Путина во Францию в мае 2017 года Эммануэль Макрон не упомянул об этих предполагаемых кибератаках[243]. Вместо этого он обвиняет российские СМИ Sputnik и RT в «производстве неправды» во время президентской кампании во Франции. Он лжет, потому что они их не «производили». В крайнем случае, они передавали ложные новости, произведенные в самой Франции, как показал развенчатель в *Libération*[244].

По всей вероятности, российское правительство не вмешивалось в избирательную кампанию, но СМИ посеяли сомнения, которые будут тянуться до европейских выборов 2019 года. Несмотря на некоторые фактические ошибки, *France Culture является одним из*

239.Кристоф Ламфалусси, "Macronleaks : les pirates sont les mêmes que ceux qui se sont attaqués à Proximus et à l'OTAN", LaLibre.be, 27 апреля 2017 года (Обновлено 6 мая 2017 года)

240."Russland im Verdacht - eine Spur führt in die USA", www.20min.ch, 6 мая 2017 г.

241.Николя Доменак, "Les indiscrets de Nicolas Domenach : Blanquer dénonce les *hackers russes*", *Challenges.fr*, 29 марта 2020 г.

242."Le système français d'enseignement à distance piraté", *lematin.ch/AFP*, 7 апреля 2021 года.

243.Корентен Дюран, "Макрон и Путин: когда осуждение *фейковых новостей* затмевает российскую кибервойну", *numerama.com*, 30 мая 2017 г.

244.Венсан Коквас, "Передавали ли RT и Sputnik *фальшивые новости* во время кампании, как утверждает En Marche?", *CheckNews.fr*, 6 июня 2018 г.

немногих французских СМИ, предлагающих более честный анализ ситуации[245]. Это дело всплыло в декабре[246] - без каких-либо новых элементов - и будет поднято Эммануэлем Макроном в феврале 2020 года на Мюнхенской конференции по безопасности[247].

Если бы имело место реальное вмешательство, истинная демократия, несомненно, признала бы выборы недействительными, но этого не произошло!

Этот заговор был бы безобидным, если бы не обуславливал международные отношения и если бы не имел последствий для жизни людей в России и Франции...

3.9. Пыталась ли Россия повлиять на президентские выборы 2022 года?

На телеканале *France 5* политолог Клементин Фоконье предполагает, что Россия может вмешаться в президентские выборы во Франции 2022 года[248].

Россия, безусловно, обладает такими возможностями, но наши обвинения основаны на предположениях и конспирологических построениях. Как и в случае любой политической или военной акции, необходимо задать вопрос: «С какой целью Россия будет вести такую войну?

В стратегическом плане Россия всегда проводила прагматичную внешнюю политику, сотрудничая с существующими

245. Филипп Рельтьен и Cellule investigation de Radio France, "La menace d'une ingérence russe plane-t-elle sur les élections européennes?", *France Culture*, 22 марта 2019 г.
246. "Российская военная разведка стоит за взломом кампании Макрона, по данным *Le Monde*", *AFP/RTBF.be*, 7 декабря 2019 г.
247. "Макрон: Россия будет продолжать "пытаться дестабилизировать" Запад", *rfi.fr*, 15 февраля 2020 г. (обновлено 16 февраля 2020 г.)
248. Программа "C dans l'air" от 17 октября 2021 года ("Poutine, maître du jeu #cdanslair 17.10.2021", *France 5/YouTube*, 18 октября 2021 года) (1h54'20")

правительствами. Во время холодной войны, когда великие державы расставляли свои пешки на мировой арене, американцы и Советы поддерживали (и даже устанавливали) правительства, которые были им выгодны. Сегодня это идеологическое противостояние исчезло, и даже если российское управление отличается от нашего, на международном уровне такой проблемы больше не существует. Нет никаких причин, по которым русские не должны были пытаться влиять на потенциально опасную политику Запада до 2016 года, а затем внезапно начать влиять на выборы.

Трудности, с которыми столкнулись кандидаты в президенты Франции в 2022 году, чтобы отличиться друг от друга, и преемственность внешней политики между Джо Байденом, Дональдом Трампом и Бараком Обамой показывают, что заинтересованность Владимира Путина в разработке стратегии влияния в пользу одного или другого из них совершенно бессмысленна. На самом деле, в Соединенных Штатах, как мы видели, «Руссиагейт» был лишь способом скрыть злоупотребления в Демократической партии, которые стоили Хиллари Клинтон президентства.

Возможно, что за кибератаки ответственны россияне, но мы не можем сказать, что атаки исходят из России, и не можем связать их с российским правительством. И это по техническим причинам.

В марте 2017 года WikiLeaks опубликовал несколько тысяч документов ЦРУ под названием «VAULT 7». К ним относятся компьютерные инструменты, такие как MARBLE FRAMEWORK[249], которые Агентство разработало для проведения кибер-операций, притворяясь, что они исходят из иностранных государств. Эти инструменты выявляют следы атак на нескольких языках (включая китайский, русский, корейский, арабский и фарси[250]), что позволяет

---

249. WikiLeaks.org/ciav7p1/cms/page_14588467.html
250. Стефани Дубе Двилсон, "WikiLeaks Vault 7 Part 3 Reveals CIA Tool Might Mask Mack Hacks as Russian, Chinese, Arabic", *Heavy.com*, 31 марта 2017 г.

проводить операции «под ложным флагом»[251]. Существуют доказательства того, что эти инструменты использовались до их выпуска в 2015 и 2016 годах, а также, скорее всего, и после этого[252].

На самом деле, влияние - это скорее американская, чем российская культурная черта. Это объясняет, почему Соединенные Штаты имеют прискорбную тенденцию к свержению правительств (часто с помощью своих европейских союзников)[253]. В этой связи стоит напомнить, что ЦРУ якобы пыталось вмешаться в президентские выборы во Франции в 2012 году[254], и что за «Руссиагейтом» могли скрываться инициативы, исходящие из самих США[255].

Как мы уже видели, так называемое российское «вмешательство» было полностью опровергнуто западными спецслужбами.

Что касается кибератак, то с 2007 года поддерживается идея, что только русские (и китайцы) практикуют такого рода упражнения. Однако в тех случаях, когда объяснение было найдено (и

---

251. Жак Шеминат, "Мраморный каркас: коварная двойная игра хакеров ЦРУ", *silicon. fr*, 31 марта 2017 г.

252. Каталин Чимпану, "WikiLeaks обнародовал исходный код инструмента ЦРУ под названием "Мрамор"", *Bleeping Computer*, 1 апреля 2017 г.

253. Список стран, где Соединенные Штаты осуществляли военное вмешательство или пытались активно влиять на политический процесс посредством тайных действий: Китай (1945-46), Франция (1948-1950), Италия (1948-1952), Сирия (1949), Корея (1950-53), Китай (1950-53), Иран (1953), Гватемала (1954), Тибет (1950-), Индонезия (1958), Куба (1959-), Конго (1960-65), Ирак (1960-63), Доминиканская Республика (1961), Вьетнам (1961-1975), Бразилия (1964), Конго (1964), Гватемала (1964), Лаос (1964-73), Доминиканская Республика (1965-66), Перу (1965), Греция (1967), Гватемала (1967-69), Камбоджа (1969-70), Чили (1970-73), Аргентина (1976) Турция (1980), Польша (1980-81), Сальвадор (1981-92), Никарагуа (1981-90), Камбоджа (1980-95), Ангола (1980), Ливан (1982-84), Гренада (1983), Филиппины (1986), Иран (1987-88), Ливия (1989), Панама (1989-90), Ирак (1991), Кувейт (1991), Сомали (1992-94), Ирак (1992-96), Босния (1995), Иран (1998), Судан (1998), Афганистан (1998), Сербия (1999), Афганистан (2001-2021), Ирак (2003-), Сомали (2006-2007), Ливия (2011-), Сирия (2011-).

254. Пресс-релиз, "Письмо с заданием ЦРУ для президентских выборов во Франции 2012 года", *WikiLeaks*, 16 февраля 2017 г.

255. Ким Зеттер, "Файлы WikiLeaks показывают, что ЦРУ использует хакерский код для экономии времени, а не для того, чтобы подставить Россию", *The Intercept*, 8 марта 2017 г.

продемонстрировано), оно систематически оправдывало Россию. Вполне вероятно, что русские развлекаются кибератаками, но рука государства остается гипотетической, а из карт компьютерных угроз видно, что подавляющее большинство кибератак исходит из США и старой Европы. [256]

Например, в декабре 2016 года американская компания CrowdStrike (которая проверяла серверы Демократической партии в рамках Russiagate) заявила, что Россия проникла в украинскую сеть управления артиллерийским огнем для установки вредоносного ПО, что привело к значительным потерям[257]. Она приписывает взлом организации FANCY BEAR, которую связывает с российской военной разведкой (ГРУ). Информация немного великовата, но некоторые СМИ, например, *Швейцарское радио и телевидение*[258], все равно ее передали. К сожалению, в марте 2017 года *«Голос Америки»* выяснил, что CrowdStrike сфальсифицировал информацию Международного института стратегических исследований (IISS) для получения своего заключения, и отозвал свои утверждения[259].

Видеть повсюду руку российских (или китайских) спецслужб - значит ослаблять нас. Систематически указывая на Россию как на источник наших компьютерных проблем, мы оказались не в состоянии определить реальное происхождение компьютерных атак. Очень возможно втянуть страны НАТО в войну, которую они не хотят, потому что ИТ-инструменты существуют и доступны.

---

256. https://www.imperva.com/cyber-threat-attack-map/ (accessed 13 February 2022); https://www.fireeye.com/cyber-map/threat-map.html

257."Использование вредоносной программы FANCY BEAR для андроид в отслеживании украинских подразделений полевой артиллерии", *CrowdStrike*, 22 декабря 2016 г.

258."Хакеры Российской демократической партии нацелились на украинских военных", *rts.ch*, 22 декабря 2016 г.

259.Старый отчет был опубликован 22 декабря 2016 года, а исправленный - 23 марта 2017 года (Алексей Кузьменко и Пит Кобус, "Cyber Firm Rewrites Part of Disputed Russian Hacking Report", *Голос Америки*, 24 марта 2017 года).

В США происходит больше всего сбоев в работе электросетей, чем в любой другой западной стране, из-за устаревших приватизированных сетей, которые операторы редко модернизируют для снижения затрат, и которые не устойчивы к перегрузкам[260]. Так называемые российские кибератаки позволяют компаниям избежать ответственности.

В итоге, между недобросовестностью и технической неспособностью фирм, занимающихся компьютерной безопасностью, атрибуция компьютерной атаки зависит больше от предрассудков, чем от фактов. Факт остается фактом: если бы это были действия российского государства, они должны были бы иметь какую-то цель, но мы так и не смогли определить ее, и за этими «атаками», похоже, ничего не последовало. Поэтому, скорее всего, это проблемы управления сетью, атаки независимых *хакеров*, возможно, находящихся здесь, действующих из неповиновения или злобы...

---

260. Ула Хробак: "В США чаще, чем в любой другой развитой стране, происходят отключения электроэнергии. Вот почему", *Популярная наука*, 17 августа 2020 г.

4. Энергетический кризис 2021 года

4.1.Является ли Россия ненадежным партнером, который использует поток природного газа в политических целях?

Идея о том, что Россия использует свои энергоресурсы в политических целях, постоянно звучит в Соединенных Штатах со времен холодной войны. Чтобы понять это, необходимо вернуться к причине создания НАТО: ядерному потенциалу США. Но к 1960-м годам, с принятием стратегии «градуированного ответа», стало ясно, что применение ядерного оружия в конфликте с СССР будет направлено в первую очередь против европейских стран. Поэтому американцы опасались, что европейское общественное мнение отвергнет такую стратегию (как это произошло в 1980-х годах с немецким движением за мир). Они также опасаются, что более тесные связи с Россией могут повлиять на американскую стратегию. С тех пор американцы стремятся избежать любого сближения между Европой и Россией, которую они обвиняют в желании разделить Запад.

Чтобы обосновать этот риск и дискредитировать Россию, предпринимаются попытки убедить нас в том, что Россия (читай: Владимир Путин) не является надежным партнером. Но реальность иная: даже во время холодной войны Советы скрупулезно соблюдали свои контракты на поставки и никогда не пытались использовать их как средство политического влияния.

Россия поставляет природный газ в Западную Европу с 1960-х годов. В период с 1968 по 1975 год Советский Союз заключил не менее 8 газовых соглашений с Австрией, Францией, Италией и Западной Германией. Все эти соглашения соблюдались, даже в разгар холодной войны.

В 1982 году СССР предпринял строительство газопровода между Уренгоем (Сибирь) и Ужгородом (Украина) для увеличения поставок в Европу. ЦРУ отметило, что после нефтяного кризиса 1973 года европейцы опасались за свои поставки энергоносителей и, учитывая непредсказуемый характер арабской политики, предпочитали доверять СССР. Она опасалась, что большая зависимость Европы от России повлияет на поддержку американской политики:

СССР также рассчитывал, что усиление в будущем зависимости западноевропейцев от поставок советского газа сделает их более уязвимыми для советского принуждения и станет постоянным фактором при принятии ими решений по вопросам Восток-Запад. Кроме того, Советы использовали проблему трубопроводов для создания и эксплуатации разногласий между Западной Европой и США. В прошлом Советы использовали интерес Западной Европы к расширению торговли между Востоком и Западом, чтобы обойти санкции США, и они считают, что выгодные сделки по строительству трубопроводов уменьшат готовность Европы поддержать будущие экономические действия США против СССР[261].

---

261. "Советский газопровод в перспективе", *Специальная оценка национальной разведки*, Центральное разведывательное управление, 21 сентября 1982 года (SNIE 3-11/2-82).

Соединенные Штаты пытались отговорить своих европейских союзников, но они их не слушали:

> *Будет трудно добиться сотрудничества союзников в ограничении торговли с СССР. Помимо экономических стимулов, существуют и политические соображения, которые подпитывают нежелание западноевропейцев принять ограничения на торговлю и кредитование СССР. (...) Лидеры союзников заявили, что они не будут вести экономическую войну против Советского Союза.*

С июля 1981 года в Европе участились демонстрации против размещения ракет «Першинг II». Американцы опасались, что сближение с СССР помешает этому развертыванию. СССР нужно было представить как ненадежного поставщика. Соединенные Штаты решили сделать *трубопровод* недействующим. В январе 1982 года президент Рональд Рейган одобрил план ЦРУ по саботажу на газопроводах в России[262]. Эта операция описана в мемуарах Томаса Рида, бывшего министра ВВС США и члена Совета национальной безопасности:

> *Чтобы нарушить поставки советского газа, его валютные поступления с Запада и внутреннюю экономику России, программное обеспечение трубопровода, которое должно было управлять насосами, турбинами и клапанами, было запрограммировано на сбой после приличного интервала, сбрасывая обороты насосов и настройки клапанов, чтобы создать давление, значительно превышающее допустимое для уплотнений и сварных швов труб. В результате*

---

262. Роман Купчинский, “Анализ: повторяющийся страх перед газовой зависимостью России”, *Радио Свободная Европа/Радио Свобода*, 11 мая 2006 г.

произошел самый грандиозный неядерный взрыв и пожар, когда-либо наблюдавшийся из космоса[263].

Эти диверсии не обескуражили Советский Союз, который завершил строительство трубопровода. Соединенные Штаты объявили эмбарго на советский газ, чтобы заставить европейцев прекратить его покупать. Они предложили компенсировать европейцам увеличение поставок угля, но их производственные и транспортные мощности были недостаточны, и они не смогли выполнить свои обещания. В ноябре 1982 года они были вынуждены прекратить эмбарго, и советские поставки в Европу возобновились в обычном режиме.

Разумно предположить, что если бы в то время произошла вооруженная конфронтация, СССР прекратил бы поставки углеводородов. Однако в течение всей холодной войны Россия никогда не использовала свои поставки газа в качестве рычага давления. Соединенные Штаты, с другой стороны, боролись за то, чтобы не допустить каких-либо прочных связей между Европой и Россией. Именно принцип «ты либо с нами, либо против нас» лежит в основе внешней политики США (демократов и республиканцев).

263.Томас К. Рид, *У пропасти: инсайдерская история холодной войны*, Президио (2005)

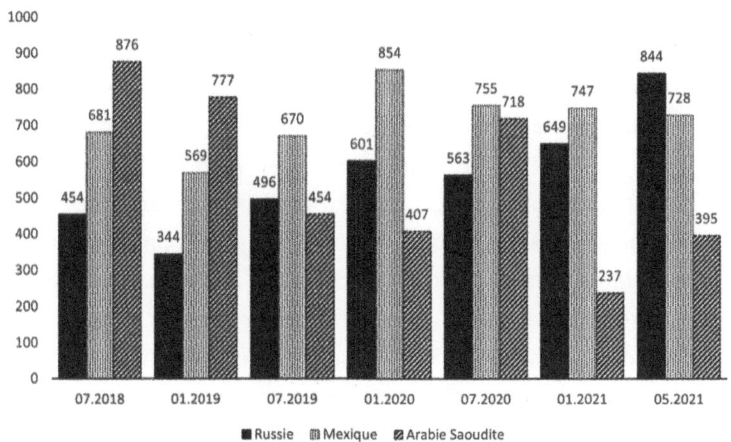

Рисунок 4 - Основные страны-поставщики нефти в США. Канада является крупнейшим поставщиком, но на втором месте произошли значительные изменения. Как видно, хотя США пытаются ограничить российские поставки в европейские страны, они все больше зависят от России в своих собственных энергетических потребностях. [Источник: Шила Тоббен и Джеффри Бэйр, «Россия занимает второе место среди иностранных постав-щиков нефти в США», Блумберг, 4 августа 2021 года (обновлено 5 августа 2021 года)

В сентябре 2014 года, после украинского кризиса, американцы ввели санкции, запрещающие западным компаниям поставлять в Россию оборудование, связанное с углеводородами: исходя из того, что ее экономика зависит от западных технологий, они думали задушить Россию и заставить ее пойти на переговоры. Это привело к прекращению сотрудничества Exxon и Shell с российскими нефтя-ными компаниями (Газпром, Газпром нефть, Роснефть, ЛукОйл и Сургутнефтегаз). В результате, после временной задержки произ-водства, русские взялись за разработку необходимых технологий самостоятельно. Сегодня Россия больше не нуждается в западных технологиях.

Это объясняет, почему американцы принимают санкции против своих союзников, таких как Германия, из-за газопровода «Северный поток-2». Если немцы склонны рассматривать торговлю между Востоком и Западом как мост, то американцы видят в ней разделительный фактор в западном лагере.

Россию обвиняют в использовании энергии для оказания давления на западные страны. Мало того, что эти обвинения никогда не обосновываются, но очевидно, что именно американцы, а затем и ЕС, пытались использовать экономику в политических целях. В конце октября 2021 года газета *Wall Street Journal* отметила, что такая инструментализация энергетики в международных политических целях Европейским союзом привела лишь к провалу[264].

Авторам не известен ни один случай, когда Россия использовала бы свои поставки газа в качестве средства давления для получения политических, экономических или иных уступок от западных стран.

В деле «Северного потока - 2» американцев меньше беспокоит зависимость Европы от России, чем сближение Европы с ее могущественным соседом. Поэтому, угрожая европейской зависимости, они одновременно увеличивают собственный импорт сырой нефти из России[265]. В августе 2021 года они достигли 11-летнего максимума и превысили показатели Саудовской Аравии[266]. Таким образом, Россия становится вторым по величине поставщиком нефти в США, после Канады и перед Мексикой[267].

264.Джеймс Марсон и Джо Уоллес, "Европа пытается ослабить влияние России на цены на газ", *The Wall Street Journal*, 27 октября 2021 г.

265."Анализ: зависимость США от российской нефти достигла рекордного уровня, несмотря на ухудшение отношений", *spglobal.com*, 16 апреля 2021 года; Люсия Кассаи, "Поставки российской нефти в США резко возросли после урагана "Ида", *Bloomberg*, 8 сентября 2021 года (обновлено 9 сентября 2021 года); Цветана Параскова, "Импорт российской нефти в США ожидается резкий рост после урагана "Ида", *oilprice.com*, 9 сентября 2021 года.

266.Розмари Гриффин и Эклавия Гупте, "Экспорт российской нефти в США подчеркивает риски для переговоров по Украине для Байдена", *S&P Global*, 21 января 2022 г.

267.Шила Тоббен и Джеффри Бэйр, "Россия занимает второе место среди иностранных поставщиков нефти в США", *Блумберг*, 4 августа 2021 г. (обновлено 5 августа 2021 г.)

Именно европейцы оказываются ненадежными покупателями. Россия будет продолжать выполнять свои обязательства, но, скорее всего, не захочет брать на себя новые. Потому что то, как мы ведем себя с Россией, беспорядочно применяя санкции и заменяя идеологию дипломатией в разрешении споров, делает западный рынок все менее и менее привлекательным.

Россия осознала, что ее сделки с ЕС систематически помещаются в политический и идеологический контекст и поэтому подвергаются санкциям непредсказуемым образом. Она также осознала, что развитие Китая и взрыв азиатского рынка - это возможность: более стабильный, более предсказуемый, более устойчивый к санкциям, платящий больше и стремящийся уменьшить свою зависимость от США, он явно более привлекателен. Именно поэтому Россия построила огромную сеть *трубопроводов* и начинает поставлять так много ресурсов, которые больше не будут доступны Европе.

4.2.Является ли рост цен на углеводороды в конце 2021 года результатом преднамеренного шага России?

В октябре 2021 года в программе «С dans l›air» высказывается предположение, что Россия манипулирует ценой на газ, играя с краном, и что рост цен на углеводороды в конце 2021 года является результатом целенаправленной политики Владимира Путина.

Однако не успела Россия увеличить поставки природного газа в Европу, как Германия объявляет о приостановке сертификации «Северного потока-2»[268]: компания, эксплуатирующая этот газопровод, должна быть немецкой (а не швейцарской). Эта ситуация

268.”Процедура сертификации для “Северного потока 2” приостановлена”, *Bundesnetzagentur* (Бонн), 16 ноября 2021 г.

4. Энергетический кризис 2021 года

была известна уже давно, но новая задержка произошла в подходящее время для усиления напряженности.

За этим 22 ноября последовал новый пакет санкций США против *трубопровода269*, что вызвало резкий рост цен на природный газ. Затем, 13 декабря, после вступления в должность нового правительства Германии, Анналена Баербок, новый министр иностранных дел, объявила, что сертификация трубопровода будет отложена из-за угрозы войны с Украиной[270]. Фактически, она привносит геополитическое измерение в свою личную оппозицию проекту[271], чего правительство Меркель тщательно избегало. Но Анналена Бербок - не совсем образец порядочности: занимаясь плагиатом, изменяя биографию и скрывая доходы[272], она являет собой пример идеологического и догматического подхода к отношениям с Россией.

В программе *France 5* «Путин, мастер игры» «эксперты» доказывают, что зависимость Европы от России создает уязвимость, которую Владимир Путин использует для давления на европейцев. Так, Клементин Фоконье, политолог, «специализирующийся» на России, утверждает, что «энергетика является одним из фундаментальных рычагов влияния во внешней политике России[273]». Она не приводит никаких доказательств в поддержку своего утверждения и просто пересказывает американский дискурс, начатый во время холодной войны.

---

269. Антони Дж. Блинкен, "Наложение дальнейших санкций в связи с Nord Stream 2", *state.gov*, 22 ноября 2021 г.

270. Джиллиан Эмброуз, "Цены на газ достигли рекордных отметок, поскольку Берлин отверг трубопровод из России", *The Guardian*, 13 декабря 2021 г.

271. Луис Вестендарп, "Лидер немецких зеленых Баербок выступает против разрешения на "Северный поток 2", называя Россию "шантажистом"", *Politico*, 20 октября 2021 г.

272. Орит Арфа, "Кто такая Анналена Баербок, новый министр иностранных дел Германии?", *J-wire.com.au*, 10 декабря 2021 г.

273. Программа "C dans l'air" от 17 октября 2021 года ("Poutine, maître du jeu #cdanslair 17.10.2021", *France 5/YouTube*, 18 октября 2021 года) (1h41'07")

В центре обсуждения, конечно же, ошеломляющий рост цен на энергоносители в Европе в то время. В той же программе Каролин Ру утверждает, что в «резком росте цен на газ (...) Владимир Путин находится в центре игры[274] «. Она видит «еще один рычаг для Владимира Путина» и цитирует американского министра энергетики, который говорит, что «существует манипуляция ценами на газ со стороны России».

Чуть позже в докладе говорится, что в 2021 году, «по мере приближения зимы, когда запасы находятся на самом низком уровне, Владимир Путин увеличивает температуру[275] «. Она пропагандирует позицию, широко разделяемую теоретиками заговора и ультраправыми, как, например, в Польше[276], где правительство утверждает, что это преднамеренный шаг России[277]. Это конструкция, созданная на основе предположений и необоснованных предрассудков: определение заговора.

Две недели назад агентство *Reuters* сообщило в *фактографическом блоке*, что в период с января по сентябрь 2021 года экспорт российского природного газа увеличился[278]:

— на 15% до 145,8 млрд. куб. м;

— 148% в Турцию, 14% в Италию, 305,6% в Румынию, 125,2% в Сербию, 11,2% в Польшу, 52,5% в Болгарию, 10,8% в Грецию, 17,5% в Финляндию и 30% в Германию.

Как бы подтверждая эти данные, 6 октября агентство *Bloomberg* сообщило, что Ангела Меркель отвергла идею о том, что за кризисом стоит Россия, сыграв на ее поставках[279]:

---

274. *Id* (1h34'00")
275. *Id* (1h44'40")
276. https://www.europarl.europa.eu/doceo/document/P-9-2021-004842_EN.html
277. Фредерик Симон, "Сжатие газоснабжения в Европе спровоцировано Россией, говорит Польша", *euractiv.com*, 20 октября 2021 г. (обновлено 21 октября 2021 г.)
278. "FACTBOX-Российский экспорт газа по газопроводу в Европу", *Рейтер*, 4 октября 2021 г.
279. Арне Дельфс, "Меркель отрицает роль России в кризисе цен на энергоносители в Европе", *Блумберг*, 6 октября 2021 г.

Насколько я знаю, нет ни одного заказа, который Россия заявила бы, что не поставит вам, особенно в отношении трубопровода в Украине.

11 октября агентство *Reuters* подтвердило, что проблема заключается в политике, проводимой Европейским союзом[280]. 15 октября, за два дня до шоу Каролин Ру, Франс Тиммерманс, вице-президент Европейской комиссии, сказал болгарскому телеканалу *bTV*[281]:

У нас нет оснований полагать, что [Россия] оказывает давление на рынок или манипулирует им.

Значит, Каролина Ру лжет. Любопытно, что эксперты на съемочной площадке, от которых можно было бы ожидать защиты европейского дела против России, подвергают сомнению заявления канцлера Германии - главного партнера Франции в Евросоюзе - и вице-президента Еврокомиссии. Это аллегория слабости западной политики в отношении России: эмоции преобладают над разумом, русофобия заменяет здравый смысл.

Повышение европейских цен на природный газ в конце 2021 года зависит от ряда факторов, которые не имеют ничего общего с попытками «манипулирования рынком со стороны Владимира Путина».

Первый элемент заключается в том, что Россия, несмотря на свои огромные запасы, имеет ограниченные производственные мощности[282]. Эта проблема также имеет свои корни в политике Запада. В 2014 году, как мы видели, в надежде ослабить Россию[283],

---

280. Джон Кемп, "Забудьте о намерениях России, фундаментальные факторы привели к повышению цены на газ в Европе", *Рейтер*, 11 октября 2021 г.

281. "Тимерманс ексклузивно пред bTV: Въглищата нмят бъдеще", *btvnovinite.bg*, 15 октября 2021 (https://btvnovinite.bg/predavania/tazi-sutrin/timermans-ekskluzivno-pred-btv-njama-badeshte-v-izpolzvaneto-na-vaglishta.html)

282. Елена Мазнева, "У России проблема с газом почти в размере экспорта в Европу", *Блумберг*, 3 сентября 2021 г.

283. Лукас Тракимавичус, "Нацеливаясь на нефть России: почему санкции в конечном итоге сработают", *Атлантический совет*, 31 июля 2017 года.

западные страны ввели эмбарго на поставку оборудования для добычи углеводородов[284]. В результате Россия была вынуждена производить это оборудование самостоятельно, что временно замедлило рост ее производственных мощностей. Сегодня Россия стала автономной. Она больше не нуждается в западных фирмах, и задержка отражается в росте цен на энергоносители... за которые теперь платит Запад и которые выгодны России!

Второй элемент связан с напряженностью на энергетическом рынке из-за климатических и экономических факторов. В ходе *проверки фактов BBC News* перечислила факторы, ответственные за резкий рост цен[285]:

- Суровая зима 2021 года заставила европейские страны израсходовать свои запасы углеводородов в начале этого года, и у них не было возможности пополнить их. *BBC News* цитирует Аделину Ван Хаутт из Economist Intelligence Unit, которая отмечает, что, как и европейским странам, России пришлось справляться с суровой зимой 2021 года и использовать собственные резервы;
- спекулятивные действия *трейдеров*, которые покупали углеводороды весной 2021 года, когда цены росли, с целью продать их позже в этом году;
- Сокращение поставок углеводородов из Норвегии;
- отсутствие ветра в Северном море летом 2021 года, что заставило некоторые страны компенсировать энергию ветра углеводородами;
- увеличение спроса на газ в Азии в связи с высокими темпами роста и замещением газом угля, который американцы

---

284. Олеся Астахова, Катя Голубкова и Владимир Солдаткин, "Свежие санкции заморозят крупные иностранные нефтяные проекты в России", Рейтер, 14 сентября 2014 г.
285. Джейк Хортон, "Цены на газ в Европе: насколько ответственна Россия?", *Би-би-си*, 18 октября 2021 г.

предпочитают поставлять в Азию, а не в Европу, из-за более высоких цен, которые готовы платить азиаты.

Таким образом, рост цен на газ является результатом комбинации факторов, которые не имеют никакого отношения к России, но связаны с энергетической политикой в Европе, о которой никто из «экспертов» на «C dans l›air» не упоминает. Поэтому пресс-секретарь российского правительства Дмитрий Песков прав, когда говорит: «Мы настаиваем на том, что у России нет и не может быть никакой роли в том, что происходит на европейском газовом рынке[286] «.

Проблема в том, что, фокусируясь на гипотетической ответственности России за каждую из наших трудностей, мы не прилагаем усилий для поиска стратегий и решений. В этом заключается большая слабость внешней политики ЕС, поощряемой слепыми «экспертами».

4.3.Использует ли Россия «рычаг» энергии для подчинения своих партнеров?

Лор Мандевиль говорит о «зависимости от России», а Каролин Ру продолжает, что если Владимир Путин «в одностороннем порядке решит перекрыть кран, если он решит искусственно играть на ценах на газ, мы окажемся в руках Владимира Путина[287] «. В поддержку этих обвинений она цитирует «заявление» Владимира Чижова, «посла Кремля» в Брюсселе[288]:

286.Дмитрий Песков, пресс-конференция 6 октября 2021 года, цитируется в "C dans l'air" от 17 октября 2021 года ("Poutine, maître du jeu #cdanslair 17.10.2021", *France 5/YouTube*, 18 октября 2021 года) (1h36'28")
287.Программа "C dans l'air" от 17 октября 2021 года ("Poutine, maître du jeu #cdanslair 17.10.2021", *France 5/YouTube*, 18 октября 2021 года) (1h33'30")
288.*Id* (1h38'45")

ЕС следовало бы перестать рассматривать Россию как противника, если 27 стран рассчитывают получать больше газа, чем предусмотрено контрактом.

Каролин Ру, имеющая весьма отдаленное отношение к Мюнхенской хартии, использует эту цитату из государственного канала *France 24*[289], который основывается на материалах СМИ *Euractiv*[290] - базирующегося в Таллинне, Эстония - которое само ссылается на интервью, данное российским послом газете *Financial Times*[291].

История этой цитаты очень интересна:

Источник	Дата	Цитата
Financial Times	10 октября 2021 года	Чижов сказал, что выбор Европы относиться к Москве как к геополитическому «противнику» не помог. «Суть проблемы заключается лишь во фразеологии», - сказал он. «Смените противника на партнера, и все будет решаться легче. (...) Когда Европейский Союз найдет достаточно политической воли, чтобы сделать это, он будет знать, где нас найти».
Euractiv	14 октября 2021 года	Посланец России в Европейском Союзе Владимир Чижов призвал ЕС нормализовать отношения для разрешения газового кризиса. В интервью *Financial Times* он сказал, что Россию не следует рассматривать как противника.
Франция 24 Франция 5	14 октября 2021 года 17 октября 2021 года	Владимир Чижов, посол Кремля в Брюсселе, довольно недвусмысленно предположил, что Евросоюзу лучше «больше не воспринимать Россию как противника», если 27 стран рассчитывают получить больше газа, чем предусмотрено контрактом.

---

289. ”Газовый кризис в Европе: Россия на всех энергетических фронтах”, *France 24*, 14 октября 2021 г.

290. Андрей Белый, “Опасные связи: запрос дополнительного газа у России будет политически чувствительным”, *Euractiv*, 14 октября 2021 г.

291. Генри Фой и Сэм Флеминг, “Посланник Москвы в ЕС призывает Европу наладить связи, чтобы избежать дефицита газа”, *Файнэншл Таймс*, 10 октября 2021 г.

Рисунок 5 - Искажение заявлений российского посла

Таким образом, Каролина Ру фабрикует заявление, чтобы сделать его более угрожающим. Но, как мы видим, первоначальный посыл Чижова гораздо более доброжелателен: во-первых, он занимается тем, что пытается сгладить отношения между Россией и ЕС. Во-вторых, он имеет в виду, что если бы Европа не испытывала такого недоверия к России, она бы поощряла долгосрочные контракты, которые гарантируют большую стабильность цен. Наконец, это, вероятно, относится к тому, что в нынешней напряженной ситуации Россия не готова пойти дальше взятых на себя обязательств и пожертвовать собственными стратегическими резервами в пользу европейцев.

На Западе к непопулярности мер против CoViD-19 добавляются инфляционные тенденции, и обе эти меры являются результатом катастрофического управления. Например, на встрече с Си Цзиньпином Джо Байден попросил Китай освободить свои резервы, чтобы снизить цену на нефть[292]. Китай отмечает, что страны-производители нефти неохотно увеличивают объемы добычи, а обнародовав свои стратегические запасы, он сделает себя уязвимым для возможной блокады, учитывая сильное военно-морское присутствие Запада в регионе. Поэтому Китай отвечает лишь частично и осторожно[293], демонстрируя тем самым слабость Соединенных Штатов, которые обречены умолять своего врага...

Политика Запада совершенно непостоянна и руководствуется единственной целью - ослабить Россию. Таким образом, мы оказались в странной ситуации, когда Госдепартамент США требует от

---

292. Анна Китанака, Хавьер Блас и Дженни Леонард, "Байден и Си обсудили освобождение нефти из стратегических резервов", *Блумберг*, 17 ноября 2021 г.
293. "Китай выпустит часть нефти из стратегических резервов после предложения США", *The Business Times*, 18 ноября 2021 г.

России поставлять больше природного газа в Европу[294], и в то же время применяет новые санкции против «Северного потока-2»[295]!...

Объясняя трудности Европейского Союза в принятии энергетической стратегии и общей внешней политики с момента его создания, Клементин Фоконье утверждает, что «Владимир Путин любит показывать слабость наднациональной конструкции, которую он ненавидит, потому что она полностью противоречит суверенистской идеологии, которую он защищает[296] «. Довольно забавно, что европейцы не в состоянии проводить последовательную политику, в то время как Владимир Путин попытался бы подорвать свои собственные национальные интересы только для того, чтобы подчеркнуть эту слабость. Наши «эксперты» принимают их желания за реальность. Они просто указывают на то, что Владимир Путин абсолютно рационален и что - в отличие от Запада - он действует в соответствии с фактами, а не с тем, какой бы он хотел видеть реальность. Именно догматизм, с которым западные люди принимают решения, как в Европейском Союзе, так и в своей внешней политике, приводит их к поражению.

4.3.1.Пример Польши

Польша имеет долгосрочные контракты с Россией с сентября 1996 года. В 2014 году она обнаружила, что цена, которую она заплатила России, была выше рыночной. Это неудивительно: цены на газ индексируются к ценам на нефть и рассчитываются на основе скользящего среднего значения рыночных цен. Таким образом, внезапные изменения цен могут сделать такие договоренности - по

---

294. Дэвид Макхью, "Официальный представитель США: Россия должна "быстро" отправить больше газа в Европу", *Ассошиэйтед Пресс*, 25 октября 2021 г.

295. https://www.state.gov/imposition-of-further-sanctions-in-connection-with-nord-stream-2/

296. Программа "C dans l'air" от 17 октября 2021 года ("Poutine, maître du jeu #cdanslair 17.10.2021", *France 5/YouTube*, 18 октября 2021 года) (1h41'15")

крайней мере, временно - менее привлекательными, чем покупка на спотовом рынке.

Когда цена на газ на международных рынках рухнула, Польша попыталась пересмотреть условия своего контракта с «Газпромом» и в 2016 году подала иск в Стокгольмский арбитражный трибунал, в юрисдикцию которого входит данный спор. В 2019 году суд вынес решение в пользу Польши, которой присудили возврат переплаты в размере 1,4 млрд евро и возможность более гибкой рыночной цены[297]. В том же году Польша объявила, что не будет продлевать свой контракт после 2022 года[298].

Примером может служить Польша. ЕС заключает соглашение с «Газпромом», которое отвязывает цену на газ от цены на нефть и более точно следует рыночной цене[299]. В то же время ЕС рекомендует своим членам использовать спотовый рынок, а не долгосрочные контракты с Россией. Именно эта политика привела к финансовым трудностям некоторых европейских стран сегодня.

По иронии судьбы, резкий рост цен на природный газ в конце 2021 года означал, что Польша заплатила значительно более высокую цену, чем по старому контракту. В результате в конце октября 2021 года Польша ноет «Газпрому» о скидках на поставки газа[300].

297.”Арбитраж Газпром/PGNiG: польская газовая компания заявляет о своей победе и требует 1,5 миллиарда долларов”, *Le Figaro /AFP*, 30 марта 2020 г.
298.”Польша будет покупать спотовый газ после окончания контракта с Газпромом”, *argusmedia.com*, 13 сентября 2021 г.; “Польская PGNiG просит провести переговоры с Газпромом по контрактной цене на газ”, *S&P Global Platts*, 2 ноября 2021 г.
299.Фу Юн Чи и Алисса де Карбоннель, “ЕС завершил антимонопольное дело против “Газпрома” без штрафов”, *Рейтер*, 24 мая 2018 г.
300.”PGNiG просит Газпром снизить цены на газ”, *Первые новости*, 28 октября 2021 г.

4.3.2. Случай Молдовы

С 1994 года Молдова накопила долг в размере 709 миллионов долларов США перед «Газпромом» за уже поставленный природный газ[301].

В конце 2020 года к власти в Молдове приходит новое, очень проевропейское правительство. В то же время цена природного газа на спотовом рынке была самой низкой. Тогда правительство решило последовать рекомендациям Европейского союза[302] и предпочесть закупки на спотовом рынке долгосрочным контрактам с Россией. Она не будет продлевать свой контракт с «Газпромом», который истекает в сентябре 2021 года[303]. Financial Times сообщает о «попытках чиновников ЕС убедить страну в том, что ей следует избегать подписания нового соглашения с Москвой и вместо этого полагаться на поставки от европейских компаний».[304]

За исключением того, что в 2021 году рыночные цены резко вырастут. Молдаване понимают, что энергия будет стоить им значительно дороже, чем при долгосрочном контракте с Россией. Со своей стороны, «Газпром» требует выплаты долга. Затем премьер-министр Наталья Гаврилита обратилась в Европейский Союз, чтобы получить финансовую компенсацию. Через Жозепа Борреля ЕС отказал[305]. После заключения соглашения с Польшей о краткосрочных поставках Молдова подписала пятилетний контракт с «Газпромом»[306].

---

301. Мадалин Нексуту, "Молдова ведет переговоры с "Газпромом", поскольку срок действия газового контракта почти истек", *Balkan Insight*, 25 октября 2021 г.

302. "Молдова не будет продлевать контракт с Газпромом", *PTA*, 23 августа 2018 г.

303. "Парламент Молдовы отказался обсуждать продление контракта с "Газпромом"", *scooptrade.com*, 30 сентября 2021 г.

304. Генри Фой, "Молдова заключила сделку с "Газпромом", чтобы покончить с проблемой поставок газа", *Financial Times*, 29 октября 2021 г.

305. Катя Яфимава, "Газовый кризис в Молдове и его уроки для Европы", *Московский Центр Карнеги*, 5 ноября 2021 г.

306. Юлиан Эрнст, "Молдова заключила 5-летний контракт с Газпромом", *Intellinews*, 30 октября 2021 г.; "Газовый кризис: Молдова и Россия продлили контракт на пять

В этом случае цена на газ по новому контракту будет намного выше, чем цена, уплаченная в 2020 году. Естественно, западные конспирологи видят в этом инструментализацию цены на газ с целью давления на правительство Молдовы[307] и «наказание» для проевропейского правительства Молдовы. С какой целью? Нет ответа. Другие объясняют это как ответный шаг Владимира Путина после победы Майи Санду, проевропейского кандидата, на выборах в декабре 2020 года[308]. Однако Владимир Путин был первым главой государства, поздравившим ее после победы, а Дмитрий Козак, вице-председатель правительства Российской Федерации, стал первым высокопоставленным гостем, встретившимся с новым правительством Молдовы в августе 2021 года[309].

На самом деле «Газпром» просто применил правила, навязанные ему Европейским союзом. В октябре 2021 года цена на газ максимальна. Несмотря на 25% скидку, предложенную «Газпромом», она все равно намного выше, чем страна платила по предыдущему контракту, но все равно ниже, чем цена на европейском рынке.

4.3.3.Случай Украины

Чтобы оправдать риск зависимости от России, наши «эксперты» ссылаются на прекращение поставок газа в Украину в 2006 году. На своем канале YouTube Паскаль Бонифас объясняет это как меру давления на президента Украины Виктора Ющенко и препятствование его сближению с Европой[310]. На канале *France 5* Лор Мандевиль

лет", *Euronews/AFP*, 30 октября 2021 г.; Елена Гункель, ""Газпром" начал поставлять газ в Молдову по новому контракту", *dw.com*, 1ᵉʳ ноябрь 2021 г.

307.''Молдова: Европейский союз осуждает инструментализацию Москвой цен на газ", *AFP*, 28 октября 2021 г.

308.Ив Бурдильон, "Брюссель на помощь Молдове перед лицом Газпрома", *Les Echos*, 29 октября 2021 г.

309.Катя Яфимава, "Газовый кризис в Молдове и его уроки для Европы", *Московский Центр Карнеги*, 5 ноября 2021 г.

310.''Объясните мне... Ситуация в Украине", *YouTube*, 31 октября 2019 г.

из Le *Figaro* рассказывает похожую историю[311]. Достаточно заглянуть в *Википедию,* чтобы убедиться, что это ложь[312].

История более сложная и более прозаичная. После распада СССР Россия продолжала снабжать Европу по трубопроводам, проходящим через территорию ее бывших республик и стран-сателлитов. Последние получают *роялти* за этот транзит и пользуются льготными тарифами на свой газ.

Трубопроводная сеть Украины - одна из старейших, построенных Советским Союзом. Она находится под управлением национальной компании *«Нефтегаз»*. В 1990-х годах россияне заметили, что в украинской сети происходят аномально большие «утечки». Попытки «Газпрома» (который управляет газом в трубах) проверить и выкупить эту инфраструктуру, чтобы привести ее в соответствие со стандартами, не увенчались успехом. Парламент Украины даже принял закон, запрещающий продажу углеводородных инфраструктур иностранным структурам. И не зря! С 1990-х годов некоторые недобросовестные украинские олигархи прикрывались этими «утечками», чтобы отводить большие объемы газа и продавать их по высоким ценам недобросовестным европейским странам[313].

Поэтому после безуспешных переговоров и в отчаянии «Газпром» решил повысить цену на газ, поставляемый в Украину (при сохранении ее ниже европейской рыночной цены), чтобы компенсировать свои потери. Это повышение цен, которое является чисто коммерческим и не имеет политического характера, вызвало противостояние. Украина перестала платить за газ, что привело к временному прекращению поставок газа в 2006 и 2009 годах. Таким образом, именно потому, что Украина воровала газ для Европы, возникла эта проблема[314].

---

311. Программа "C dans l'air" от 17 октября 2021 года ("Poutine, maître du jeu #cdanslair 17.10.2021", *France 5/YouTube,* 18 октября 2021 года) (1h49'00")
312. Статья "Газовый спор между Россией и Украиной 2005-2006 гг.", Википедия (дата обращения: 5 февраля 2022 г.)
313. Украина "крадет газ Европы", *BBCNews,* 2 января 2006 г.
314. См. *Википедию,* статья "Газовый спор между Россией и Украиной 2005-06 гг.

4. Энергетический кризис 2021 года

Кризис 2014 года не улучшил ситуацию. Украина продолжает получать от России очень высокие *отчисления за* газ, проходящий по ее территории и поставляемый в Европу. С другой стороны, она отказывается покупать газ у России и использует так называемый механизм «обратного потока», который заключается в том, чтобы пропускать газ транзитом в европейские страны, затем выкупать его у европейских стран и отправлять обратно в Украину. Очевидно, что цена, которую Украина платит на европейском рынке, уже не соответствует той льготной ставке, которую она получала от России. Таким образом, Украина сильно пострадала от роста цен на европейском рынке.

С другой стороны, проблемы со стареющей сетью, отводы газа и цены на транзит сделали транзит через Украину невыгодным для «Газпрома». Российская компания диверсифицировала свою сеть, построив сеть в Южной Европе и на севере. Это объясняет, почему Россия положительно отреагировала на просьбу Германии о строительстве газопровода «Северный поток 2», который удваивает «Северный поток 1» и обеспечивает самый прямой маршрут между газовыми месторождениями на севере России и Европой.

Теперь, когда ожидается запуск «Северного потока-2», источники доходов Украины сокращаются. Поэтому она подталкивает США к применению санкций в отношении «Северного потока - 2» и, чтобы побудить Россию вернуться, предложила 50% скидку на цену транзита в октябре 2021 года[315].

Как глубоко коррумпированная страна, в которой доминируют олигархи, сделавшие коррупцию системой, ее управление неэффективно и в значительной степени ответственно за трудности страны. После 2014 года, несмотря на многочисленные непродуманные и неэффективные проекты по улучшению ситуации, Запад не исправил

---

315. ”Украина предлагает российскому “Газпрому” 50%-ную тарифную скидку за дополнительный транзит газа”, *Рейтер*, 23 октября 2021 г.

проблемы Украины. Вместо этого он использовал их для борьбы с Россией, ввергая страну в еще больший упадок.

4.3.4. Северный поток 2

В октябре 2021 года «эксперты» «C dans l›air» обратили свое внимание на германо-российский проект «Северный поток 2». Лор Мандевиль утверждает, что это *«меняет экономическую и, следовательно, политическую игру»* в Европе. Она сожалеет, что администрация Байдена не последовала линии Дональда Трампа, уступив Германии и позволив продолжить строительство трубопровода[316].

Наши «эксперты» - не убежденные европейцы, а активисты, которые просто передают риторику Дональда Трампа (которого они критикуют в других местах). Проект «Северный поток - 2» был инициирован по просьбе Германии, чтобы позволить ей достичь своих климатических целей. Именно поэтому она пыталась противостоять давлению, чтобы отказаться от проекта, просто потому что он не нравится США. На самом деле, европейская политика была подавлена ее согласованностью с политикой США, которая, в свою очередь, подпитывается оппортунистической русофобией.

Таким образом, «Северный поток - 2» показывает, что европейцы далеки от единства. Франция перепутала свою европейскую политику со своей идеологией, пытаясь оказать давление на Германию по не связанным с ней энергетическим вопросам[317], а затем выступив против проекта в надежде повлиять на Россию в деле Навального[318].

---

316. Программа "C dans l'air" от 17 октября 2021 года ("Poutine, maître du jeu #cdanslair 17.10.2021", *France 5/YouTube,* 18 октября 2021 года) (1h37'00")
317. Георгий Готев, "Северный поток 2 в тяжелом положении после разворота Франции", *euractiv.com/Reuters,* 8 февраля 2019 г.; Дейв Китинг, "Почему Франция только что спасла Северный поток 2?", *Forbes,* 8 февраля 2019 г.
318. Жан-Клод Бурбон, "La France réclame l'abandon du projet de gazoduc Nord Stream 2", *La Croix,* 1ᵉʳ February 2021; Arthur Olivier, "What is Nord Stream 2, the new gas pipeline between Russia and Germany?

Однако французская оппозиция - всего лишь уловка: французская фирма Engie инвестировала в проект почти миллиард евро. Поэтому трудно понять, какой интерес у Франции в его подрыве. Тем более что полномочия по реализации проекта принадлежат Германии. Франция не имеет права голоса в этом вопросе. Изгнанная из Мали, обойденная Владимиром Путиным из-за того, что не выполнила свою роль в реализации Минских соглашений, Франция ищет себе профит перед президентскими выборами, а Жан-Ив Ле Дриан изображает гордую руку немецкого старшего брата!

Противники проекта имеют два основных источника. Первая - это администрация Трампа (а затем Байдена), которая стремится изолировать Россию на международной арене и в то же время исключить конкуренцию американскому газу, получаемому в результате гидроразрыва пласта - технологии, которая оказывает большое воздействие на окружающую среду и дает гораздо более дорогой продукт, чем российский газ. Во-вторых, такие страны, как Украина и Польша, не являются принципиальными противниками российского проекта, но предпочли бы, чтобы он прошел по их территории, чтобы убрать плату за проезд. За грандиозными философскими рассуждениями Украиной и Польшей движет просто жадность.

Именно США использовали энергетику как инструмент для задержки строительства «Северного потока - 2»[319].

22 января 2022 года во время передачи о высокой стоимости энергии во Франции экономист Николя Бузу заявил, что причина в том, что «у России нет желания помогать нам и производить больше», и что именно из мести Россия не поставляет больше газа в Европу[320]. Очевидно, что это неправда. Как мы видели, именно Запад стремится оказать давление на Россию, а не наоборот.

---

319. Johanna Luyssen, "Le *pipeline* Nord Stream 2 compromis par les sanctions américaines", *Libération*, 12 декабря 2019 г.

320. Программа "C dans l'air" от 22 января 2022 года ("Вождение, отопление: новая роскошь? #cdanslair 22.01.2022", *France 5/YouTube*, 22 января 2022 года) (40'28")

Путаница между политикой и торговлей - фирменная черта Запада, как в случае с фрегатами «Мистраль», которые Франция отказалась поставлять России в 2014 году. Франция будет ныть в 2021 году, когда станет жертвой такой же политики Австралии в отношении подводных лодок. Лейка...

В январе 2022 года немцы жестко высказывались по «Северному потоку-2», но когда стало ясно, что нападение России маловероятно, их риторика изменилась[321]. 8 февраля 2022 года на встрече с канцлером Германии Олафом Шольцем Джо Байден сказал:

Если Россия вторгнется в Украину - т.е. если танки или солдаты снова пересекут границу - то «Северного потока 2» не будет[322] .

Олаф Шольц не разделяет такой решимости и не подтверждает отказ от проекта в случае российского вторжения[323]. Видимо, в тот же день Анналена Баербок, министр иностранных дел Германии, высказала в Киеве ту же позицию, вызвав гнев Зеленского[324].

В любом случае, можно предположить, что в случае российского вторжения в Украину Германии будет очень трудно его проигнорировать. Поэтому вполне вероятно, что на данном этапе это кажущееся смягчение позиции Германии направлено не на то, чтобы угодить России, а на снижение рисков войны. В то время как ни одно западное СМИ не отметило усиления украинского присутствия вокруг Донбасса, немецкая разведывательная служба - БНД

321.”Украина: санкции против России будут направлены на газопровод “Северный поток 2” в случае нападения, заявляет Германия”, *Le Figaro/AFP*, 27 января 2022 года (обновлено 28 января 2022 года); Клеман Бутен, “”Ни шагу дальше!”: предупреждение Ле Дриана Путину по Украине”, *BFM TV/AFP*, 30 января 2022 года.

322.”Байден клянется “положить конец” трубопроводу “Северный поток 2”, если Россия вторгнется в Украину”, *France 24*, 8 февраля 2022 г.

323.”Выступления президента Байдена и канцлера Федеративной Республики Германия Шольца на пресс-конференции”, *whitehouse.gov*, 7 февраля 2022 г.

324.Кевин Липтак, “Газопровод “Северный поток 2” оказывается камнем преткновения в демонстрации единства Байдена и нового канцлера Германии”, *CNN*, 8 февраля 2022 г.

- отметила, что Украина готовится к операции. Очевидно, немцы считают, что Россия не намерена вмешиваться в дела Украины, но опасаются, что обещание остановить «Северный поток-2» подтолкнет Зеленского к началу наступления на Донбасс при поддержке Америки, что может подтолкнуть Россию к вмешательству и тем самым вынудить Германию осудить *трубопровод*.

Этот эпизод иллюстрирует ставки кризиса 2021-2022 годов и объясняет отношение Украины, которое кажется нам неоднозначным. Для американцев этот кризис направлен против Германии и «Северного потока-2». Создание искусственной угрозы на украинской границе направлено исключительно на то, чтобы подтолкнуть Германию к отказу от своего проекта. Поэтому украинцы, которым выгодно увеличение транзита газа через их территорию, следуют примеру американцев. Однако, с другой стороны, они знают, что у России никогда не было намерения нападать на Украину, и они видят, что угрозы неизбежной войны, исходящие от американцев, имеют вполне реальные последствия для их экономики. Поэтому они стремятся умерить пыл Джо Байдена и Энтони Блинкена.

5. Российская угроза и украинский кризис

5.1. Что означает Мюнхенская речь 2007 года?

В своем репортаже, посвященном первым дням пребывания Владимира Путина во главе России, Каролин Ру рассказывает о соглашении, которое начинается «довольно сердечно» с Западом, но «резко меняет тон» после его речи 10 февраля 2007 года в Мюнхене, которую Бенуа Виткин, корреспондент Le Monde в Москве, описывает как «враждебную речь против однополярного мира, а значит и против США»[325]. Перед нами предстает упрямый и почти биполярный Владимир Путин, тогда как на Западе его чаще называют «шахматистом», который редко действует на эмоциях.

Для того чтобы представить Путина импульсивным человеком и дерационализировать его речь, Каролин Ру опускает два важных события, о которых глава государства упоминает в своей речи:

- расширение НАТО на восток, как обсуждалось выше (вопрос 2.3), и
- постепенный отказ Соединенных Штатов от нормативной базы международной безопасности.

---

325. Программа “C dans l’air” от 17 октября 2021 года (“Poutine, maître du jeu #cdanslair 17.10.2021”, *France 5/YouTube*, 18 октября 2021 года) (1h33’30”)

Эти два элемента, в значительной степени игнорируемые западными комментаторами, будут регулярно появляться в российском дискурсе и будут вновь положены на стол переговоров с американцами Владимиром Путиным пятнадцать лет спустя, по случаю украинского кризиса.

В докладе не говорится о том, что в 2001 году Джордж Буш решил в одностороннем порядке выйти из Договора по ПРО и разместить противобаллистические ракеты (ПРО) в Восточной Европе. Договор по ПРО был призван ограничить использование оборонительных ракет[326]. Его смысл заключался в том, чтобы использовать сдерживающий эффект риска взаимного уничтожения, позволяя защитить органы, принимающие решения, баллистическим щитом (с целью сохранения переговорного потенциала). Таким образом, он ограничил размещение антибаллистических ракет конкретными районами (в частности, вокруг столиц) и запретил его за пределами национальных территорий.

В 2007 году американцы ведут переговоры с чехами и поляками о размещении этих ракет, официально для защиты от иранской угрозы. Тем самым они нарушают стратегический баланс, гарантированный Договором по ПРО, и создают новую ситуацию для конфликта в Европе.

Владимир Путин не только видит в этом риск для безопасности России, но и отмечает, что Соединенные Штаты все чаще пренебрегают международным правом, проводя одностороннюю политику. Это объясняет его тон в Мюнхене.

Следует отметить, что с тех пор это движение только ускорилось. Например, США постепенно выходят из всех соглашений по контролю над вооружениями времен холодной войны: Договора по ПРО (2002), Договора по открытому небу (2018) и Договора о ядерных силах средней дальности (INF) (2019). Эта тенденция

---

326. https://www.armscontrol.org/factsheets/abmtreaty

продолжилась при Трампе и Байдене с выходом из Совместного всеобъемлющего плана действий (JCPOA) с Ираном (май 2018 года), Договора о дружбе, торговле и консульских правах 1955 года (октябрь 2018 года), Факультативного протокола 1961 года к Венской конвенции о дипломатических сношениях, касающегося обязательного разрешения споров (октябрь 2018 года), Всемирного почтового союза (октябрь 2018 года), ЮНЕСКО (январь 2019 года), Всемирной организации здравоохранения (июль 2020 года) и т. д. Европейцы ноют по поводу выхода Америки из Парижских соглашений (ноябрь 2020 года) по решению Дональда Трампа, не замечая, что под сомнение ставится вся система международного права.

В 2019 году Дональд Трамп обосновал свой выход из Договора о РСМД якобы нарушением с российской стороны. Но, как отмечает Стокгольмский международный институт исследования проблем мира (SIPRI), американцы так и не представили никаких доказательств подобных нарушений[327]. На самом деле, они просто пытались выйти из соглашения, чтобы установить свои ракетные системы AEGIS в Польше и Румынии. По заявлению администрации США, эти системы официально предназначены для перехвата иранских баллистических ракет. Однако есть две проблемы, которые явно ставят под сомнение добросовестность американцев:

— Во-первых, нет никаких признаков того, что иранцы разрабатывают такие ракеты[328] , как заявил Майкл Эллеманн из Lockheed-Martin комитету Сената США[329] .

---

327. Д-р Тютти Эрястё и д-р Петр Топычканов, "Политика России и США в отношении Договора о INF ставит под угрозу контроль над вооружениями", *SIPRI*, 15 июня 2018 г.
328. Д-р Тютти Эрэстё, "Дилемма противоракетной обороны Европы, о которой забыли", *Европейская сеть лидеров*, 20 июля 2017 г.
329. Выступление г-на Майкла Эллемана - Программа баллистических ракет Ирана - перед Комитетом Сената США по банковскому делу, жилищному строительству и городским делам, *Международный институт стратегических исследований*, 24 мая 2016 года

— второй - в этих системах используются пусковые установки Mk41, которые могут запускать как антибаллистические, так и ядерные ракеты. Участок Радзиково в Польше находится в 800 км от российской границы и в 1 300 км от Москвы.

В феврале 2022 года, после встречи Владимира Путина и Эммануэля Макрона, Патрик Коэн на телеканале *France 5 был* поражен тем, что российский президент говорил о ядерной войне, и заявил, что системы, развернутые в Европе, носят чисто оборонительный характер[330].

Об этом также заявляли администрации Буша и Трампа. Даже если это теоретически верно, то технически и стратегически ложно. Сомнения, которые позволили их установить, - это те же сомнения, которые могут законно возникнуть у русских в случае конфликта. Такое присутствие в непосредственной близости от территории России может привести к ядерному конфликту, поскольку в случае конфликта невозможно будет узнать характер ракет, загруженных в системы: должны ли русские поэтому ждать взрывов, прежде чем реагировать?

Ответ хорошо известен: при отсутствии раннего предупреждения у русских практически не будет времени, чтобы определить характер выпущенной ракеты, и поэтому они будут вынуждены ответить превентивно[331] ядерным ударом. Именно поэтому Владимир Путин говорит, что европейские страны могут быть втянуты в ядерный конфликт непреднамеренно.

---

330. Программа "C à vous" от 8 февраля 2022 года ("Украина: возможна ли деэскалация? - C à vous - 08/02/2022", *France 5/YouTube*, 8 февраля 2022 года)

331. С точки зрения ядерной стратегии, и очень просто: упреждающий удар направлен на предотвращение применения противником своего ядерного оружия, а превентивный удар направлен на нанесение удара непосредственно перед запуском ракеты противника.

5.2. Стремился ли Владимир Путин не допустить присоединения Украины к Европе?

Защитники Европейского Союза утверждают, что российская внешняя политика руководствуется тем, что «Путин ненавидит Европейский Союз» и «наднациональные конструкции». 19 января 2022 года, в разгар украинского кризиса, Марион Ван Рентергем, обозреватель газеты L'Express, заявила на государственном телеканале France 5, что цель Владимира Путина - «унизить Европейский Союз», потому что он является его «врагом общества номер один»[332]. Неделю спустя в той же программе Жан-Доминик Джулиани, президент Фонда Роберта Шумана, повторил то же самое[333].

Идея о том, что Путин «ненавидит Европу», берет свое начало в майском кризисе 2013-2014 годов, когда ему приписывали отказ разрешить Украине подписать соглашение с Европейским союзом. Этот миф возник из-за упрощения событий и упущения некоторых моментов. Например, 21 февраля 2022 года в программе «C dans l'air» Бенджамин Хаддад из Атлантического совета заявил, что в 2014 году желание Украины приблизиться к Европейскому союзу и бороться с коррупцией спровоцировало вмешательство России[334]. Это не так: вопрос «российского вмешательства» мы рассмотрим ниже, но что касается соглашения с ЕС, то Россия не выступала против него.

Во-первых, россияне и их лидеры всегда осознавали свою экономическую слабость. Россия никогда не пыталась конкурировать с Европой или Соединенными Штатами. Со времен царизма России

---

332. Программа "C dans l'air" от 19 января 2022 года ("Украина: можно ли избежать войны? #cdanslair 19.01.2022", *France 5/YouTube*, 20 января 2022 года (9'35") (https://youtu.be/owOJJKRYQZs?t=577)

333. Программа "C dans l'air" от 25 января ("Украина: русский или американский перегиб? #cdanslair 25.01.2022", *France 5/YouTube*, 26 января 2022 (19'27")

334. Программа "C dans l'air" от 21 февраля 2022 года ("Украина: чего на самом деле хочет Путин? #cdanslair 21.02.2022", *France 5/YouTube*, 22 февраля 2022 года) (04'02")

так и не удалось создать промышленную базу, сравнимую с европейской или азиатской, и она это знает. В эпоху после окончания холодной войны Россия рассматривала себя скорее как дополнение к Европе, чем как равную ей.

Во-вторых, следует напомнить, что население Украины не было единогласно за соглашение с Европейским Союзом. Опрос, проведенный в ноябре 2013 года *Киевским международным институтом социологии* (КМИС)[335], показал, что они разделились «50/50» между соглашением с Европейским союзом и таможенным союзом с Россией. Проблема в том, что президент Янукович считает, что его экономика не готова отрезать себя от России по структурным причинам: адаптированная к российскому рынку, она не была готова к очень конкурентному европейскому рынку, что будет проверено позже.

Украинская экономика сейчас сильно связана с Россией, и украинские лидеры не хотят ослаблять ее, перерезая мосты.

Со своей стороны, Россия не возражает против соглашения между Украиной и Европейским Союзом, но стремится сохранить экономические отношения со своим историческим партнером. Именно поэтому она предлагает трехстороннее соглашение, которое примирило бы желание Украины вступить в Европейский Союз при сохранении связей с Россией. По словам Николая Азарова, премьер-министра Украины, исследования показали, что российское предложение не противоречит европейскому[336] и что поэтому возможно решение, удовлетворяющее украинские интересы.

Но ЕС не хочет, чтобы Украина была частью двух соглашений одновременно, и Баррозу просит Украину выбрать[337]. Поэтому

---

335. "Опрос: украинская общественность расколота по поводу вариантов ЕС, Таможенного союза", *Kyiv Post*, 26 ноября 2013 г.

336. "Азаров: Украина может сотрудничать с Таможенным союзом и ЕС", *Київ Пост*, 17 декабря 2012 г.

337. "Баррозу напоминает Украине, что Таможенный союз и свободная торговля с ЕС несовместимы", *Укринформ*, 25 февраля 2013 г.

правительство Украины просит ЕС отложить подписание соглашения, чтобы лучше изучить последствия соглашения ЕС для ее отношений с Россией и лучше подготовить свою экономику к этой ситуации. Он утверждает:[338]:

> *Нет альтернативы реформам в Украине и нет альтернативы европейской интеграции. (...) Мы идем по этому пути и не собираемся менять направление.*

Тогдашний премьер-министр Украины подтверждает[339]:

> *Я могу с полной уверенностью сказать, что процесс переговоров по Соглашению об ассоциации продолжается, и работа по приближению нашей страны к европейским стандартам не останавливается ни на день.*

Поэтому очевидно, что эта приостановка является лишь временной, но она преподносится западной прессой и украинской оппозицией как отказ от сближения с Европой под давлением России[340].

ЕС отвергает любое трехстороннее решение[341]: он видит в этом проблему, аналогичную той, что возникнет у ЕС и Великобритании позже в связи с ирландской границей. ЕС не любит партнеров, сочетающих преимущества двух систем, именно поэтому он заставил Украину выбирать между ЕС и Россией.

338.”У Украины нет альтернативы, кроме европейской интеграции - Янукович”, *Интерфакс-Украина*, 21 ноября 2013 г.

339.”Украина говорит, что по-прежнему хочет исторического пакта с ЕС”, *Hürriyet Daily News/AFP*, 28 ноября 2013 г.

340.AFP, “Украина отказывается от соглашения об ассоциации с ЕС”, *Libération*, 21 ноября 2013 года; Лукас Роксо, “Почему Украина говорит “нет” Европе”, *Radio France/Franceinfo*, 29 ноября 2013 года (обновлено 2 мая 2014 года); RTL/AFP, “Украина по-прежнему отказывается подписывать соглашение с ЕС”, *RTL.fr*, 29 ноября 2013 года; Паскаль Бонифас в “Объясните мне... Ситуация в Украине”, *YouTube*, 31 октября 2019 г.

341.”Украина “все еще хочет подписать соглашение с ЕС”, *aljazeera.com*, 29 ноября 2013 г.

5. Российская угроза и украинский кризис

Украинское общественное мнение, которому обещали визы или повышение зарплаты, было быстро поляризовано, а его недовольство инструментализировано. Это послужило толчком к событиям на Майдане[342].

Поэтому именно Европейский Союз создал напряженность в отношениях между Украиной и Россией, как отмечает Арно Дюбьен, директор Франко-российской обсерватории, в газете *Le Monde*[343]:

> *Украина - очень раздробленная страна с множеством идентичностей, и она не может сделать однозначный выбор - в пользу Запада или России. Одной из ошибок Брюсселя было то, что он попросил ее сделать это и повернуться спиной к России - самоубийственный вариант для страны.*

В марте 2014 года в *Washington Post* Генри Киссинджер также отметил, что Европейский Союз «*помог превратить переговоры в кризис.*[344]

По иронии судьбы, новое правительство Евромайдана, прежде чем подписать соглашение с Евросоюзом, будет вынуждено взять то же время на размышление, которое хотел Янукович...

По словам исследователя Фредерико Сантопинто из Группы исследований и информации по вопросам мира и безопасности (GRIP) в Брюсселе, Россия была не против соглашения с Европейским Союзом, но хотела, чтобы оно не шло в ущерб ее отношениям с Украиной. Именно ЕС отказался от сосуществования двух соглашений: европейская дипломатия рассматривала Украину как

342.”Украина протестует после отказа Януковича от сделки с ЕС”, *bbc.com*, 30 ноября 2013 г.

343.Комментарии Арно Дюбьена, директора Франко-российской обсерватории, финансируемой Франко-российской торговой палатой, в статье “UE-Ukraine : “Moscou a remporté une nouvelle bataille géopolitique””, *lemonde.fr*, 22 ноября 2013 г.

344.Генри А. Киссинджер, “Чем закончится кризис в Украине”, *The Washington Post*, 5 марта 2014 г.

границу между Востоком и Западом, в то время как Россия видела в ней мост[345].

У Европейского Союза есть три проблемы в этом вопросе. Во-первых, страны Восточной Европы имеют - нравится им это или нет - исторические культурные и экономические связи с Россией. Это относится к странам Балтии, которые имеют связь через свои меньшинства, или к Украине, чья промышленность в значительной степени дополняла российскую.

Вторая заключается в том, что Европейскому Союзу не удалось интегрировать восточные страны в общеевропейский дух. Эти страны, не имеющие демократических традиций, были жестоко погружены в европейскую культуру толерантности и сотрудничества, которая медленно создавалась после Второй мировой войны. Ни одна из стран «новой Европы» не имеет этих характеристик или даже этих ценностей, а Европейский Союз не смог их продвинуть, наоборот. Например, в разгар украинского кризиса поляки отказывают во въезде беженцам из Украины, потому что они чернокожие! Один пример из многих...

Третья вытекает из первых двух: у нее нет механизма для проведения общей внешней политики, и ей с трудом удается объединить индивидуальные интересы своих членов в согласованный подход. По этой причине Германия, Франция и иногда Италия пытаются неформально представлять голос Европы.

В украинском кризисе роль Европы была незначительной, но не потому, что она не нравится Владимиру Путину, а потому, что она не в состоянии внести свой вклад. Если Путин находится «в центре стратегической повестки дня», как отмечает Паскаль Бонифас, то не потому, что он этого хочет, а потому, что Россия - ядерная держава. Паскаль Бонифас сожалеет - и совершенно справедливо,

---

345. Федерико Сантопинто, "От свободной торговли до украинского кризиса - ЕС сталкивается со своими ошибками", *GRIP*, Брюссель, 14 апреля 2014 г.

- что предложения Франции и Германии о проведении саммита между Европой и Россией не нашли отклика в Европейском Союзе. Но он забывает о ядерном измерении: Европа практически не контролирует ядерное оружие. Именно поэтому Владимир Путин обращается напрямую к США, а не потому, что не воспринимает европейцев всерьез[346].

5.3.Пытается ли Владимир Путин разделить Запад?

Объяснения наших «экспертов» о желании России «разделить нас» - не что иное, как переработка старых речей времен холодной войны.

В этот период отношения между блоками определялись способностью и решимостью применить ядерное оружие. У американцев возникла проблема: согласно доктрине того времени («*гибкий ответ*»), если бы ядерная война произошла, она, скорее всего, началась бы на европейской территории, с небольшими шансами затронуть американскую территорию. Другими словами, в случае войны интересы Европы и США не будут полностью совпадать. Европейцы не хотят быть оккупированными Советами, но они также не в восторге от того, что их территории будут оцинкованы.

Уже в 1945 году американцы понимали важность прочной связи между Европой и США. Поэтому они предложили своим европейским партнерам Вашингтонский договор, который создал НАТО. Его роль заключается в замораживании трансатлантической связи. Именно поэтому американцы систематически выступают против любых инициатив, способных ослабить его, например, против существования автономной европейской обороноспособности. Поэтому они сделали все, чтобы не допустить установления прочных связей

346."Россия/США: Европа не за столом переговоров, она в меню", *YouTube*, 10 января 2022 года (https://youtu.be/IJyjEcuR0v4?t=203)

с СССР, дойдя даже до саботажа газопроводов из СССР, как мы видели.

Этот дух сохранился, доведенный до абсурда. Так, в 2020-2021 годах для борьбы с проектом «Северный поток-2» американцы клеймили угрозу зависимости Европы от России. Тем не менее, за тот же период Россия становится вторым по величине поставщиком нефти в США! Делайте то, что я говорю, а не то, что я делаю!

К востоку от «железного занавеса» Советы прекрасно понимали, с какой дилеммой столкнутся европейцы в случае войны, и стремились использовать ее в своих целях. В 1980-х годах КГБ поддерживал движения за мир, антиядерные и экологические движения (которые тогда часто были одним и тем же). Эти движения были чрезвычайно активны в предотвращении размещения американских ракет Pershing II в Европе, что привело к подписанию Рональдом Рейганом и Михаилом Горбачевым в 1987 году соглашения о ядерных силах средней дальности (INF), из которого Дональд Трамп поспешил выйти в 2019 году (под туманным, так и не доказанным предлогом, что Россия нарушила его). [347]

Зная, что Европа меньше заинтересована в конфликте, чем Соединенные Штаты, Советы систематически поощряли появление сильной Европы. В этом контексте, как говорится в отчете Западноевропейского союза (WEU)[348]:

> *Хотя СССР использовал политические разногласия между США и Западной Европой, мало свидетельств того, что он действительно хотел «разъединить» их.*

---

347. Д-р Тютти Эрэстё и д-р Петр Топычканов, "Политика России и США в отношении Договора о INF ставит под угрозу контроль над вооружениями", *Стокгольмский международный институт исследования проблем мира* (SIPRI), 15 июня 2018 г.

348. Дмитрий Данилов и Стефан де Шпигелейер, "От развязки к развязке - Россия и Западная Европа: новые отношения безопасности?", *Институт исследований безопасности Западноевропейского союза*, апрель 1998 г.

5. Российская угроза и украинский кризис

После холодной войны ядерная угроза стала второстепенной. Европейский Союз, стремясь играть свою роль в обеспечении безопасности Старого континента, начал диалог с Россией. Как отмечается в докладе:

> *Возможно, будет полезно отметить, что бурные переговоры между НАТО и Россией в период 1995-97 годов ни разу не повлияли на этот диалог между ЕС и Россией, ни официально, ни публично.*

К сожалению, с включением «новой Европы» в Европейский Союз отпечаток Соединенных Штатов - и, следовательно, НАТО - становится все более выраженным, а Лиссабонский договор ознаменует конец ВЭУ, вступивший в силу в 2011 году.

Короче говоря, не русские, а американцы сделали все, чтобы ослабить и разделить Европу. Уже в 2003 году американцы проводили различие между «новой Европой» (более подневольной, очень благосклонной к американской политике) и «старой Европой» (более независимой и с более зрелой дипломатией).

Идея общей политики безопасности и обороны (ОПБО) подразумевает общую внешнюю политику и, следовательно, общие интересы. Руководящие принципы, разработанные комиссией фон дер Ляйен[349] для достижения этой цели, являются лишь стерильным словоблудием, что не очень удивительно.

В силу своего географического положения, функции центра присутствия США на континенте и ведущей роли в европейской экономике, Германия и ее связи с Россией находятся в центре внимания США. Американцы опасаются, что Германия ослабит их связь с НАТО. Именно поэтому «Северный поток-2» находится

349.Этьен Бассо, "Шесть приоритетов комиссии фон дер Ляйен - состояние дел", *Исследовательская служба Европейского парламента*, сентябрь 2021 года (PE 696.205)

под угрозой со стороны Вашингтона: проект имеет гораздо большее значение для Германии и Европы, чем для России.

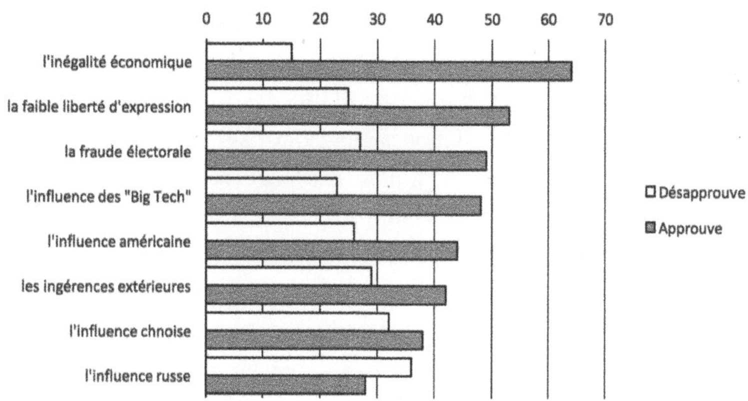

Рисунок 6 - Воспринимаемые угрозы демократии в 50 странах [Источник: https://latana.com/democracy-perception-index-report-2021/].

Однако мы видим, что Европейский Союз не проявил солидарности с Германией в этом вопросе, а встал в один ряд с Соединенными Штатами. Это объясняет, почему во время диалога с Россией по украинскому вопросу европейская дипломатия отсутствует. Так что, что бы ни думала Марион Ван Рентергем, Европа действительно унизила себя в этом деле, не нуждаясь в Владимире Путине!

5.4. Поддерживая Евромайдан, способствовал ли Запад развитию демократии и верховенства закона?

Как напоминает *L'Obs*, революция на Майдане 2014 года была ничем иным, как государственным переворотом, совершенным при поддержке Европейского союза и США[350]. Ставший знаменитым телефонный разговор между Викторией Нуланд, тогда помощником госсекретаря США по делам Европы и Евразии, и Джеффри Пайаттом, послом США в Киеве, раскрытый Би-би-си, показывает, что американцы выбирают членов будущего украинского правительства, вопреки Европейскому Союзу, и во время которого Нуланд начинает свое знаменитое «F... the EU!»... [351]

То, что Рафаэль Глюксманн назовет «демократической революцией», было всего лишь государственным переворотом, осуществленным без каких-либо правовых оснований, который насильственно сверг правительство, выборы которого ОБСЕ назвала «прозрачными и честными», «продемонстрировавшими впечатляющую демонстрацию демократии»[352]. Впоследствии демократически избранный президент был осужден за *государственную измену* за защиту конституционного строя[353].

Далеко не народная революция, Евромайдан был делом рук меньшинства радикальных националистов из Западной Украины (Галичины), которые не представляли украинцев в целом. Первым законодательным актом парламента, принятым в результате переворота 23 февраля 2014 года, стала отмена закона Кивалова-Колесниченко 2012 года, который устанавливал русский язык в качестве официального наравне с украинским. Именно это событие побудило русскоязычное население восстать против властей, которые они не избирали. В июле 2019 года Международная

350.Пьеррик Тилле, "Le coup d'état ukrainien a bien piloté par les États-Unis : la preuve", *L'Obs*, 25 января 2017 г. (обновлено 11 марта 2014 г.)

351.Стенограмма этого разговора доступна на сайте Би-би-си ("Украинский кризис: стенограмма разговора Нуланд-Пайатт", *BBC News*, 7 февраля 2014 года).

352."Украина: ОБСЕ признает надлежащее проведение выборов", *lemonde.fr/AFP*, 8 февраля 2010 г.

353.Индра Экманис, "Президенты не застрахованы от обвинения в измене. Просто посмотрите на Украину", *The World*, 10 октября 2019 г.

кризисная группа (финансируемая несколькими европейскими странами и Фондом «Открытое общество»), отмечает:

Конфликт на востоке Украины начался как народное движение. (...)

Демонстрации были организованы местными жителями, утверждающими, что они представляют русскоязычное большинство в регионе. Они были обеспокоены как политическими и экономическими последствиями деятельности нового правительства в Киеве, так и отмененными впоследствии мерами правительства по предотвращению официального использования русского языка на всей территории страны[354].

Усилия Запада, который поддерживает ультраправый переворот в Киеве, направлены на то, чтобы придать ему легитимность, замаскировав оппозицию части населения Украины. Затем пропагандируются рассуждения о российских военных действиях, даже говорится, что Россия «захватила Донбасс»[355], что является ложью.

Коррупция правительства Виктора Януковича была «главной причиной протестов в Украине» и последующего переворота, по мнению *L'Express356*. Однако, несмотря на помощь Запада, ни ЕС, ни НАТО ничего не улучшили. Напротив, они ухудшили ситуацию: цифры показывают, что индекс коррупции вырос на 32% в период с 2013 по 2020 год (Рисунок 3). Именно поэтому Международный валютный фонд (МВФ) отказался предоставить помощь Украине в 2021 году[357]. В действительности, речь шла скорее об ограни-

---

354. Повстанцы без дела: прокси России в Восточной Украине, *Международная кризисная группа, Доклад по Европе* N° 254, 16 июля 2019 года, стр. 2
355. Франсуа Клемансо в программе "C dans l'air" от 2 февраля 2022 года (15')
356. Клеман Шено, "Украина: "Коррупция повсюду, это главная причина восстания"", *L'Express.fr*, 22 февраля 2014 г. (обновлено 24 февраля 2014 г.)
357. "Украина: помощи МВФ нет, требуется больше реформ", *AFP/Le Figaro*, 13 февраля 2021 г. (обновлено 14 февраля 2021 г.)

5. Российская угроза и украинский кризис

чении связей с Россией, чем о борьбе с коррупцией. Вместо того, чтобы рассматривать украинский кризис как возможность, он был воспринят как акт войны.

Indice de corruption en Ukraine (2010-2020)

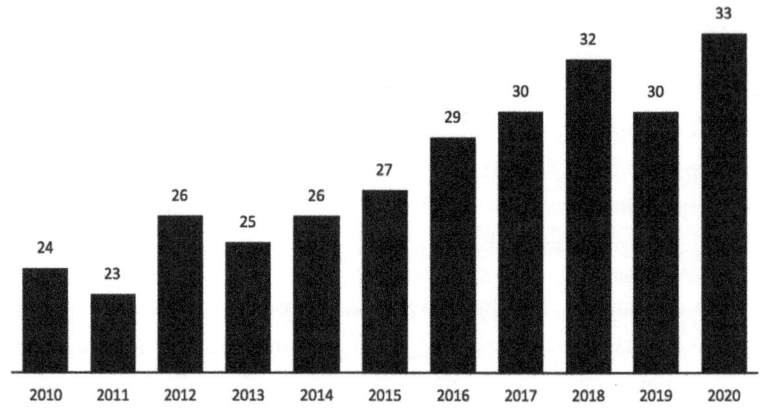

Рисунок 7 - Вопреки утверждениям, революция майя в 2014 году была связана не с борьбой с коррупцией, а с сокращением сферы влияния России в Восточной Европе. С тех пор как Украина стала ассоциироваться с Европейским Союзом, индекс коррупции в стране вырос на 30%! [Источник: https://tradingeconomics.com/ukraine/corruption-index]

Не похоже, что европейское влияние стимулировало верховенство закона в Украине: арест Виктора Медведчука, лидера главной парламентской оппозиционной партии («Оппозиционная платформа - За жизнь»)[358], закрытие трех русскоязычных телеканалов и запрет промосковских украинских СМИ[359] - все эти события, несомненно, выражают то, что Марион Ван Рентергем называет «демократическим искушением» Украины. Но и здесь наши «эксперты» по «С

358.”Лидер украинской оппозиции и союзник Путина находится под домашним арестом после обвинения в государственной измене”, *euronews/Associated Press*, 13 мая 2021 г.
359.”Украина: Президент запретил оппозиционное СМИ Strana.ua и наложил санкции на главного редактора”, *Европейская федерация журналистов*, 26 августа 2021 г.

dans l'air» не упоминают об этом. Они не защищают верховенство закона или права человека, они борются с Россией... Тем самым Украина все дальше и дальше уходит от западного представления о верховенстве закона.

Не похоже, что влияние Запада помогло морализировать ситуацию в Украине в связи с конфликтом на Донбассе. В 2014 году, не получив рекомендаций от военных НАТО, Украина развязала войну, которая могла привести только к ее поражению: она относилась к жителям Донбасса и Крыма как к вражеским иностранным силам и не предпринимала никаких попыток завоевать «сердца и умы» автономистов. Его стратегия заключается в том, чтобы еще больше наказать народ, как это сделал Запад в Афганистане, Ираке или Ливии, с расчетом на то, что он восстанет против своих лидеров.

Как сказал в 2014 году новый, установленный Западом президент Порошенко[360], обращаясь к своим русскоязычным гражданам:

У нас будет работа, а у них - нет! У нас будут пенсии, а у них - нет! У нас будут пенсии для пенсионеров и детей, а у них - нет! Наши дети пойдут в школу и садик, а их дети останутся в подвалах! Потому что они ничего не могут сделать! И именно так, именно так мы выиграем эту войну!

Вот почему так много жертв среди гражданского населения. В своем докладе от 17 октября Каролин Ру упоминает о 14 000 жертв конфликта, «многие из которых - мирные жители», предполагая, что это дело рук «вражеских братьев-сепаратистов, поддерживаемых соседями из России[361] «. Он старательно избегает говорить о том, что - по данным ООН - более 80% жертв среди гражданского населения являются результатом украинских ударов. По данным ООН, только в период с 1er октября 2019 года по 30 марта 2020 года 84,4% жертв

360.”Порошенко о Донбассе: “Их дети останутся в подвалах!”, *YouTube*, 16 ноября 2014 г.
361.Программа “C dans l'air” от 17 октября 2021 года (“Poutine, maître du jeu #cdanslair 17.10.2021”, *France 5/YouTube*, 18 октября 2021 года) (59'40”)

среди гражданского населения приходится на обстрелы украинской артиллерии[362]. В таблице на рисунке 8 приведены данные за более широкий период. Как видно, украинское правительство расправляется со своим собственным народом при помощи, финансировании и советах военных стран НАТО, ЕС.

Как сказал бы Жан-Ив Ле Дриан, министр иностранных дел: «Отсутствие реакции эквивалентно гарантии[363] «...

Жертвы войны в Донбассе среди гражданского населения

	На территории самопровоз-глашенных республик	На территории, контролируемой правительством	На «ничейной земле	Всего	Изменение по сравнению с предыдущим годом
2018	128	27	7	162	-41.9 %
2019	85	18	2	105	-35.2 %
2020	61	9	0	70	-33.3 %
2021	36	8	0	44	-37.1 %
Всего	310	62	9	381	
%	81.4	16.3	2.3	100.0	

Рисунок 8 - Как видно, более 80% потерь вызваны действиями украинского правительства при поддержке военных советников НАТО. [Источник: "Связанные с конфликтом жертвы среди гражданского населения в Украине", Мониторинговая миссия ООН по правам человека в Украине, Управление Верховного комиссара по правам человека, 31 декабря 2021 года (обновлено 27 января 2022 года)

В 2014 году Украина закрыла Крымский канал, который обеспечивал 82% водоснабжения полуострова[364]: шаг, который нарушил

362.Страновая группа ООН в Украине, "Жертвы среди гражданского населения в Украине, связанные с конфликтом, март 2020 года", *Reliefweb*, 9 апреля 2020 г.

363."Аэроплан, перенаправленный Беларусью: "Отсутствие реакции со стороны России стоит гарантировать", говорит Жан-Ив Ле Дриан", *francetvinfo.fr*, 26 мая 2021 г.

364. "Положение в области прав человека во временно оккупированной Автономной Республике Крым и городе Севастополь (Украина)", *Совет по правам человека ООН*,

международное гуманитарное право, вызвал глубокое отчуждение русскоязычного населения, но который никто на Западе не ставит в уравнение.

Кроме того, Управление Верховного комиссара ООН по правам человека неоднократно критиковало украинское правительство за неоднократные и серьезные нарушения прав человека на своей территории, в том числе в республиках Донбасса, на которые оно претендует как на часть Украины[365].

Европейская и американская поддержка революции майя никогда не была направлена на помощь Украине. Это должно было отделить ее от России и тем самым ослабить последнюю. Запад просто использовал Украину в качестве инструмента против России, точно так же, как они использовали Тайвань в качестве инструмента против Китая.

Экономическая ситуация, которую укрепление связей с Европой, провозглашенное майданными революционерами, должно было улучшить, становится все хуже[366].

В 2013-2014 годах Запад не понимал, что по целому ряду причин Украина находится на расстоянии вытянутой руки от России посредством прямой помощи и льготных закупок. Разрыв с Россией, которого добивались националисты, привел к тому, что Украина оказалась отрезанной от своей главной поддержки, которую не смогли заменить европейцы.

После Майдана Украина рассчитывала на экономическое процветание в Европейском Союзе, но ее продукция, по характеру и качеству адаптированная к восточноевропейскому рынку, не была адаптирована к европейскому рынку. Ее сельскохозяйственная

---

25 сентября 2017 года (A/HRC/36/CRP.3).

365. "Гражданское пространство и основные права в Украине - с 1 ноября 2019 года по 31 октября 2021 года", *УВКПЧ ООН*, 15 декабря 2021 года

366. "Соглашение Украина-ЕС: насколько выгодно соглашение Украина-ЕС?", *EurAsian Times*, 1ᵉʳ сентября 2017 года.

продукция сталкивается с конкуренцией со стороны европейских товаров, которые больше не находят сбыта в России. Это же явление влияет на промышленное производство страны, которое тесно связано с Россией. Флагманы украинской промышленности, такие как авиастроительная компания «Антонов»[367] и Николаевские судостроительные заводы на Черном море, обанкротились[368]. С 2014 года в Украине наблюдается постепенная деиндустриализация. Сегодня Украина - единственная бывшая республика СССР, ВВП которой ниже, чем в коммунистическую эпоху. По данным опроса *«Интерфакс Украина»*, около 70% украинцев считают, что страна находится на неправильном пути[369].

Короче говоря, похоже, никто особо не заботится о самой Украине. Соглашение о свободной торговле между ЕС и Украиной больше служило политическим интересам Соединенных Штатов, чем благополучию украинского народа.

5.5. Является ли нынешнее украинское правительство неонацистским?

Нет, украинское правительство (очень) националистично и поддерживается явно неонацистскими группами, но само оно не является националистическим. Однако этот вопрос не просто вопрос пропаганды[370]. Хотя часто указывают, что президент Владимир Зеленский - еврей, реальность сложнее, чем кажется. Украинские ультраправые и неонацисты сегодня имеют неоднозначные связи

---

367. Статья "Антонов (воздухоплавание)", Википедия.

368. "Украина потеряла верфь, построившую корвет *Владимир Великий*", *metallurgprom.org*, 29 июня 2021 года.

369. "Около 69% украинцев называют экономическую ситуацию плохой, 32% ожидают ее ухудшения - опрос", *Интерфакс-Украина*, 9 февраля 2021 г.

370. Лев Голинкин, "Реальность неонацистов в Украине далека от кремлевской пропаганды", *The Hill*, 9 ноября 2017 г.

с еврейской общиной, что вызывает тревогу у международного еврейского сообщества[371]. Ключ к этой двусмысленности лежит в сложных связях между иудаизмом и сионизмом.

Так, 16 декабря 2020 года при голосовании по резолюции ООН по борьбе с героизацией нацизма ее отклонили только две страны: США и Украина. В январе 2021 года Европейский еврейский конгресс осудил включение бывших пособников нацистских оккупантов в мемориальный проект, запущенный украинскими властями[372], поскольку доминирующая идеология в западной части страны носит явно националистический характер, оттеняемый сложной смесью правого экстремизма[373], неонацизма, антисемитизма и сионизма.

Как и у ее соседей в «новой Европе», у Украины особые отношения с нацизмом и его злодеяниями. В отличие от Франции, украинские ультраправые сегодня гордятся тем, что боролись с Советами с 1930-х годов и до конца холодной войны. Его сотрудничество с нацистами является частью национального нарратива и объясняет - более того, оправдывает - преступления против евреев, рассматриваемых как своего рода побочный ущерб. Действительно, справедливо или нет, но считается, что евреи сыграли решающую роль в организации и проведении преступлений, совершенных в советское время против украинского населения.

Современные украинские ультраправые уходят корнями в довоенный антибольшевизм в Польше и Западной Украине, сочетающий ненависть к России, коммунизму и евреям, а некоторые из подпольных военизированных формирований того времени сохранились до наших дней. Врагом был «иудео-большевизм», который

---

371. Сэм Сокол, "Ссора после того, как украинский еврейский лидер "защищает" нацистских пособников", *The Jewish Chronicle*, 25 мая 2018 г.
372. "Нацистские коллаборационисты включены в украинский мемориальный проект", *Европейский еврейский конгресс*, 22 января 2021 года
373. Джош Коэн, "Проблема неонацистов в Украине", *Рейтер*, 19 марта 2018 г.

нацистская пропаганда изображала на своих плакатах в виде еврея в «буденовке», характерном головном уборе военных НКВД.

Это достойно сожаления, но это реальность, которая поощряется Западом. Чтобы поддержать переворот 2014 года и сохранить давление на Россию, они опирались на украинский национализм, эпицентр которого находится во Львовской области (Галиция), на западе страны. Они используют боевиков партии «Свобода» Олега Тягнибока и ее вооруженного крыла «Правый сектор». Сегодня эта партия утратила свое значение, и институциональные ультраправые находятся в очень незначительном меньшинстве, но это обманчиво, поскольку ополченцы остаются инструментом выбора Запада.

Это объясняет поразительный рост антисемитизма и его отрицания в Украине с 2014 года. В апреле 2018 года 50 конгрессменов США обратились в Госдепартамент США с просьбой повлиять на правительства Украины и Польши, отмечая[374]:

рост прославления лидеров времен Холокоста по всей Европе, в том числе в Венгрии, Словакии, Румынии и странах Балтии. Это тревожная тенденция, на которую наше правительство должно дать решительный ответ.

Западная пропаганда стремится скрыть эти кровосмесительные отношения, чтобы создать демократический образ Украины перед лицом «диктатуры» Владимира Путина: боевики, возглавившие евромайдан, действительно были крайне правыми националистами из Галиции.

Во время Второй мировой войны в этом регионе даже было свое подразделение *Ваффен СС: 14-я гренадерская дивизия СС «Галичина»*, эмблема которой и сегодня используется украинскими

---

374. "Члены Конгресса призывают США выступить против отрицания Холокоста в Украине, Польше", *The Times of Israel*, 25 апреля 2018 г.

националистами[375]. В дополнение к этим добровольцам СС украинские националисты имели Украинскую повстанческую армию (УПА), подпольную националистическую организацию, созданную перед Второй мировой войной для борьбы с Советами и возглавляемую Степаном Бандерой[376].

С самого начала холодной войны Запад стремился дестабилизировать обстановку в СССР, который он рассматривал как угрозу. Они поддерживали повстанческие движения в странах Балтии и на Украине, которые возникли во время войны и все еще возглавлялись бывшими членами СС и нацистских сетей Werewolf («оборотень»). Вступив в союз с нацистскими оккупантами для борьбы с Советами во время войны, УПА продолжила борьбу с Москвой во время холодной войны. До начала 1960-х годов она проводила партизанские операции на Украине при материальной поддержке американских (операция AERODYNAMIC), британских (операция VALUABLE) и французских (операция MINOS) спецслужб[377]. 15 октября 1959 года Бандера был ликвидирован КГБ, на следующий день после координационного совещания с немецкой секретной службой (BND), целью которого была активизация тайных операций в Украине. Ким Филби, советский «крот» в британских службах, предоставил СССР информацию об этих движениях сопротивления, которые таким образом были взяты под контроль.

Но связи между революционерами Майдана и ультраправыми этим не ограничиваются. Среди некоторых украинцев также существует почитание 2[e] панцер-дивизии СС «Дас Райх», которая

---

375. Дэвид Пуглизе, "Канадское правительство встает на защиту нацистских эсэсовцев и нацистских коллаборационистов, но почему?", *ottawacitizen.com*, 17 мая 2018 г.
376. Степан Бандера (1909-1959) Герой украинского сопротивления против СССР во главе Организации украинских националистов (ОУН) и печально известный пособник нацистов во время Второй мировой войны, станет символической фигурой событий Майдана в 2014 году.
377. Роже Фалиго и Паскаль Кроп, *La Piscine. Секретные службы Франции 1944-1984*, Seuil, 1985, стр. 100-104

5. Российская угроза и украинский кризис

освободила Харьков от Красной армии в 1943 году (за год до того, как она совершила разрушение Орадур-сюр-Глан, Франция), и чей символ перешел к полку «Азов» (где служил Роман Протасевич[378], арестованный в Беларуси после дела рейса FR 4978 авиакомпании RyanAir в мае 2021 года).

Таким образом, связи между Майданом в Украине и ультраправыми являются историческими и глубоко укоренились в населении. Они подпитываются памятью о Голодоморе («*голод*» - голод; «*мор*» - чума), в результате которого в 1932-1933 годах погибло от 4 до 7 миллионов человек и который в Украине считается геноцидом, часто сравниваемым с еврейским Холокостом. Несмотря на его масштабы, которые делают его, возможно, самой большой резней в истории, он остается в значительной степени проигнорированным на Западе, а его характер как геноцида оспаривается. Независимо от реальности, перепредставленность евреев в руководстве Коммунистической партии и в руководстве НКВД[379] оставила у украинского населения ощущение, что они организовали Голодомор.

Осталась лишь глубоко укоренившаяся ненависть как к московскому руководству, так и к евреям, которая продолжает подпитывать украинский национализм[380]. Явление далеко не единичное: в 2021 году газета *Jerusalem Post* была встревожена тем, что украинские ультраправые требуют от Израиля извинений за Голодомор и преступления коммунизма[381]. Несмотря на попытки наших политиков

378.IK, «Баец атраду «Пагоня»: У выпадку ўварваньня мы будзем першымі, хто кінецца бараніць Беларусь", *svaboda.org*, 18 сентября 2015 г.

379.Тимоти Снайдер, профессор Йельского университета, считает, что 40% руководства НКВД и более 50% руководства Коммунистической партии в 1920-х и 1930-х годах были евреями (Timothy Snyder, *Bloodlands: Europe Between Hitler and Stalin*, 2010).

380.Лев Голинкин, "Жестокий антисемитизм захватывает Украину - и правительство стоит в стороне", *The Forward*, 20 мая 2018 года ;

381.Кнаан Липшиз, "Ультраправые протестующие в Украине требуют от Израиля извиниться за коммунизм", *The Jerusalem Post*, 8 января 2021 г.

скрыть значение неонацистов в Украине[382], развитие насильственного антисемитизма там вызывает тревогу[383].

В декабре 2013 года сенатор Джон Маккейн встретился с лидером партии *«Свобода»* Олегом Тягнибоком и пообещал ему финансовую поддержку батальону «Азов», который тогда был флагманом правонационалистов[384]. По иронии судьбы, после смерти Маккейна в 2018 году газета *Washington Post* воздала должное «защитнику прав человека», опубликовав фотографию, на которой он изображен рядом с Тягнибоком[385], которому в июне 2013 года было отказано во въезде в США... за антисемитизм[386] !

12 декабря 2012 года Европейский парламент даже принял резолюцию о ситуации в Украине, поскольку она

> *Обеспокоен ростом националистических настроений в Украине, что привело к поддержке партии «Свобода», одной из двух новых партий, прошедших в Верховную Раду; напоминает, что расистские, антисемитские и ксенофобские взгляды противоречат фундаментальным ценностям и принципам Европейского Союза, и поэтому призывает демократические партии в Верховной Раде не ассоциировать, не поддерживать и не создавать коалиции с этой партией[387].*

382.*Антисемитизм в Украине*, DIDR-OFPRA, 7 января 2015 г.

383.Лев Голинкин, "Жестокий антисемитизм захватывает Украину - и правительство стоит в стороне", *The Forward*, 20 мая 2018 года ;

384.Лоран Брояр, "Нацисты в Украине: от батальона "Нахтигаль" до батальона "Азов"", *arretsurinfo.ch*, 10 марта 2015 г.

385.Дженнифер Рубин, "Правозащитное сообщество потеряло чемпиона", *The Washington Post*, 27 августа 2018 г.

386."Лидерам ультранационалистических украинских политических партий запрещен въезд в США", *Еврейское телеграфное агентство*, 27 июня 2013 г.

387.*Резолюция Европейского парламента от 13 декабря 2012 года о ситуации в Украине* (2012/2889 (RSP))

После Евромайдана[388], как я сам наблюдал во время своего пребывания в Украине в рамках работы с НАТО, на каждой уличной демонстрации в изобилии присутствуют ультраправые флаги «Свободы» и портреты Степана Бандеры. В 2018 году украинский парламент даже учредил официальный день его памяти[389].

Так, передавая слова Люка Хардинга[390] (британского журналиста, известного своим плагиатом и антироссийским характером), Conspiracy Watch (французская контора, связанная с британской деятельностью по оказанию влияния) видит в группах «Свобода» и «Правый сектор» «лишь очень небольшую часть активистов Майдана», которых «нельзя отнести только к «фашистским» или «неонацистским» группировкам[391] «. На телеканале *France 5* Жан-Доминик Джулиани подхватил этот аргумент и заявил, что Владимир Путин создал эти ультраправые движения, и что они «обернулись против него»[392] ! Похоже, что противостояние с Владимиром Путиным разрешает всякие глупости...

В действительности Запад стремится свести к минимуму экстремистский характер этих групп, которые он обучает, вооружает и защищает и преступления которых он санкционирует своим молчанием. Они - острие копья украинского национализма, главное оружие против России. Если Владимир Зеленский и не нацист, то доктрина, которой руководствуются украинские власти, опасно близка к этому.

388.Макс Блюменталь, "США поддерживают неонацистов в Украине?", *AlterNet*, 24 февраля 2014 г.

389.Кнаан Липшиз, "Украина чествует пособника нацистов, запрещает книгу с критикой лидера погромов", *The Times of Israel*, 27 декабря 2018 г.

390.Люк Хардинг, "Киевские протестующие: восстание в Украине не было захватом власти неонацистами", *The Guardian*, 13 марта 2014 г.

391.Элен Рудье и Филипп де Лара, "Этьен Шуар ошибается по Украине, вот почему", *conspiracywatch.info*, 21 ноября 2018 г.

392.Программа "C dans l'air" от 25 января 2022 года ("Украина: российское или американское единоборство? #cdanslair 25.01.2022", *France 5/YouTube*, 26 января 2022 года (30'10")

В октябре 2021 года газета *Jerusalem Post*[393] выразила обеспокоенность по поводу исследования, опубликованного в сентябре Институтом европейских, российских и евразийских исследований (IERES) при Университете Джорджа Вашингтона, которое показало, что Канада, США, Франция и Великобритания обучают крайне правые группы в Украине в Национальной военной академии имени гетмана Петра Сагайдачного[394].

Основными украинскими ультраправыми и ультранационалистическими ополчениями являются

- движение «Азов», в которое входят полк «Азов» (вооруженное крыло), Национальный корпус (Нацкорпус, политическое крыло) и Национальная милиция (Наццружина, милицейское крыло);
- Украинская добровольческая армия (УДА), которая является международным ультраправым добровольческим ополчением, связанным с партией «Правый сектор», финансируемым США и некоторыми европейскими странами;
- Патриот Украины» (Патриот Украïни) - военизированное ополчение добровольцев, сформированное для борьбы с пророссийскими сепаратистами вместе с армией на востоке страны;
- Украинская национальная ассамблея - Украинская народная самооборона (УНА-УНСО), антироссийское националистическое ополчение;
- Тризуб (Trizub), ультраправое военизированное формирование;
- Правый сектор», ультраправая военизированная организация (базируется в Днепропетровске).

393.”Западные страны обучают ультраправых экстремистов в Украине - доклад”, *Jerusalem Post*, 19 октября 2021 г.

394.Алексей Кузьменко, "Far-Right Group Made Its Home in Ukraine's Major Western Military Training Hub", *Институт европейских, российских и евразийских исследований (IERES) Occasional Papers*, № 11, сентябрь 2021 г.

5. Российская угроза и украинский кризис

Большинство этих ополченцев считают Андерса Брейвика героем и поддерживают польский проект «Интермариум»[395]. Они отличились многочисленными злодеяниями на Донбассе с 2014 года.

Вот вам и честность мистера Джулиани...

На самом деле, чтобы не делегитимизировать антагонизм между Украиной и Россией, поток неонацистских добровольцев из Франции, Великобритании и Канады, а также националистический и ультраправый характер украинского правительства систематически замалчиваются в западных СМИ, в то время как пронацистские тенденции боевиков представляются в западных СМИ как российская пропаганда[396].

В интервью газете *Le Monde* о связях белорусского оппонента Романа Протасевича с «украинскими нацистами из батальона «Азов» Изабель Мандро объясняет[397]:

Поскольку термин «нацист» используется российскими властями для обозначения любого, кто противоречит их взглядам, и повторяется до тошноты в пропаганде, я думаю, что этого достаточно, чтобы закрыть вопрос.

Конечно, можно спорить о ярлыке «нацистский», но полк «Азов», безусловно, является ультранационалистическим, жестоким, антисемитским и демонстрирует бывшую нацистскую символику. Они виновны в многочисленных злоупотреблениях в отношении (украинского) гражданского населения районов, в которых они размещены[398]... все качества, которые г-жа Мандро,

---

395. Эмиль Авдалиани, "Польша и успех ее проекта Intermarium", *moderndiplomacy.eu*, 31 марта 2019 г.

396. Джошуа Китинг, "В Украине фашисты против нацистов?", *Slate.fr*, 22 февраля 2014 года; "Россия выигрывает пропагандистскую войну. Кроме Франции.", *Slate.fr*, 2 июня 2014 г.

397. Изабель Мандро, "Авиация, покинутая Биелоруссией, санкции Евросоюза: наши ответы на ваши вопросы", *Ле Монд*, 28 мая 2021 г.

398. Орен Дорелл, "Добровольческое украинское подразделение включает в себя нацистов", *USA Today*, 10 марта 2015 г.

очевидно, ассоциирует с пропагандой. Каждый волен иметь свое мнение, но в данном случае ее мнение не разделяют Центр по борьбе с терроризмом при военной академии Вест-Пойнт[399], *Jerusalem Post* и Центр Симона Визенталя[400], которые называют группу «Азов» «нацистами» и осуждают поддержку, которую она получает от Запада.

Батальон/полк «Азов» состоит не только из украинцев, но и из бойцов из всех стран, объединенных крайне правой идеологией. Здесь есть бойцы 19 различных национальностей, включая Францию, Швейцарию и США. Полк даже использовался правительством для устранения оппонентов и журналистов[401]. Уже в 2014 году американский журнал *Newsweek* заявил, что ополченцы «Азова» совершают военные преступления на Украине «в стиле Исламского государства»[402].

«Отсутствие реакции равносильно гарантии!

Это явление немаловажно, поскольку экстремисты, подготовленные таким образом, могут стать источником проблем в наших странах[403]. Например, в 2017 году ФБР предъявило обвинения четырем членам полка «Азов» за подготовку американских ультраправых активистов из антисемитского движения Rise Above[404]. Несмотря на несколько попыток Конгресса запретить военную

---

399. Тим Листер, "Взаимосвязь между ультраправыми экстремистами в США и Украине", *Центр по борьбе с терроризмом*, том 13, № 4, апрель 2020 г.

400. Кнаан Липшиз, "Сотни людей маршируют с факелами в память о нацистском пособнике в Украине", *The Jerusalem Post*, 4 января 2021 г.

401. Алексей Кузьменко и Майкл Колборн, "Украинские ультраправые экстремисты получают государственные средства на обучение "патриотизму"", *Bellingcat*, 16 июля 2019 г.

402. Дэмиен Шарков, "Украинские националисты-добровольцы совершают военные преступления в стиле ИГИЛ", *Newsweek*, 10 сентября 2014 г.

403. Тим Хьюм, "Крайне правые экстремисты использовали войну в Украине как тренировочную площадку". Они возвращаются домой", *Vice News*, 31 июля 2019 г.

404. Макс Блюменталь, "Финансируемые США неонацисты в Украине наставляют американских белых супремацистов", *consortiumnews.com*, 17 ноября 2018 г.

помощь ультраправым ополченцам, только в 2018 году Пентагон прекратил поддержку подготовки их бойцов.

Филиация символики полка «Азов

Рисунок 9 - Эволюция руны «Wolfsangel» в символике украинских ультра-правых. Эмблема полка «Азов» включает в себя руну «черное солнце» (белого цвета!), которая была частью мистической символики СС во время войны.

Именно поэтому, чтобы сохранить определенную последовательность в рассуждениях об Украине, приходится скрывать те аспекты, которые вызывают беспокойство. Результатом этого является абсолютно шизофреническое отношение к украинскому кризису, которое дает нам менее справедливое, менее моральное и менее этичное прочтение событий, чем кажется.

Симптоматично, что 24 февраля 2022 года проазовские посты были вновь разрешены в Facebook[405]. До этого момента платформа ставила группировку в одну категорию с «Исламским государством» и другими террористическими движениями. Это показывает, что западники борются не за ценности, а против России.

Сложность наших отношений с украинскими ультраправыми иллюстрируется активной позицией некоторых западных политиков, таких как Христя Фриланд, министр иностранных дел Канады, или Урсула фон дер Ляйен[406], председатель Европейской комиссии, обе из которых - по совпадению - имеют активную семейную историю в Третьем рейхе в Центральной и Восточной Европе. С другой стороны, Энтони Блинкен, государственный секретарь США, и Виктория Нуланд, заместитель государственного секретаря США по политическим вопросам, бывший советник по внешней политике Дика Чейни, оба являются выходцами из украинской еврейской эмиграции[407] с очень националистическим взглядом на ситуацию. В январе 2021 года американские СМИ *Salon*, близкие к Демократической партии, выразили сожаление по поводу включения Виктории Нуланд в команду Байдена[408].

Не все эти политики являются нацистами, но у них явно очень предвзятый взгляд на ситуацию в Украине, который работает в пользу ультранационалистов и - прежде всего - против России. Их действия только усилили напряженность в отношениях между Украиной и Россией с 2014 года.

---

405. Сэм Биддл, "Facebook разрешает хвалить неонацистский украинский батальон, если он борется с российским вторжением", *The Intercept*, 24 февраля 2022 г.

406. Питер Курас, "Аристократическая неумелость Урсулы фон дер Ляйен", *Внешняя политика*, 30 апреля 2021 г.

407. "Идиш и украинско-еврейские корни нового госсекретаря США", *Ukrainian Jeish Encounter*, 30 ноября 2020 г.

408. Медея Бенджамин, Николас Дж.С. Дэвис и Марси Виноград, "Кто такая Виктория Нуланд? Очень плохая идея в качестве ключевого игрока в команде Байдена по внешней политике", *Salon*, 19 января 2021 г.

5. Российская угроза и украинский кризис

При этом украинский национализм направлен не только против русскоязычных меньшинств. Это также затрагивает румынское меньшинство[409] и мадьярское меньшинство, вызывая напряженность в отношениях с Будапештом[410]. Это (также) объясняет, почему Виктор Орбан сблизился с Россией и почему в феврале 2022 года он заявил, что его страна не будет поставлять оружие Украине.

Это явление, вероятно, больше культурное, чем политическое. Как и в остальной «новой Европе», в Украине преобладают демократические устремления, но они сильно омрачены национализмом, даже ультранационализмом, антироссийскими настроениями и антисемитизмом, особенно в западной части страны. Поэтому отмена закона о государственных языках стала первым актом властей евромайдана, спровоцировавшим конфликт в Донбассе и сепаратистские тенденции населения Крыма. Совсем недавно закон[411], предоставляющий разные конституционные права «этническим украинцам» и «украинцам иностранного происхождения», попахивает «нюрнбергскими законами».

5.6. Был ли процесс аннексии Крыма нелегитимным?

Ответ международного сообщества на этот вопрос - на основании резолюции ООН 68/262 - заключается в том, что аннексия Крыма

409."Preşedintele Ucrainei Petro Poroşenko a promulgat controversata Lege a Educaţiei, care restricţionează predarea în limba minorităţilor naţionale", *news.ro,* 25 сентября 2017 г.
410."Венгрия протестует против действий украинских военных, "списка смерти" двойных граждан", *РСЕ/РС,* 11 октября 2018 г.
411."Принят Закон "О коренных народах Украины"", *rada.gov.ua,* 1er Июль 2021 (https://www.rada.gov.ua/ru/news/Novosty/Soobshchenyya/211516.html)

была незаконной[412] и нелегитимной[413]. В качестве обоснования этих суждений приводятся:

- территориальную целостность Украины, гарантированную Будапештским договором (1994);
- российская военная интервенция для захвата крымских учреждений; и
- нелегитимный характер референдума, организованного властями Крыма в 2014 году.

Отделение Крыма всегда представляется как «силовой переворот», организованный Россией, что объясняется - по словам Паскаля Бонифаса - тем, что Россия считает его российским, потому что он населен русскими[414]. Это очевидная ложь. Более честное изучение недавней истории требует более тонкого и менее пристрастного взгляда, чем то, что говорят нам западные пропагандисты и ревизионисты для осуждения России. К такой ситуации привело то, что до 2014 года закон не соблюдался ни Советами, ни украинцами, а крымчане неоднократно и подавляющим большинством выражали желание, чтобы ими управляла Москва[415].

5.6.1. Территориальная целостность Украины и Будапештский меморандум (1994)

Во-первых, следует напомнить, что передача Крыма Украине в 1954 году не была законной. Хотя он был утвержден Президиумом

---

412. "Резолюция, принятая Генеральной Ассамблеей 27 марта 2014 года", *Генеральная Ассамблея ООН*, 1ᵉʳ апреля 2014 года (A/RES/68/262).

413. Джон Б. Беллинджер III (интервью с Джонатаном Мастерсом), "Почему крымский референдум нелегитимен", *Совет по международным отношениям*, 16 марта 2014 г.

414. Паскаль Бонифаций в фильме "Объясните мне... Ситуация в Украине", *YouTube*, 31 октября 2019 г.

415. Хронология отношений между Крымом и Украиной предоставлена Верховным комиссаром ООН по делам беженцев для заинтересованного читателя: "Хронология для крымских русских в Украине", *проект "Меньшинства в опасности"/Refworld.org*, 2004 г.

Верховного Совета 19 февраля 1954 года[416], он не был утвержден Верховным Советом СССР, Верховным Советом Российской Республики или Верховным Советом Республики Украина. Официально представленная как подарок Украине по случаю 300[e] годовщины ее связей с Россией, эта передача, как объясняет Марк Крамер из Центра Вильсона[417], на самом деле была мотивирована личной заинтересованностью Хрущева в поддержке Украины в Политбюро. В любом случае, эта уступка никогда не воспринималась как законная населением Крыма, которое никогда ранее не находилось под властью Киева. Она иллюстрирует недостатки коммунистической системы того времени, которые, как ни странно, находят одобрение у сегодняшних «экспертов».

20 января 1991 года, перед провозглашением независимости Украины, крымчанам было предложено выбрать один из двух вариантов: остаться с Киевом или вернуться к ситуации, существовавшей до 1954 года, и находиться под управлением Москвы. Вопрос в избирательном бюллетене был следующим:

> *Поддерживаете ли вы восстановление Автономной Советской Социалистической Республики Крым как субъекта Советского Союза и члена Союзного договора?*

Это был первый референдум об автономии в СССР, и крымчане согласились на 93,6%[418] быть присоединенными к Москве. Автономная Советская Социалистическая Республика Крым (АССР Крым), упраздненная в 1945 году, была восстановлена 12 февраля 1991 года Верховным Советом Украинской ССР[419]. 17 марта Москва

---

416. https://digitalarchive.wilsoncenter.org/document/119638

417. Марк Крамер, "Почему Россия отдала Крым шестьдесят лет назад?", электронное досье N°47 проекта по международной истории холодной войны, *Центр Вильсона*, 2014 г.

418. С участием 81,3% населения.

419. Статья «Крымский референдум 1991 года», *Википедия* (дата обращения: 27 ноября 2021 года)

организовала референдум за продолжение Союза, который был принят Украиной. На этом этапе Крым зависел от Москвы и уже не зависел от Киева, а Украина еще не была независимой.

Затем Украина организовала референдум о независимости, в котором крымчане приняли незначительное участие, поскольку они уже были независимы и больше не чувствовали беспокойства.

Украина стала независимой через шесть месяцев после Крыма и после того, как последний провозгласил свой суверенитет 4 сентября. 26 февраля 1992 года крымский парламент провозгласил Республику Крым с согласия украинского правительства, которое предоставило ей статус самоуправляемой республики. 5 мая 1992 года Крым провозгласил свою независимость и принял конституцию[420]. Город Севастополь, который при коммунистической системе находился под прямым управлением Москвы, находится в аналогичной ситуации, будучи включенным в состав Украины в 1991 году вне закона. Последующие годы были отмечены перетягиванием каната между Симферополем и Киевом, который хотел сохранить Крым под своим контролем.

В 1994 году, подписав Будапештский меморандум, Украина отказалась от ядерного оружия бывшего СССР, остававшегося на ее территории, в обмен на свою «безопасность, независимость и территориальную целостность»[421]. На данном этапе Крым считает, что *де-юре* он больше не является частью Украины и, следовательно, не затрагивается этим договором. Со своей стороны, правительство в Киеве чувствует себя усиленным меморандумом. Поэтому 17 марта 1995 года она насильственно отменила конституцию Крыма, направила свои силы специального назначения для свержения Юрия Мечкова, президента Крыма, и де-факто аннексировала Республику

---

420. 6 мая уточняется, что Крым является частью украинской территории.
421. Статья "Будапештский меморандум", *Википедия* (дата обращения: 27 ноября 2021 года)

Крым[422], вызвав народные демонстрации за воссоединение Крыма с Россией. Событие, о котором почти не сообщали западные СМИ.

Затем Крым авторитарно управляется из Киева с помощью президентских указов. Эта ситуация привела к тому, что в октябре 1995 года крымский парламент сформулировал новую конституцию, которая восстановила Автономную Республику Крым. Эта новая конституция была ратифицирована крымским парламентом 21 октября 1998 года и подтверждена украинским парламентом 23 декабря 1998 года. Эти события и обеспокоенность русскоязычного меньшинства привели к подписанию Договора о дружбе между Украиной и Россией 31 мая 1997 года. Опасаясь отделения Крыма, Украина включила принцип нерушимости границ в обмен - и это важно - на гарантию «защиты этнической, культурной, языковой и религиозной самобытности национальных меньшинств на своей территории»[423].

23 февраля 2014 года новые власти в Киеве не только появились в результате антиконституционного государственного переворота и, следовательно, не были избраны, но и, отменив закон об официальных языках, перестали соблюдать эту гарантию договора 1997 года. Поэтому крымчане вышли на улицы, чтобы потребовать возвращения в состав России, которое они получили тридцать лет назад.

4 марта во время его пресс-конференции, посвященной ситуации в Украине, один из журналистов спросил Владимира Путина: «Каким вы видите будущее Крыма? Видите ли вы возможность его присоединения к России? Он отвечает:

Нет, мы этого не предусматриваем. В целом, я считаю, что только жители данной страны, свободные в принятии решений и находящиеся в безопасности, могут и должны

---

422. Джеймс Руперт, "Удар по сепаратистам, Украина отменяет устав Крыма, президентство", *The Washington Post*, 18 марта 1995 года; Исследовательское управление, Совет по иммиграции и беженцам, Канада "Хронология событий с марта 1994 по август 1995 года", *refworld.org*, 1ᵉʳ март 1996 года.
423. https://apps.dtic.mil/dtic/tr/fulltext/u2/a341002.pdf

162

определять свое будущее. Если это право было предоставлено косовским албанцам, если это стало возможным во многих частях мира, то никто не исключает права наций на самоопределение, которое, насколько я знаю, закреплено в нескольких документах ООН. Однако мы ни в коем случае не будем провоцировать такое решение и не будем разжигать подобные чувства[424].

6 марта парламент Крыма решил организовать народный референдум, чтобы выбрать: остаться в составе Украины или потребовать соединения с Москвой. Именно после этого голосования власти Крыма просят Москву о присоединении к России.

Этим референдумом Крым просто вернул себе статус, который он юридически приобрел незадолго до независимости Украины (но который последняя никогда не уважала), повторив свою просьбу о присоединении к Москве, как и в январе 1991 года.

Более того, соглашение между Украиной и Россией о размещении войск в Крыму и Севастополе, продленное в 2010 году, действует до 2042 года. Поэтому у России не было *априорных* оснований претендовать на эту территорию. Именно население Крыма законно почувствовало предательство со стороны правительства в Киеве и воспользовалось возможностью отстоять свои права.

Таким образом, так называемая «спецоперация», осуждаемая Западом, является результатом череды нарушений закона и интересов крымского народа, начиная с советской эпохи и при соучастии западников, отвергающих международное право с единственной целью борьбы с Россией.

После 2014 года Запад заявляет о нарушении Будапештского меморандума. Сторонники России и крымчан утверждают, что: а) Крым, как де-юре независимое образование, не подпадает под

---

424. ”Владимир Путин ответил на вопросы журналистов о ситуации в Украине”, *kremlin.ru*, 4 марта 2014 года (http ://en.kremlin.ru/events/president/news/20366)

действие Будапештского меморандума; б) Украина, отменив русский язык как официальный, не выполнила Договор о дружбе, который требовал от нее защиты меньшинств; в) это решение было принято правительством, которое не было избрано и не следовало нормальному законодательному процессу.

19 февраля 2022 года Анка Фельдхузен, посол Германии в Киеве, поставила точку в этом деле, заявив на телеканале *«Украина 24»*, что Будапештский меморандум не является юридически обязывающим[425]. Это также американская позиция, как видно из заявления на сайте американского посольства в Минске[426].

Мы оставим дискуссию по этому вопросу читателям-юристам. Но это показывает, что аргументы о незаконности крымского дела гораздо менее однозначны, чем утверждают наши комментаторы. Дело было сфабриковано для поддержания напряженности в отношениях с Россией, что приведет к войне 2022 года.

Весь нарратив об «аннексии» Крыма на Западе основан на переписывании истории и замалчивании референдума 1991 года, который действительно существовал и был абсолютно действительным. Только честные историки и журналисты упоминают этот эпизод в новейшей истории Крыма[427]. Их очень мало!

5.6.2. Миф о российской агрессии

Этот миф неотделим от мифа о «маленьких зеленых человечках, которые в большом количестве появились на полуострове[428] «, предполагая вторжение России. Иногда их называют спецназом[429], иногда

---

425. ”Посол Германии о Будапештском меморандуме: никаких юридических обязательств”, *perild.com*, 19 февраля 2022 г. (https://youtu.be/xoWczhVimYE)
426. http://minsk.usembassy.gov/budapest_memorandum.html
427. Guy Mettan, *Russie-Occident - Une guerre de mille ans*, Edition des Syrtes, Geneva, 2015, p.98
428. Программа “C dans l'air” от 17 октября 2021 года (“Poutine, maître du jeu #cdanslair 17.10.2021”, *France 5/YouTube*, 18 октября 2021 года) (56'25”)
429. Алан Малчер, “Российский спецназ - отрицаемые “маленькие зеленые человечки” Украины”, *moderndiplomacy.eu*, 10 мая 2015 г.

наемниками из компании Вагнера[430], эти солдаты поддерживают повествование.

Наша убежденность в том, что Россия «вторглась в часть суверенного государства военной силой», как выразился военный эксперт Пьер Сервант на телеканале France 5[431], проистекает из необходимости придать легитимность государственному перевороту, который Запад только что поддержал в Киеве.

Это басня, которая зародилась в НАТО - где я работал в то время - и которая играет словами, чтобы превратить операцию, которая полностью соответствовала соглашениям между Россией и Украиной, в спецоперацию. Однако действия российских войск в Крыму не соответствуют по форме, тактике или структуре действиям их спецподразделений. Последнее - это область, в которой я разбираюсь и о которой написал книгу[432] (которая была переведена на украинский язык). [433]

Утверждается, что Владимир Путин сам признался в том, что нанял свой спецназ для захвата Крыма. Это не так: имеет место преднамеренная путаница.

Прежде всего, следует помнить, что отмена новыми (неизбранными) властями в Киеве закона Кивалова-Колесниченко (который сделал русский язык официальным) потрясла преимущественно русскоязычную общину в Крыму. Уже обожженные борьбой с Киевом с 1991 года, свержением избранного ими правительства и несоблюдением обязательств по отношению к меньшинствам, крымчане развязали беспрецедентное народное движение.

Население вышло на улицы и потребовало присоединения к Москве, которое они получили в январе 1991 года. В его рядах около

430.”Украина, Мали: что делают ополченцы Вагнера? Leçon de géopolitique - Le Dessous des cartes”, *ARTE/YouTube*, 26 января 2022 г.
431.Программа “C dans l’air” от 11 января 2022 года (“Poutine rêve d’URSS, l’Ukraine sous tension #cdanslair 11.01.2022”, France 5/YouTube, 12 января 2022 года) (26’50”)
432.Жак Бо, *Специальные силы организации трактата Варсови*, L’Harmattan, 2002 г.
433. https://constitutions.ru/wp-content/uploads/specnaz.pdf

5. Российская угроза и украинский кризис

4 000 охотников или членов стрелковых обществ и 15 000 членов территориального резерва, которые взяли в руки оружие и заняли региональный парламент в Симферополе. Вместе они образуют отряды «самообороны», о которых в марте 2014 года упоминали министр иностранных дел Сергей Лавров и Владимир Путин[434].

К этим гражданским лицам добавляются военнослужащие украинских сил. В начале 2014 года украинская армия все еще состояла в основном из призывников, набранных и организованных по территориальному принципу: в Крыму большинство военных - русскоязычные. Так, когда правительство приказало им подавить демонстрации, 20 000 из 22 000 украинских военнослужащих, расквартированных в Крыму, отказались выступить против своих соотечественников и встали на сторону демонстрантов, как позже подтвердил Иван Винник, депутат Киевской Рады[435]. Они сорвали свои украинские знаки отличия, чтобы избежать путаницы, и стали теми, кого на Западе прозвали «маленькими зелеными человечками» и идентифицировали как российский спецназ. Помимо этих солдат, в стране насчитывается около 15 000 русскоязычных сотрудников милиции, Службы безопасности (СБУ) и пограничников[436], которые также отказываются противостоять своим братьям. Таким образом, общее число перебежчиков составляет около 35 000 человек.

Что касается российских военных в Крыму, то в соответствии с Соглашением о статусе сил (SOFA), подписанным в 2010 году с Украиной (и действующим до 2042 года), их присутствие ограничено 25 000 человек, а фактически на полуострове размещены только 20 000 - 22 000. Это соглашение позволяло им в случае кризиса размещаться

434.”Меняющаяся история российского вторжения “маленьких зеленых человечков””, *РСЕ/РС*, 25 февраля 2019 г.
435.Евгений Мураев и Иван Виник, народные депутаты, в «Вечернем прайме» телеканала «112 Украина», 4 августа 2016 года (https://112.ua/video/evgeniy-muraev-i-ivan-vinnik-narodnye-deputaty-v-vechernem-prayme-telekanala-112-ukraina-04082016-206216.html)
436.”Украинских дезертиров в оккупированном Крыму отодвигают на второй план, переселяют”, www.unian.info, 5 октября 2017 г.

в различных стратегических точках полуострова (например, в аэропорту), чтобы обеспечить пуповину с Россией. Эти солдаты не носят знаки различия подразделений на своей боевой форме, как это принято в российских вооруженных силах (например, в Афганистане).

Маленькие зеленые человечки» в Крыму

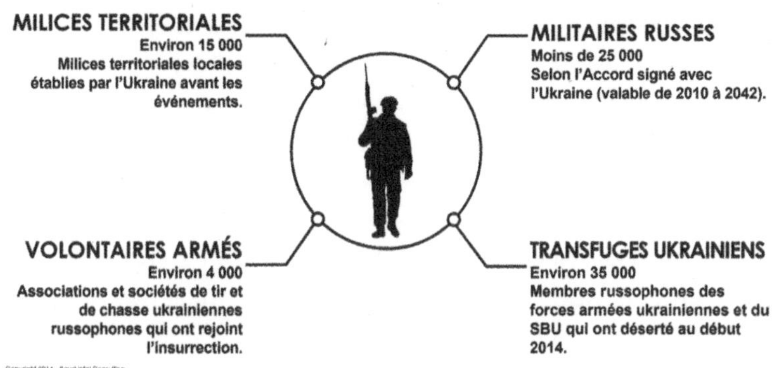

Рисунок 10 - Состав «маленьких зеленых человечков» во время событий в Крыму. Вопреки утверждениям Запада, никакого российского вторжения не было. Соглашение между Россией и Украиной позволило военнослужащим, размещенным в Крыму, размещаться вне казарм для выполнения охранных функций в случае серьезных инцидентов. Когда украинские националистические военизированные формирования начали жестокие столкновения с крымскими отрядами самообороны, российские военные вмешались, ссылаясь на принцип «ответственности по защите» (R2P).

Таким образом, ни в Донбассе, ни в Крыму в 2014 году не было российского вторжения. Термины «интервенция» и «вторжение» попеременно используются для того, чтобы поставить под сомнение реальное присутствие русских в восточной Украине[437]. Несмотря на неоднократные обвинения, Запад так и не предоставил конкретных доказательств российского «вторжения» или даже «высадки» спецназа.

---

437. Википедия, статья "Российская военная интервенция в Украине (2014 - настоящее время)" (дата обращения: 15 мая 2019 года)

Некоторые комментаторы, такие как Арно Дюбьен в *Le Monde*[438], рассматривали это как «залог», т.е. территорию, которая может быть монетизирована в ходе переговоров, что явно не так.

5.6.3. Нелегитимный характер референдума в марте 2014 года

На телеканале *France 5* Мишель Эльтчанинофф утверждает, что голосование 2014 года было «полностью манипулировано»[439]. Это чистая спекуляция, основанная исключительно на очень высоком уровне принятия. На самом деле он не знает, но утверждает. Конечно, нельзя исключить, что имело место мошенничество: организация, подсчет голосов, надлежащее функционирование каждого избирательного участка и т.д. не подвергались международной проверке. Так что все возможно, даже если некоторые страны проводят референдумы регулярно - как Швейцария - и не нуждаются в международной проверке, а другие - как Франция - просто игнорируют результаты, которые им не нравятся.

Тем не менее, 96,77% принятия[440] соответствует 93,6%, достигнутым в январе 1991 года, и, похоже, подтверждается результатами опроса *Гэллапа, проведенного в* апреле 2014 года[441]. Такие результаты не являются исключительными, как мы видели в Косово в 1991 году (99,98%[442]) или на Фолклендских островах в 2013 году (99,8%[443]). Таким образом, обвинения - это просто искусственная конструкция, основанная на предположениях, которые исключают существование

---

438. Арно Дюбьен, "Захват власти Путиным в Крыму - часть желания поторговаться", *Le Monde*, 3 марта 2014 г. (обновлено 4 марта 2014 г.)

439. Программа "C dans l'air" от 17 октября 2021 года ("Poutine, maître du jeu #cdanslair 17.10.2021", *France 5/YouTube*, 18 октября 2021 года) (1h33'30")

440. Статья "Крымский референдум 2014 года", *Википедия* (дата обращения: 27 ноября 2021 года)

441. http://www.bbg.gov/wp-content/media/2014/06/Ukraine-slide-deck.pdf

442. Статья "Референдум о независимости Косова 1991 года", *Википедия* (дата обращения: 27 ноября 2021 года)

443. Статья "Референдум о статусе Фолклендских островов", *Википедия* (дата обращения: 27 ноября 2021 года)

предыдущего референдума, чтобы представить себе заговор, организованный Россией... что соответствует определению заговора...

Тем более что тщательно обходится стороной тот факт, что 10 марта 2014 года власти Крыма обратились к ОБСЕ с просьбой прислать наблюдателей на референдум[444], но организация отказала под предлогом его неконституционного характера[445]. Похоже, что и власти ОБСЕ отвергли существование предыдущего совершенно законного и легитимного референдума. На данном этапе конституционный порядок был полностью опрокинут в результате незаконного государственного переворота, поддержанного международным сообществом, вопреки Уставу ООН и Хельсинскому Заключительному акту. Поэтому крымчане просто пользуются ситуацией, когда Киев больше не выполняет свои обязательства и осуществляет незаконное и нелегитимное правление, чтобы вернуться к положению, которого Украина была лишена более 20 лет, тем самым выполняя положения статьи VIII Хельсинкского Заключительного акта.

Мои контакты в ОБСЕ говорят мне, что сейчас на американцев оказывается значительное давление с целью поддержки переворота. Кстати, это станет обычной тактикой, особенно для Европейского Союза: отказ от наблюдения за выборами, а затем объявление их нелегитимными...

Следует помнить, что западные страны активно поддержали отделение Литвы, Латвии и Эстонии в 1990 году и сразу же признали референдумы о независимости Украины и Грузии. Тем не менее, эти страны технически находились в той же ситуации, что и Крым...

444.”Крым приглашает наблюдателей ОБСЕ на референдум о присоединении к России”, *Рейтер*, 10 марта 2014 г.
445.”Председатель ОБСЕ говорит, что крымский референдум в его нынешней форме является незаконным, и призывает к альтернативным способам решения крымского вопроса”, *osce.org*, 11 марта 2014 г.

5. Российская угроза и украинский кризис

Когда Барак Обама говорит в Организации Объединенных Наций, что «это может случиться с любой из ваших стран»[446], он знает, о чем говорит: в конце XIX века[e] Соединенные Штаты совершенно незаконно аннексировали Гавайи. Это все еще спор между коренным населением и Вашингтоном. Некоторые даже оспаривают понятие аннексии и предпочитают говорить, что Гавайи - это королевство под военной оккупацией США[447]. С ироничным последствием: если бы международное право соблюдалось, Бараку Обаме (уроженцу Гавайев) не позволили бы участвовать в президентских выборах[448], оправдав (хотя и по неправильным причинам) Дональда Трампа[449]. Однако если в Крыму Россия согласилась аннексировать полуостров по просьбе населения Крыма, то на Гавайях американцы захватили острова силой, а затем в одностороннем порядке решили присоединить их к территории США.

5.7. Коренится ли кризис в Донбассе в российской политике?

Официальный французский дискурс - слепо обслуживаемый всевозможными «экспертами» - заключается в том, что ситуация в Крыму и конфликт в Донбассе являются последствиями российской политики.

В программе «C dans l'air» от 16 февраля 2022 года Ален Бауэр, профессор криминологии, объясняет так называемый аппетит

---

446. Программа "C dans l'air" от 17 октября 2021 года, ("Poutine, maître du jeu #cdanslair 17.10.2021", *France 5/YouTube*, 18 октября 2021 года) (57'58")
447. Киану Саи, "Незаконное свержение правительства Гавайского королевства", NEA Today, 2 апреля 2018 г.; д-р Киану Саи, "Оккупация США Гавайского королевства", *NEA Today*, 1er октября 2018 г.; https://en.wikipedia.org/wiki/Legal_status_of_Hawaii.
448. Перед избранием Обама подвергся клеветнической кампании по поводу места своего рождения. Плохие люди утверждали, что он родился в Кении, но никто не спорил о Гавайях. Трамп продолжал утверждать, что он не является американцем...
449. Дональд Трамп утверждал, что Обама был уроженцем Кении.

Владимира Путина к Донбассу историческим значением «Киевской Руси» в русском национальном романе и видит религиозное измерение[450]. Это неправда. Донской бассейн (Донбасс) вошел в историю России гораздо позже благодаря углю, и достаточно взглянуть на карту, чтобы увидеть, что Донбасс не имеет ничего общего с исторической Киевской Русью[451]. Киевскую Русь можно почти определить как нынешнюю Украину без Донбасса!

23 февраля 2014 года, после переворота, украинские ультранационалисты отменили закон Кивалова-Колесниченко об официальных языках. Это событие вызвало демонстрации, подавление которых привело к восстанию двух республик - Луганской и Донецкой.

Мускулистое подавление этих демонстраций вряд ли совместимо с западным дискурсом и демократическим романтизмом, на который он ссылается. Новые власти в Киеве, чтобы придать себе легитимность, придумали российское вторжение, объясняемое амбициями Владимира Путина. НАТО и западные правительства передают обвинения президента Петра Порошенко[452], хотя они в основном отрицаются.

Так, в НАТО я вижу, что отчеты, которые доходят до нас, поступают из Польши и не совпадают с информацией ОБСЕ. Очевидно, что они пытаются преувеличить события и придать им международный масштаб. Однако в НАТО я являюсь лишь швейцарцем, а значит, технически партнером, а не союзником: мои предупреждения вежливо отклоняются в пользу более мускулистого дискурса. Верховный штаб НАТО публикует спутниковое фото четырех артиллерийских установок в Украине, утверждая, что это российское

450.Программа "C dans l'air" от 16 февраля 2022 года ("Украина: во что играет Путин? #cdanslair 16.02.2022", *France 5/YouTube*, 18 февраля 2022) (28'50")
451.Статья "Киевская Русь", Википедия
452.Программа "C dans l'air" от 02-10-2015: Сирия: атака Путина, *France 5/YouTube*, 10 ноября 2015 года (46'10")

5. Российская угроза и украинский кризис

подразделение[453]. Помимо того, что российская военная доктрина не допускает использование изолированных батарей на территории противника, перекрестная проверка показывает, что это повстанческий батальон «Кальмиус», сформированный из русскоязычного украинского подразделения, перешедшего на сторону автономистов.

Очевидно, что переход целых подразделений украинской армии на сторону повстанцев противоречит идее о популярности революции мая... С августа 2014 года, похоже, НАТО не нашло больше фотографий для публикации.

В мае 2014 года вооруженное подавление протестов побудило население некоторых районов Донецкой и Луганской областей Украины провести референдумы по принятию Акта о самоопределении Донецкой народной республики (одобрен 89%) и Акта о самоопределении Луганской народной республики (одобрен 96%). Государственные СМИ *France 24*[454] и *Radio-Télévision* Suisse[455] говорят о референдумах о «независимости», но это ложь: это референдумы о «самоопределении» или «автономии» (самостоятельность). После этого те, кто стремится подлить масла в огонь, будут продолжать говорить о «сепаратистах» и «сепаратистских республиках». Это дезинформация, призванная ввести в заблуждение общественное мнение.

После этих референдумов обе республики обратились к Владимиру Путину с письмом, в котором просили «интегрироваться» в состав России[456]. Он не удовлетворил их просьбы.

453.”НАТО публикует спутниковые снимки, показывающие российские боевые войска на территории Украины”, 28 августа 2014 года (http://www.nato.int/cps/en/natohq/photos_112202.htm)

454.”Восточная Украина готовится к голосованию о своей “независимости””, *France 24,* 10 мая 2014 г.

455. https://pages.rts.ch/la-1ere/programmes/le-journal-du-matin/5822909-le-journal-du-matin-du-12-05-2014.html

456. https://iz.ru/news/570657

В резолюции, принятой в сентябре 2014 года, Европейский парламент говорит о «прямой военной интервенции», нарушениях режима прекращения огня «в основном со стороны регулярных российских войск» и утверждает, что Россия «увеличила свое военное присутствие на украинской территории»[457]. Ложь: утверждения исходят от польских спецслужб, но никогда не подтверждались наблюдателями ОБСЕ. Как это часто бывает, Европарламент обвиняет, даже вводит санкции, не имея никаких фактов, подтверждающих его обвинения. Вот вам и верховенство закона.

29 января 2015 года генерал Виктор Муженко, начальник украинского Генерального штаба, признал, что на территории Украины нет российских войск и что были замечены только отдельные российские бойцы[458]. Его утверждение было подтверждено в октябре 2015 года главой Службы безопасности (СБУ) генералом Василием Грицаком, который заявил, что с начала боевых действий на востоке Украины было замечено всего 56 российских военнослужащих[459]. Действительно, украинские войска захватили молодых россиян (в форме времен войны в Афганистане), которые во время каникул пришли присоединиться к повстанцам Донбасса в знак солидарности. Подобное явление наблюдалось во время войны на Балканах, когда молодые швейцарцы по *выходным* отправлялись в Боснию, чтобы расстрелять страну из прописанного оружия!

Точно такое же явление наблюдается с солдатами Украинского иностранного легиона, которые пытаются попасть в Украину, чтобы воевать в марте 2022 года[460].

---

457. Резолюция Европейского парламента от 18 сентября 2014 года о ситуации в Украине и состоянии отношений между ЕС и Россией (2014/2841(RSP), Страсбург, 18 сентября 2014 года

458. ”Российских войск в Украине нет, говорит киевский генерал”, *YouTube*, 1er февраля 2015 г.

459. ”Только 56 россиян воевали в Украине - заявляет Служба государственной безопасности Украины (СБУ)”, *YouTube*, 7 февраля 2016 г.

460. ”Некоторым солдатам Иностранного легиона разрешено отправиться в страны, граничащие с Украиной”, *Le Figaro*, 2 марта 2022 года

Как руководитель подразделения НАТО по распространению стрелкового оружия, я слежу за новыми вооружениями повстанцев, чтобы выяснить, не поставляет ли их Россия. Действительно, у повстанцев есть оружие, которого никогда не было в украинской армии. Это все, что нужно, чтобы подкрепить обвинения в российском вмешательстве. За исключением того, что оружие, о котором идет речь, действительно было поставлено Службе безопасности Украины (СБУ), агенты которой перешли на сторону повстанцев! Что касается тяжелого вооружения, я отмечаю, что наблюдаемые единицы вооружения могут быть систематически связаны с исчезновением подразделения украинской армии. Поэтому на данном этапе ничто не подтверждает логистическую поддержку со стороны России.

В июне 2015 года в интервью газете *Corriere della Sera* Петр Порошенко заявил, что Россия разместила в Украине 200 000 военнослужащих[461]. Затем, в сентябре, выступая перед Генеральной Ассамблеей ООН в Нью-Йорке, он заявил, что

> *мы вынуждены воевать с обученными и вооруженными войсками Российской Федерации. Тяжелое вооружение и военная техника сосредоточены на оккупированных территориях в таких количествах, о которых армии большинства стран-членов ООН могут только мечтать.[462]*

В действительности, ничего не наблюдалось вообще. Более того, если в Украине было 75 российских военных формирований, как было заявлено на Парламентской ассамблее НАТО в Стамбуле 19 ноября 2016 года[463], то должны были наблюдаться логистические

---

461. Джузеппе Сарцина, "Порошенко в Украине: "Путин - нарушитель пакта"", *Corriere della Sera*, 30 июня 2015 г.

462. Émission " C dans l'air " du 02-10-2015: Syria : Poutine Attaque, *YouTube/France 5*, 10 ноября 2015 года (46'10")

463. "75 российских воинских частей, воюющих в Украине", *Евромайдан Пресс*, 23 ноября 2019 г.

колонны для оперативной поддержки этих подразделений и базы для войск. Однако американские спутники наблюдения ничего не обнаружили. В 2018 году Александр Хуг, заместитель главы мониторинговой миссии ОБСЕ, признался журналу *Foreign Policy*, что ОБСЕ не сделала ни одного наблюдения, подтверждающего присутствие российских войск в Украине[464].

Даже сегодня официальная французская и европейская риторика утверждает, что Россия является действующим лицом в конфликте. Именно навязчивое желание увидеть непосредственное участие Владимира Путина привело к тому, что Франция и Германия захотели вести переговоры по Минским соглашениям именно с ним. В репортаже Каролин Ру от 17 октября 2021 года отмечается, что Франсуа Олланд вел переговоры, полагая, что российские войска находятся на Донбассе, что, как было известно на тот момент, было ложью[465].

Более того, он явно не понял сами соглашения, поскольку ни в Минске I (5 и 19 сентября 2014 года), ни в Минске II (12 февраля 2015 года) Россия не участвует. Минск I - это принципиальное соглашение, принятое «*представителями отдельных районов Донецкой и Луганской областей*», а Минск II (см. Приложение 3) касается условий реализации, которые изложены в резолюции ООН (17 февраля 2015 года).

Дезинформация также скрывается за используемой лексикой. Повстанцы Донбасса иногда называются «независимыми»[466], иногда «сепаратистами» «экспертами» на государственных каналах РТС или France 24, что является ложью. Более серьезно, на France 5 Франсуа Олланд сам использует термин «сепаратисты», что показывает его

464.Эми Маккиннон, "Подсчет погибших в забытой войне Европы", *Внешняя политика*, 25 октября 2018 г.

465. Программа "C dans l'air" от 17 октября 2021 года ("Poutine, maître du jeu #cdanslair 17.10.2021", *France 5/YouTube*, 18 октября 2021 года) (1h02'43")

466.Паскаль Бонифаций в фильме "Объясните мне... Ситуация в Украине", *YouTube*, 31 октября 2019 г.

уровень порядочности, так как он был одним из переговорщиков Минских соглашений[467].

На данном этапе русскоязычные жители Донбасса ищут только такую форму *автономии*, которая позволит им использовать свой язык и свои особенности. Как говорится в Минских соглашениях, не может быть и речи об «отделении» Донецкой и Луганской республик от Украины, которые определены как «части территории Украины». Поэтому реализация этих соглашений основана исключительно на переговорах между киевским правительством и «представителями отдельных районов Донецкой и Луганской областей» (статьи 9, 11 и 12). Следует также отметить, что в тексте соглашений название «Луганск» написано на украинском, а не на русском языке (Луганск), что означает, что это украинская, а не российская территория, и что не может быть и речи об отделении ее от Украины.

Переговоры, приведшие к заключению Минских соглашений, состоялись в Женеве в апреле 2014 года между Джоном Керри, Кэтрин Эштон, Сергеем Лавровым и Андреем Дещицей, министрами иностранных дел США, Европейского Союза, России и Украины. Явно звучали разговоры о разрешении внутреннего конфликта в Украине[468], включая конституционные изменения, вдохновленные федерализмом[469].

Но сразу после Женевы Украина отвергла эти соглашения и перешла в полномасштабное наступление под названием Антитеррористическая операция (АТО) против повстанческих сил. АТО полностью сорвет Минские соглашения I, подписанные в сентябре 2014 года. Поддерживаемая и консультируемая офицерами

467.Программа "C dans l'air" от 17 октября 2021 года ("Poutine, maître du jeu #cdanslair 17.10.2021", *France 5/YouTube*, 18 октября 2021 года)

468."Заявление министра иностранных дел Сергея Лаврова по итогам переговоров с министром иностранных дел Германии Франком-Вальтером Штайнмайером", *Постоянное представительство Российской Федерации при Европейском союзе*, 18 апреля 2014 г.

469."Стенограмма: Керри и Эштон о женевском соглашении по Украине от 17 апреля", *The Washington Post*, 17 апреля 2014 г.

НАТО, украинская армия потерпела сокрушительное поражение в Дебальцево в феврале 2015 года. Именно это подтолкнет Украину к выполнению Минских соглашений II, которые являются продолжением Женевской декларации апреля и ратифицируют внутренний характер конфликта в Донбассе: именно российская позиция и позиция автономистов Донбасса - неизменная с 2014 года - требуют выполнения этих соглашений.

Карта опубликована газетой «Вашингтон пост» (3 декабря 2021 года)

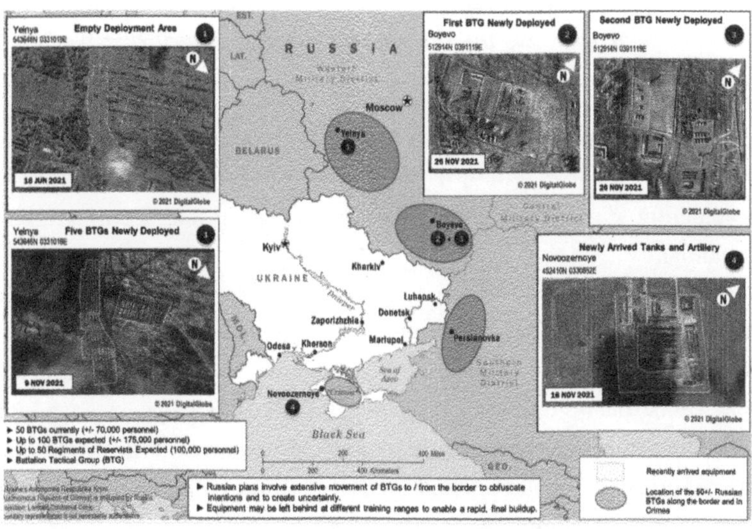

Рисунок 11 - Карта (составленная разведкой США) российских сил, развернутых вокруг Украины в декабре 2021 года. На Донбассе нет российских войск. Западные политики - в частности, США, Франция и Великобритания - систематически лгали об этом, чтобы оправдать отсутствие прогресса в выполнении Минских соглашений. Франция не выполнила свою роль гаранта соглашений и закрыла глаза на украинские удары по мирному населению Донбасса. Именно это подтолкнет русских к наступлению 24 февраля 2022 года. [Источник: Washington Post].

5.8.Выполняет ли Россия свои обязательства по Минским соглашениям?

На своем канале YouTube Паскаль Бонифас утверждает, что Минские соглашения «не были выполнены, конечно, из-за России, но также из-за Украины»[470]. «Из-за России» - это неправильно.

Уже давно известно, что именно украинцы отказываются выполнять Соглашения, как отмечает *Washington Post*[471]:

> *По словам дипломатов, близких к этому вопросу, основным препятствием было нежелание Киева вести переговоры с пророссийскими сепаратистами, с которыми они находятся в смертельном, но малоинтенсивном конфликте последние восемь лет.*

Читатель может обратиться к тексту соглашений, воспроизведенному в Приложении 3, и увидеть, что Россия не имеет никакого отношения к их реализации, которая является внутренним делом Украины.

Репортаж Каролин Ру на *France 5* пытается заставить нас поверить, что Минские соглашения были заключены между Россией и Украиной. Это неправда. Соглашение касается украинского правительства и повстанческих сил Донбасса. Россия сыграла лишь роль посредника, поскольку украинское правительство отказалось разговаривать с представителями автономных образований во время переговоров по Минским соглашениям II.

Так, с одной стороны, Франция и Германия были гарантами соглашения с украинской стороны, а Россия - гарантом со стороны

470.В программе “Россия/США: Европа не за столом, она в меню”, *YouTube*, 10 января 2022 года (https://youtu.be/IJyjEcuR0v4?t=203)

471.Джон Хадсон и Дэвид Л. Стерн, “Столкнувшись с максимальным давлением со стороны России, Зеленский отказывается моргать за столом переговоров”, *The Washington Post*, 11 февраля 2022 г.

русскоязычных автономистов. Проблема в том, что в соглашениях говорится, что их выполнение является делом Киева - что логично, поскольку это вопрос его суверенитета - но два западных гаранта не выполнили своих обязательств. Вместо того чтобы оказывать давление на Киев с целью заставить его выполнять соглашения, они встали на сторону Украины в попытке заменить Минские соглашения двусторонними переговорами между Москвой и Киевом.

Например, консультации между правительством Украины и властями автономных республик по созданию правовой базы для их положения и ее принятия Радой так и не начались, потому что Киев отказывается разговаривать напрямую с представителями повстанцев, вопреки договоренностям.

Двуличие французского и немецкого правительств привело к путанице, как в обращении Урсулы фон дер Ляйен на саммите ЕС-Украина 12 октября 2021 года[472]:

> *Мы полностью поддерживаем позицию правительства президента Зеленского и призываем Россию взять на себя ответственность как сторону конфликта.*

Как обычно, Урсула фон дер Ляйен мало что знает об этом вопросе, что является хорошей новостью для французского правительства, которое со времен Франсуа Олланда и Лорана Фабиуса ничего не понимает в ситуации.

17 октября 2021 года, столкнувшись с вводящими в заблуждение заявлениями французской дипломатии, Сергей Лавров, министр иностранных дел России, решил опубликовать дипломатическую переписку о ведущихся дискуссиях. Эта процедура - необычная в дипломатической практике - имеет то достоинство, что подчеркивает недостаток честности и порядочности западной дипломатии.

472.*Заявление президента фон дер Ляйен на совместной пресс-конференции с президентом Мишелем и президентом Зеленским по итогам саммита ЕС-Украина, Европейская комиссия, 12 октября 2021 года*

5. Российская угроза и украинский кризис

Он показывает, что в полном противоречии с Минскими соглашениями Франция и Германия отказываются упоминать «внутренний украинский конфликт» и отвергают идею «установления прямого диалога между Киевом, Донецком и Луганском». Здесь следует напомнить, что Минские соглашения были предметом резолюции Совета Безопасности ООН 2202(2015) (см. Приложение 3).

Еще в 2014 году украинское правительство прекратило всякую экономическую помощь, финансирование (на восстановление городов и инфраструктуры, восстановление услуг и т.д.), выплату социальных пособий (пенсий, пособий и т.д.), запретив всю банковскую деятельность в автономистских районах.

Минские соглашения призывают Киев восстановить эти услуги (статья 8) с помощью Парижа и Берлина. Поскольку Киев отказался разговаривать с представителями Донбасса, а ни Франция, ни Германия не сыграли свою роль в побуждении Украины к выполнению своих обязательств, ничего не было сделано. Природа не терпит вакуума, поэтому российское правительство предприняло шаги, чтобы помочь жителям Донбасса. 15 декабря 2014 года она создала «Межведомственную комиссию по оказанию гуманитарной помощи пострадавшим районам на юго-востоке Донецкой и Луганской областей». Таким образом, постепенно российские компании и банки стали оказывать услуги, которые Киев больше не предоставляет.

Не имея источников дохода, пенсионеры и нуждающиеся больше не получают помощи и пенсий от украинского правительства. В результате 24 апреля 2019 года Владимир Путин подписал указ, разрешающий выдачу российских паспортов жителям Донбасса, дающих право на российские социальные льготы.

Если в 2015-2016 годах Украина еще покупала уголь для отопления у республик Донбасса, то в 2017 году украинское правительство закрыло границы и торговлю[473], подтолкнув население Донбасса к торговле товарами с Россией. Это заставило Владимира Путина 15 ноября 2021 года издать указ о временной отмене (до разрешения конфликта между Киевом и «районами Донецкой и Луганской областей Украины на основе Минских соглашений») таможенных пошлин на некоторые товары с автономных областей[474]. Что касается экс-президента Порошенко, который санкционировал эту торговлю с автономистскими республиками, чтобы дать населению возможность согреться, то в начале 2022 года по просьбе президента Зеленского ему было предъявлено обвинение в «государственной измене»[475]. Вот вам и демократия, которая испугала бы Владимира Путина.

Украинское правительство сделало со своим собственным народом то же самое, что Европейский Союз сделал с Беларусью или Россией: оно загнало его в объятия своего врага. Ребенок увидит, что эта стратегия бесплодна, но она во многом поддерживается Францией (и Германией), которые отказываются поощрять Украину к выполнению Минских соглашений, как показывает интервью Франсуа Олланда. Как справедливо отмечает Каролин Ру, речь идет о «противодействии Владимиру Путину»[476], а не о поиске решения конфликта.

Для украинского правительства вопрос заключается не в улучшении ситуации в Донбассе, не в благополучии его населения, а во вступлении страны в НАТО. Именно поэтому она ссылается на

---

473. ”Угольная блокада Донбасса: 5 вещей, которые вам нужно знать”, *Украинский кризисный медиа-центр*, 21 февраля 2017 года; Олег Варфоломеев, “Уголь, контрабандно ввезенный из оккупированного Украиной Донбасса, попадает в Польшу”, *Джеймстаунский фонд, Eurasia Daily Monitor*, том 14, № 128, 12 октября 2017 года.

474. Указ Президента Российской Федерации от 15.11.2021 № 657 “Об оказании гуманитарной поддержки населению отдельных районов Донецкой и Луганской областей Украины” (http://ips.pravo.gov.ru:8080/default.aspx?pn=0001202111150030)

475. Эндрю Э. Крамер, “Суд в Украине отклонил запрос на арест бывшего президента”, *Нью-Йорк Таймс*, 19 января 2022 г.

476. Программа “C dans l'air” от 17 октября 2021 года (“Poutine, maître du jeu #cdanslair 17.10.2021”, *France 5/YouTube*, 18 октября 2021 года) (1h00'33”)

террористическую ситуацию, отказывается разговаривать с представителями автономных республик Донецка и Луганска и поддерживает фикцию внешней агрессии со стороны России.

По всем этим причинам Соединенные Штаты начинают рассматривать Украину как все более проблемного партнера, который может вызвать серьезный кризис в Европе и окончательно разрушить союз между Россией и Китаем, ее главным соперником. Возможно, не случайно, что Украина является основной страной, на которую нацелены *документы Pandora Papers*, информация о которых, как предполагается, поступила от американских спецслужб. Опять же, западная пропаганда предпочитает фокусироваться на России.

Запад не устраивает революция майя, которую отвергает значительная часть населения, и не желает признавать поражение украинских войск, которым посоветовали войска НАТО. Удобно обвинять в этой ситуации военное вмешательство России. Для Украины эта внешняя угроза является способом оправдать свое членство в НАТО. Отсюда и стратегия Запада рассматривать Россию как одну из сторон конфликта в Донбассе. Таким образом, мы находимся в диалоге глухих.

Центральным элементом, препятствующим выполнению Минских соглашений, является широко распространенное во Франции убеждение, что они «положили конец войне, начавшейся между Россией и Украиной», как говорит Паскаль Бонифас на своем канале *YouTube*[477] и на канале *France 5*[478]. Это дезинформация, основанная на утверждении - никогда не проверенном и не объясненном - о том, что Россия напала на Украину. На протяжении всего украинского кризиса 2021-2022 годов на российской территории

477.”Россия/США: Европа не за столом переговоров, она в меню”, *Pascal Boniface/ YouTube*, 10 января 2022 г.

478.Программа “C dans l'air” от 25 января (“Украина: русский или американский перегиб? #cdanslair 25.01.2022”, *France 5/YouTube*, 26 января 2022 года (1 час 02 минуты 08 секунд)

размещалась военная техника, но никаких изображений российских войск на Донбассе не было в течение многих лет. Достаточно прочитать текст соглашений, чтобы увидеть, что Россия в них не упоминается.

Как отмечает Паскаль Бонифас, Франция и Германия играли ведущую роль в генезисе Минских соглашений; но сейчас они маргинализированы[479], поскольку проявили слишком много недобросовестности в оказании помощи Украине в их реализации. Поэтому неудивительно, что Владимир Путин считает, что тратит время на партнеров, которые не играют свою роль, и предпочитает обращаться к Богу, а не к своим святым. Таким образом, если Путин обращается напрямую к американскому президенту, то не потому, что он ненавидит Европу (как утверждает Марион Ван Рентергем[480]), а потому, что европейцы не играют той роли, на которую они претендуют.

Интересно, читали ли французские дипломаты Минские соглашения? Видимо, именно после телефонного разговора с Владимиром Путиным 27 января 2022 года Эммануэль Макрон осознал свою ошибку и начал работать над общей позицией с Германией, которая должна была быть уже 7 лет! В период с конца 2021 года по начало 2022 года на дипломатическом уровне не предпринимается никаких усилий, кроме визитов, которые больше похожи на позирование, чем на переговоры.

Как это часто бывает, наши суждения о России основаны не на фактах, а на наших предрассудках. Но факты упрямы, и сила русских в том, чтобы работать с ними. Наша неспособность признать это укрепляет наших противников в Ираке, Афганистане, Сирии, Мали и т.д.

---

479. *Там же* (38’45”)

480. Программа “C dans l’air” от 19 января 2022 года (“Украина: можно ли избежать войны? #cdanslair 19.01.2022”, *France 5/YouTube*, 20 января 2022 (9’35”)

Именно для того, чтобы скрыть свою слабость, Украина и Франция пытаются заменить Минские соглашения Нормандским форматом. Это не так: Минские соглашения - это путь к разрешению конфликта, а «нормандский формат» - лишь средство. Последний состоит из встречи глав государств Германии, Франции, России и Украины. Он появился случайно в 2014 году, во время церемоний высадки в Нормандии, и был задуман как инструмент для мониторинга соглашений, а не для переделки правил, которые Украина не соблюдала.

5.9.Хотела ли Россия вторгнуться в Украину?

В 2014 году в результате переворота, поддержанного США и ЕС, было свергнуто демократически избранное правительство. Были ли украинцы враждебно настроены к России на этом этапе, точно не известно. Но Запад использовал их, чтобы ужесточить контроль над Россией.

В 2014 году в НАТО я наблюдал за украинским кризисом, так сказать, «изнутри». С самого начала было ясно, что ситуация подпитывается Западом. На видеозаписях видно, что заговорщиков переворота якобы поддерживают вооруженные люди, говорящие на английском языке с американским акцентом. Немецкий журнал *Der Spiegel* упоминает о присутствии наемников из фирмы Academi (бывшая Blackwater, имеющая зловещую память в Ираке и Афганистане)[481]. Бундеснахрихтендиенст (БНД), очевидно, информирует правительство Германии, а я информирую власти ОБСЕ. Это скоро забудется.

Рука» Запада в этой революции, которая была представлена как народная, была ловко замаскирована «рукой» России

481.”Украинские вооруженные силы получают отменную поддержку от США”, *Der Spiegel*, 11 мая 2014 г.

- воображаемой. Утверждая, что восстания в Донбассе и Крыму были результатом вмешательства России, скрывалось, что переворот в Киеве не был одобрен значительной частью населения и поэтому был нелегитимным. По этой же причине экстремистский характер участников переворота и легитимность русскоязычного населения систематически преуменьшались. Однако жестокие репрессии против этих групп населения после отмены закона о национальных языках привели к настоящему конфликту.

Чтобы оправдать российскую интервенцию, воскресили дискурс холодной войны, заменив «СССР» на «Россию». Так, на телеканале *France 5* Бенуа Виткин, корреспондент Le Monde в Москве, приписывает России желание экспортировать свою модель. Как мы видим, то, что было правдой 40 лет назад, уже неправда. С 1991 года Россия приняла западную модель. Идея о том, что Россия пытается убедить нас в том, что «ее модель лучше нашей», совершенно бессмысленна.

12 июля 2021 года президент России написал статью под названием «Об историческом единстве русских и украинцев»[482]. Неудивительно, что западная пресса увидела в этом угрозу и заявила, что «это оправдывает его стремление к аннексии»[483]. На съемках «C dans l›air» Изабель Мандро заявила, что Владимир Путин считает Украину «страной, которой не существует, и он не признает существование Украины как страны[484] «. Это свидетельствует о решимости Путина воссоединить две страны силой[485]. Это неправда: он ни разу не говорил об аннексии или воссоединении Украины с Россией.

---

482. "Статья Владимира Путина "Об историческом единстве русских и украинцев"", *belgium.mid.ru*, 12 июля 2021 г.

483. Аксель Гюльден, "Русские и украинцы - один народ": что говорят о целях Путина его сочинения", *L'Express*, 3 февраля 2022 г.

484. Программа "C dans l'air" от 11 января 2022 года ("Poutine rêve d'URSS, l'Ukraine sous tension #cdanslair 11.01.2022", *France 5/YouTube*, 12 января 2022 года) (08'55")

485. Поль Гого, "Бесполезная статья Владимира Путина об Украине", *La Libre*, 16 июля 2021 года (обновлено 18 июля 2021 года)

Чего наш самопровозглашенный «эксперт» не говорит нам, так это того, что, как объясняет сам Владимир Путин, эта статья является ответом на Закон о коренных народах Украины, который был только что принят 1[er] июля 2021 года[486]. Этот закон напоминает Нюрнбергские расовые законы 1930-х годов. Он предоставляет разные конституционные права гражданам Украины в зависимости от их происхождения, как заявил депутат Олег Семинский, представитель президентской партии[487]. В своей статье Владимир Путин не только недвусмысленно признает существование Украины, определяя ее как «свободное государство», но и четко говорит о «суверенитете Украины». Он не предлагает воссоединение России и Украины, а дает понять Украине - не обращаясь к ней напрямую - что у нее нет причин для дискриминации этнических русских или украинцев.

В поддержку своей теории Изабель Мандро объясняет, что после выборов 2020 года в Беларуси *российский посол пришел к Лукашенко, белорусскому лидеру, чтобы подарить ему атласы со словами: «Видите, вы были частью Российской империи»*[488]. Но опять же, она упускает часть истории. На самом деле все обстоит совсем иначе. После выборов в августе 2020 года международное сообщество выступило против белорусского президента. Но незадолго до выборов он обвинил Москву в желании дестабилизировать его страну: отношение Запада подтолкнуло его к повороту на 180° и сближению с Россией. ᵉТак, 10 сентября 2020 года российский посол в знак дружбы преподнес ему атлас XIX века, в котором Беларусь является частью Российской царской империи[489]. Это не только

486.''Принят Закон "О коренных народах Украины"'', *rada.gov.ua*, 1er Июль 2021 (https://www.rada.gov.ua/ru/news/Novosty/Soobshchenyya/211516.html)
487.''Слуга народу'' Семінський проголосив позбавлення конституційних прав росіян, які проживають в Україні, *zikua.news*, 2 июля 2021 г.
488.Программа "C dans l'air" от 11 января 2022 года ("Poutine rêve d'URSS, l'Ukraine sous tension #cdanslair 11.01.2022", *France 5/YouTube*, 12 января 2022 года) (08'55")
489.''Лукашенко в понедельник в России для встречи с Путиным'', *La Tribune de Genève*, 11 сентября 2020 г.

далеко от причудливых и необоснованных интерпретаций Изабель Мандро, но этот пример показывает, насколько непоследовательна политика Запада.

Ни в 2014, ни в 2021 году Владимир Путин не собирался нападать или вторгаться в Украину. Те, кто это утверждает, с трудом формулируют цель возможного нападения. В начале 2022 года ситуация будет совсем другой, но до этого времени ни одно из обвинений, выдвинутых Западом, не было подтверждено западными спецслужбами. Этот нарратив исходит от западных политиков и передается «экспертами». Это дело Паскаля Бонифаса, который считает, что Владимир Путин пытается вернуть Украину, и что, не имея возможности сделать это, он пытается предотвратить ее развитие[490]. Даже в 2022 году Владимир Путин никогда не стремился «вернуть» Украину. Его всегда волновало то, что она должна быть свободна от влияния.

В программе «C dans l›air» от 25 января 2022 года на вопрос «Какова была бы цель войны в Украине для Владимира Путина?» Паскаль Бонифас уклонился от ответа, говоря о сопротивлении украинцев, и никто из выступавших не смог сформулировать ответ[491]... Они иллюстрируют проблему, с которой сталкиваются теоретики заговора: найти правдоподобную цель для заговора, который они выдумали».

Тем не менее, ответ Паскаля Бонифация интересен, поскольку он утверждает, что Россия столкнулась бы с сильным сопротивлением и проиграла бы такую войну. Это, конечно, то, что пропагандирует Washington[492], но на данном этапе реальность выглядит иначе. С

---

490. Программа “C dans l'air” от 25 января 2022 года (“Украина: российское или американское единоборство? #cdanslair 25.01.2022”, *France 5/YouTube*, 26 января 2022 года (15'50”)

491. Программа “C dans l'air” от 25 января 2022 года (“Украина: российское или американское единоборство? #cdanslair 25.01.2022”, *France 5/YouTube*, 26 января 2022 года (56'46”)

492. Эми Маккиннон и Джек Деч, “Украина готова сражаться до последней капли”, *Foreign Policy*, 8 декабря 2021 г.

3 по 11 декабря 2021 года *Киевский международный институт социологии* (КМИС) провел опрос о готовности украинцев противостоять российскому вторжению[493]. Опрос показал, что только 50,2% украинцев готовы оказать какое-либо сопротивление, из них только 33,3% (или 16,6% населения) готовы взять в руки оружие, большинство из которых относятся к возрастной группе 50-59 лет. Наименее заинтересованы в том, чтобы взять в руки оружие, молодые люди в возрасте 18-29 лет, являющиеся жизненной силой вооруженных сил.

События февраля 2022 года покажут, что сопротивление по-прежнему является делом крайне правых ополченцев, в частности, полков «Азов» и «Национального корпуса».

Этот результат подчеркивает, насколько наши «исследователи» и «мыслители» оценивают ситуацию на основе своей интуиции, а не на основе фактов, отсюда и слабость Франции на международной арене. Этот же интеллектуальный подход преобладает во время дебатов о действиях Франции в Сахеле... Результат: роль русских, Вагнера, террористов и т.д. должна быть чрезмерно драматизирована.

5.10. Хотел ли Владимир Путин напасть на Украину в начале 2022 года?

Мы не находимся в его голове, но индикаторы, которые обычно наблюдаются перед конфликтами, отсутствовали, и очень вероятно, что такого намерения не было до середины февраля 2022 года. С другой стороны, можно предположить, что Россия была готова к вмешательству («планирование на случай непредвиденных обстоятельств») в случае, если Украина начнет решительное наступление с целью силового захвата Донбасса.

---

493. "Устоят ли украинцы перед вмешательством России: результаты телефонного опроса, проведенного 3-11 декабря 2021 года", *kiis.com.ua*, декабрь 2021 года

С весны 2021 года американцы поднимают призрак российского наступления в Украине. Эта угроза была поднята в *интервью* пресс-секретаря Кремля Дмитрия Пескова Каролин Ру на телеканале *France 5*. И не зря: в апреле 2021 года в Южном военном округе России проходят учения.

Как обычно, ведущий «не упоминает» две вещи: а) 24 марта президент Владимир Зеленский издал указ о возвращении Крыма силой[494] и начал развертывание войск на юге страны; и б) одновременно НАТО начинает серию учений DEFENDER EUROPE 21, которые пройдут с марта по июнь 2021 года вблизи границы России между Балтийским и Черным морями[495]. Естественно, ни одно западное СМИ не показывает передвижения украинских войск в середине марта[496] и начале апреля[497]. Twitter закрывает некоторые аккаунты, показывающие украинские танковые транспорты...

Именно этой ситуацией объясняются учения российской армии весной 2021 года. Очевидно, что они преследуют сдерживающую цель, то, что американцы называют *демонстрацией силы*, но нет никаких признаков того, что Россия намеревалась вмешаться в дела Украины.

Шесть месяцев спустя, 30 октября 2021 года, газета *Washington Post* сообщила о необычном развертывании российских войск на украинской границе[498]. На следующий день американское СМИ *Politico* опубликовало спутниковые фотографии войск, размещенных «вблизи украинской границы»[499].

---

494. https://www.president.gov.ua/documents/1172021-37533

495. https://www.europeafrica.army.mil/DefenderEurope/

496. https://twitter.com/theragex/status/1371009926395494402

497. https://twitter.com/worldonalert/status/1377691126149349382;	https://twitter.com/AmbranderB/status/1378773857142706181

498. Пол Зонне, Робин Диксон и Дэвид Л. Стерн, "Передвижения российских войск у границы Украины вызывают беспокойство в США, Европе", *The Washington Post*, 30 октября 2021 г.

499. Бетси Вудрафф Свон и Пол МакЛири, "Спутниковые снимки показывают новое наращивание военного потенциала России вблизи Украины", *Politico*, 1[er] ноября 2021 г.

Фотографии облетели весь мир. Они обманчивы. На них изображены автомобили, припаркованные в Ельне, в Смоленской области, которая находится на границе с Беларусью и в 250 км от украинской границы. Однако часть этого оборудования была складирована после учений ZAPAD 2021, которые только что закончились. Они будут повторно использованы в совместных учениях в Беларуси в начале 2022 года. Более того, на Google Maps видно, что эти парковочные места связаны с постоянными объектами и войсками, о дислокации которых известно уже давно.

Карта Украины и прилегающих территорий

Рисунок 12 - Положение Ельни по отношению к Украине. Это далеко не Крым и не автономные республики Луганск (ЛНР) и Донецк (ДНР). На спутниковых снимках, сделанных Politico, а затем и западными СМИ, показаны огромные парки логистических транспортных средств, а не развертывание войск. Это не подготовка к наступлению, а либо вывод техники после учений ZAPAD-2021 - как считают украинские спецслужбы - либо перемещения в рамках продолжающейся реструктуризации российской армии. Совместные учения в Беларуси проходят на северо-западе страны, отделенной от Украины обширным Припятским болотом.

12 февраля 2022 года Томас Зюссли, глава швейцарской армии, давая интервью на канале крупной ежедневной газеты *Neue Zürcher Zeitung*, без особой убежденности заявил, что русские ждали, пока земля замерзнет, прежде чем начать наступление[500]. Он не первый, кто пытается объяснить, почему русские не делают того, что, по мнению наших стратегов, они могли бы сделать. Однако если взглянуть на прогноз погоды в Украине в это время, то можно увидеть, что прогнозируемые температуры повышаются, что еще раз показывает, что этот стратегический «расчет» является причудливым.

1[er] ноября Министерство обороны Украины опровергло информацию о том, что российские войска были развернуты на ее границах[501]. На следующий день Алексей Данилов, секретарь *Совета национальной безопасности и обороны* Украины (СНБО), подтвердил опровержение[502]. Его мнение подтвердили американские военные эксперты (настоящие, а не из «C dans l›air») из Института изучения войны (ISW), которые пришли к выводу, что «российские военные движения, вероятно, не готовятся к неминуемому наступлению на Украину»[503]. На следующий день эти же эксперты опубликовали свои выводы в украинском СМИ Kyiv Post под заголовком: «Маловероятно, что российская армия готовится к скорому наступлению»[504].

Также 2 ноября директор ЦРУ Уильям Бернс посетил Москву, чтобы встретиться со своим российским коллегой Николаем

---

500. Андреас Брайтенштайн, "Stell dir vor, es ist Krieg - und die Schweiz mit drin", *nzz.ch*, 12 февраля 2022 г.

501. "Украина отрицает сообщение о наращивании российских войск у своих границ", *US News/Reuters*, 1[er] ноября 2021 г.

502. "Данилов опроверг заявления западных СМИ о концентрации российских войск у границ Украины", *uatv.ua*, 2 ноября 2021 года

503. Мейсон Кларк и Джордж Баррос, "Российские военные движения вряд ли готовятся к немедленному наступлению на Украину, но все же вызывают беспокойство", *Институт изучения войны (ISW)*, 2 ноября 2021 г.

504. Мейсон Кларк и Джордж Баррос, "Российские военные вряд ли готовятся к скорому наступлению", *Kyiv Post*, 3 ноября 2021 г.

5. Российская угроза и украинский кризис

Патрушевым, генеральным директором ФСБ (службы безопасности)[505] и Сергеем Нарышкиным, генеральным директором СВР (внешней разведки). Он также провел телефонный разговор с Владимиром Путиным, точное содержание которого не раскрывается. Поэтому неизвестно, обсуждали ли они украинский вопрос, но это представляется вероятным. В любом случае, похоже, что правительство США не встревожено сложившейся ситуацией.

Все наводит нас на мысль, что роман быстро «сдуется». Но конспирологические СМИ хотели видеть российское наступление. Это случай газеты Le *Monde,* которая три недели спустя возродила тезис о скором наступлении и без колебаний написала, что «реакция украинских властей, с другой стороны, сбивает с толку»[506]. Жаль, что главная заинтересованная сторона - украинское правительство - проявляет некоторую рациональность.

3 ноября правительство Украины подтвердило, что на границе страны нет российских войск[507].

По мере ужесточения риторики Запада украинское правительство, похоже, испытывает давление. В начале ноября министр обороны Украины Андрей Таран, министр экономики Алексей Любченко, вице-премьер, министр стратегических отраслей Олег Уруский и министр по вопросам реинтеграции временно оккупированных территорий Алексей Резников подали в отставку[508].

В вооруженных силах Дмитрий Ярош, бывший лидер неонацистского ополчения «Правый сектор», был назначен советником главнокомандующего. Через месяц он подал в отставку, чтобы

---

505. Владимир Исаченков, "Глава службы безопасности России встретился с директором ЦРУ в Москве", *AP News,* 2 ноября 2021 г.

506. Фаустин Венсан, "На границах Украины "это просто новый час войны"", *Le Monde,* 22 ноября 2021 г. (обновлено 24 ноября 2021 г.)

507. Украина отрицает наращивание российского военного присутствия на границе в связи с увольнением министра обороны, *The Moscow Times/AFP,* 3 ноября 2021 г.

508. https://thepage.ua/ua/politics/uruskij-podav-zayavu-pro-zvilnennya; https://thepage.ua/ua/politics/taran-jde-z-minoboroni

принять командование Украинской добровольческой армией (УДА), объединяющей украинских и иностранных «наемников».

3 декабря 2021 года под зловещим заголовком «Россия планирует массированное военное наступление на Украину с участием 175 000 военнослужащих, предупреждает разведка США» газета *Washington Post* опубликовала карту американской разведки, на которой показано размещение российских войск в регионе Украины[509].

Комментаторы используют цифру 175 000, но карта американской службы менее категорична. В нем указывается, что в настоящее время в регионе рядом с Украиной и в Крыму находятся только 70 000 военнослужащих. Остальные войска характеризуются как «ожидаемые». Другими словами, их там нет. Среди отсутствующих - 100 000 резервистов, которые являются частью проекта, начатого во второй половине 2021 года и пока еще экспериментального, направленного на замену системы призыва.

Что касается 100 боевых групп (БГ), то это лишь предположение, поскольку на всей территории России их всего 168. По сценарию, предложенному американскими спецслужбами, на долю России придется 60% всех мощностей. Это абсолютно теоретическая и нереальная конструкция.

На данном этапе киевские власти считают, что обнаруженная американцами техника была всего лишь «передвижением войск после учений»[510]. Это соответствует выводу Россией одной дивизии (10 000 военнослужащих) из региона в конце декабря 2021 года[511]. Сокращение войск, которое, очевидно, ни один «эксперт» не сохранил...

509.Шейн Харрис и Пол Сонне, "Россия планирует масштабное военное наступление на Украину с участием 175 000 солдат, предупреждает американская разведка", *The Washington Post*, 3 декабря 2021 г.
510.Фаустин Венсан, "На границах Украины "это просто новый час войны"", *Le Monde*, 22 ноября 2021 г. (обновлено 24 ноября 2021 г.)
511."Россия объявляет о выводе 10 000 военнослужащих после учений вблизи Украины", *France 24*, 26 декабря 2021 г.

5. Российская угроза и украинский кризис

Очевидно, что американцы пытаются усилить напряженность в отношениях с Россией и создать напряженность внутри
Атлантического альянса. Похоже, что Германия и ее спецслужбы
по-другому оценивают ситуацию. Помимо того, что канцлер Олаф
Шольц отказывается встречаться со своим американским коллегой,
Германия накладывает вето на поставку оружия Украине[512]. Это
объясняет, почему, когда Великобритания отправляет оружие в
Украину, она старательно обходит немецкое воздушное пространство, чтобы Германия не закрыла его для нее. Это многое говорит
о доверии между союзниками по НАТО. Джо Байден отправил
Уильяма Бернса, директора ЦРУ, на переговоры с Шольцем и Бруно
Калем, директором стратегической разведывательной службы BND
(Bundesnachrichtendienst), поскольку, как сообщает *Spiegel*, немецкие
службы по-прежнему скептически относятся к информации, предо-
ставленной американцами[513].

23 января объявление о выводе некоторых американских и
британских дипломатических сотрудников из Киева вызвало
раздражение украинского правительства. Украинцы видят, что риск
войны со стороны Запада, который они всегда отрицали, приобре-
тает масштабы, которые могут повлиять на страну в долгосрочной
перспективе.

Действительно, BBC News Ukraine сообщает, что «курс украинской гривны резко упал, и инвесторы начали паниковать», избегая
Украину, чья экономика уже находится в плачевном состоянии.
Алексей Данилов[514], возглавляющий Совет национальной безопасности, возлагает вину на Запад:

512. Майкл Р. Гордон и Боян Панчевски, "Германия запрещает союзнику НАТО
передавать оружие Украине", *The Wall Street Journal*, 21 января 2022 г.
513. Маркус Беккер *и другие*, "У Германии мало возможностей для маневра в
украинском конфликте", *Der Spiegel*, 21 января 2021 г.
514. Оксана Тороп: "Некоторые наши партнеры вносят свой вклад в панику. Это
выгодно России - Данилов" ("Деякі наші партнери сприяють паніці. Це вигідно Росії

Когда это дело началось, 30 октября прошлого года, с публикации в Washington Post, у меня состоялся разговор с журналистом из этого издания. Он проигнорировал то, что я ему сказала.

Данилов дает понять, что Украина по-прежнему видит в России угрозу, но в данном случае угроза не увеличилась, а заявления США и Великобритании ухудшают ситуацию. На вопрос журналиста: «Почему эти громкие заявления звучат именно сейчас?», Данилов четко связывает их с трудностями США в отношениях с Китаем, политическими изменениями в Германии и президентскими выборами во Франции... Очевидно, что Запад нагнетает напряженность по внутриполитическим причинам.

Американцы и британцы, поднимающие призрак войны, которая, как обещает Борис Джонсон, будет «кровавой», не спешат принимать конкретные меры. Они утверждают, что «Байден хочет нанести сильный удар; (...) Пентагон мобилизует 8 500 солдат, готовых присоединиться к 40 000 бойцов Военного альянса, уже находящихся на земле»[515]. Реальность более нюансирована: они не были «мобилизованы», но степень их готовности была снижена с 10 до 5 дней; что касается их развертывания, то решение об этом еще не принято[516].

5.10.1.Действительно ли Россия хотела вторгнуться в Украину?

Глядя на то, что произошло в феврале 2022 года, возникает соблазн сказать «да». Это немного упрощенно. 25 января 2022 года в программе *«C dans l'air»* один из телезрителей спросил, не

- Данілов"), *BBC News Ukraine*, 24 января 2022 года (https://www.bbc.com/ukrainian/features-60112868).

515.Программа "C dans l'air" от 25 января 2022 года ("Украина: российское или американское единоборство? #cdanslair 25.01.2022", France 5/YouTube, 26 января 2022 года (11'05")

516.Барбара Старр и Джереми Херб, "США приводят в боевую готовность до 8500 военнослужащих для возможного развертывания в Восточной Европе на фоне напряженности в России", *CNN*, 25 января 2022 г.

нагнетают ли Соединенные Штаты напряженность без доказательств. Для Анник Сизель, преподавателя-исследователя из университета Сорбонна-Нувель, этот вопрос не возникает. Она перечисляет свои доказательства: аннексия Крыма (которая не была результатом военного нападения), присутствие 100 000 военнослужащих на границе и маневры по дестабилизации украинского режима[517]. Такой недостаток научной строгости исследователя огорчает, потому что наш «эксперт» забывает о важном аспекте: война начинается не так, как в кино. Она подготовлена, и не только путем развертывания войск.

Для уважающей себя разведывательной службы риск войны определяется не на основе слухов, сомнительных сценариев и нескольких аэрофотоснимков крупным планом, а на основе улик (присутствие войск, наличие ресурсов и т.д.) и конкретных, наблюдаемых показателей. Индикаторы позволяют измерить риски, связанные с необычными факторами, которые должны привлечь наше внимание.

Первый признак - атакующий должен подготовить политическую почву: выдвижение требований, воинственные заявления, угрозы и ультиматумы. Другим показателем является подготовка экономики и страны к тому, чтобы быть в состоянии поглотить шок, а населения - принять человеческие и материальные жертвы. Вот почему перед войной необходимо создать атмосферу, «разогреть комнату», как говорит Ив Россье, бывший посол Швейцарии в России, отмечая, что ничего подобного в России не происходило[518].

Военная деятельность также служит индикатором: необычные крупномасштабные учения, их наступательный или оборонительный характер, а также деятельность командования. Однако к концу 2021-22 годов ничего этого не произойдет. Совместные

---

517. Программа "C dans l'air" от 25 января 2022 года ("Украина: российское или американское единоборство? #cdanslair 25.01.2022", France 5/YouTube, 26 января 2022 года (58'10")
518. "Украина: война в Европе?", *rts.ch*, 7 февраля 2022 г.

российско-белорусские учения были давно запланированы на 10-20 февраля 2022 года. Его численность (менее 9 000 военнослужащих) не требовала уведомления, согласно Венскому документу. Техника, показанная на спутниковых фотографиях, которые крутились на наших экранах, была связана с давно известными постоянными объектами и казармами (а не временными станциями для наступления), а также с реструктуризацией российских вооруженных сил. UNION COURAGE 2022 - это учения по улучшению оперативной совместимости в случае обороны Крыма. Размещенная техника носила оборонительный характер, например, зенитные комплексы С-400 на полигоне Брест на юго-западе Беларуси[519].

Преемник ZAPAD-2017, ZAPAD-21 (сентябрь 2021 года) был частью четырехлетнего цикла регулярных учений, который включал VOSTOK-2018, TSENTR-2019 и KAVKAZ-2020. Так что в этой закономерности нет ничего необычного, о чем эксперты знали уже давно.

Более того, Россия никогда не угрожала вторжением в Украину и не имеет претензий, которые могли бы послужить предлогом для вторжения; и

Более того, 25 января газета *«Нью-Йорк Таймс»* отметила, что украинцы были настроены гораздо менее тревожно, чем Анник Сизель:

> *Министр обороны Украины заявил, что в российских силах не произошло никаких изменений после наращивания весной; глава Совета национальной безопасности обвинил некоторые западные страны и СМИ в преувеличении опасности в геополитических целях; представитель министерства иностранных дел раскритиковал США и Великобританию за*

519.Марк Эпископос, "Российские системы ПВО будут находиться у северной границы Украины с Беларусью", *The National Interest*, 25 января 2022 г.

вывод семей дипломатов из своих посольств в Киеве, заявив, что они действовали преждевременно[520].

По словам министра обороны Украины Алексея Резникова, с весны 2021 года значительного наращивания российских сил на украинской границе не наблюдается. Наблюдаемые перемещения войск связаны с совместными российско-белорусскими учениями[521]. Так называемые «подкрепления» конца октября 2021 года были лишь материалами, сброшенными после российско-белорусских учений ZAPAD-21, в рамках подготовки к учениям UNION COURAGE-2022, которые должны были пройти с 10 по 20 февраля 2022 года.

Одни и те же спутниковые фотографии повторяются снова и снова, при этом новых снимков, подтверждающих увеличение численности войск на украинской границе, нет. *Washington Post* сообщает, что даже президент Украины Зеленский говорит, что аэрофотоснимки вообще ничего не значат[522].

Анник Сизель также упоминает о возможной замене главы украинского правительства Россией. Эта информация, опубликованная 22 января *Le Figaro*[523]*, Le Monde*[524]*, CNews*[525] и *Radio-Télévision*

---

520. Майкл Швиртц, "Запад предупреждает о российском нападении, Украина посылает другое сообщение", *The New York Times*, 25 января 2022 года (обновлено 27 января 2022 года)

521. Асами Тераджима, "Министр обороны преуменьшает российскую угрозу, говорит, что она похожа на угрозу весны 2021 года", *The Kyiv Independent*, 28 января 2022 г.

522. Шейн Харрис, Джон Хадсон и Эллен Накашима, "США и союзники спорят о том, как быстро Путин отдаст приказ о вторжении в Украину - и отдаст ли вообще", *The Washington Post*, 29 января 2022 г.

523. Ален Барлуэ, "Украина: Лондон обвиняет Москву в "стремлении установить пророссийского лидера"", *Le Figaro*, 22 января 2022 года (обновлено 24 января 2022 года)

524. "Украина: Лондон обвиняет Москву в "стремлении установить пророссийского лидера в Киеве", *Le Monde/AFP*, 23 января 2022 г.

525. "Украина: по мнению Королевства Великобритания, Россия стремится установить на посту главы государства директора, благоприятствующего ее интересам", *CNews/AFP*, 23 января 2021 г.

Suisse[526], поступила от британских спецслужб, которые утверждают, что русские стремятся заменить Владимира Зеленского на Евгения Мураева, который, как говорят, находится в контакте с российскими «службами»»[527]. Однако в *Observer*, воскресном издании британской газеты *The Guardian*, Мураев не скрывает своего удивления тем, что Россия применила к нему санкции[528] ! 23 января, за два дня до выступления Каролин Ру, газета *Washington Post* сообщила о его реакции[529]:

> *Как человеку, который четыре года находится под российскими санкциями, исключен из России как угроза национальной безопасности, и чей отец заморозил свои активы в России, мне трудно комментировать заявление Министерства иностранных дел.*

В тот же день в эфире *агентства Reuters* бывший украинский депутат назвал британское обвинение «глупым» и рассмотрел возможность судебного иска[530]. Партия Мураева (Оппозиционный блок) настолько непопулярна в Украине, что не набрала 5% кворума для прохождения в парламент. Так, за три дня до программы Каролин Ру стало известно, что человек, которого Владимир Путин «назначил» взять власть в Украине, имеет проблемы с российским правительством и не пользуется поддержкой населения!

526.”Лондон обвиняет Москву в желании установить в Киеве пророссийского лидера”, *rts.ch*, 23 января 2022 г.

527.”План Кремля по установлению пророссийского руководства в Украине разоблачен”, Министерство *иностранных дел, по делам Содружества и развития (gov.uk)*, 22 января 2022 г.

528.Эмма Грэм-Харрисон, Люк Хардинг и Эндрю Рот, “Путаница из-за заявления Великобритании о том, что Путин планирует переворот в Украине”, *The Observer*, 22 января 2022 г.

529.Пол Зонне, Джон Хадсон и Шейн Харрис, “Великобритания обвиняет Россию в интриге с целью установить прокремлевское правительство в Украине”, *The Washington Post*, 23 января 2022 г.

530.Елена Островская и Наталья Зинец, “Украинский политик высмеивает “глупые” заявления Великобритании”, *Рейтер*, 23 января 2022 г.

5. Российская угроза и украинский кризис

В довершение всего, на своем заседании 24 января Совет национальной безопасности и обороны Украины (СНБО) под председательством президента Владимира Зеленского не упомянул Евгения Мураева и угрозу переворота[531]. Наконец, 29 января газета *Washington Post* сообщила, что информация об этом заговоре была передана американскими службами британским службам, чтобы те раскрыли ее[532]. Очевидно, что интрига была сфабрикована, чтобы ее могли передать полезные идиоты.

5.10.2.»Неотвратимое» российское наступление?

29 января 2022 года телеканал RTBF поднял вопрос о скором наступлении России. Однако в тот же день Йенс Столтенберг, генеральный секретарь НАТО, заявил, что «*нет никакой определенности относительно российских планов, и, вероятно, они не приняли решения[533]*». Но он выступает на российском государственном канале RT: так что можно ожидать, что журналист Антуан Хасдей из *Conspiracy Watch* обвинит его в том, что он «*тикает во все конспирологические коробки*»!

Наиболее комично, что в отчете RTBF показаны тренировки украинских войск с использованием штурмовых систем для нейтрализации минных полей[534], что, как правило, подтверждает сообщения из Донбасса о том, что украинская армия готовится к атаке на автономные республики, позиции которых защищены противотанковыми минами. Естественно, ни одно западное СМИ не упоминает об этих подкреплениях и связанных с ними рисках,

---

531.»Прокремлевский политик, обвиняемый в заговоре переворота, не упоминается на совещании по национальной безопасности Украины", *Kyiv Post*, 25 января 2022 г.

532.Шейн Харрис, Джон Хадсон и Эллен Накашима, "США и союзники спорят о том, как быстро Путин отдаст приказ о вторжении в Украину - и отдаст ли вообще", *The Washington Post*, 29 января 2022 г.

533.»Время разворота! Столтенберг из НАТО теперь говорит, что "нет определенности" в отношении предполагаемых планов вторжения России на Украину", *RT/ YouTube*, 29 января 2022 года

534.»19.30", RTBF, 29 января 2022 г.

поскольку вполне вероятно, что украинцы стремятся повторить сценарий в грузинском стиле.

В 2008 году заявления Запада подтолкнули грузинское правительство к нападению на Южную Осетию. Нападение, которое в докладе, подготовленном по заказу Европейского союза[535], было признано незаконным и непропорциональным[536]:

> *Возникает вопрос, было ли применение силы Грузией в Южной Осетии, начиная с бомбардировки Цхинвали в ночь с 7 на 8 августа 2008 года, оправданным с точки зрения международного права. Это не так.*

Именно эти действия привели к вмешательству России, чтобы защитить русскоязычное население.

Ответственность по защите (R2P) определяется Организацией Объединенных Наций следующим образом:

> *Ответственность по защите (часто называемая R2P) опирается на три равных столпа: ответственность каждого государства по защите своего населения (Столп I); ответственность международного сообщества по оказанию помощи государствам в защите их населения (Столп II); и ответственность международного сообщества по защите, когда государство явно не в состоянии защитить свое население (Столп III).*

Другими словами, ответственность за защиту лежит в первую очередь на государствах по отношению к своему населению (Компонент I), но если они не справляются с этой задачей, внешние субъекты наделяются соответствующими полномочиями

535."Цитаты из доклада о войне в Грузии, спонсируемого ЕС", *Рейтер*, 30 сентября 2009 г.

536.Эндрю Реттман, "В докладе, подготовленном ЕС, говорится, что Грузия начала войну 2008 года", *euobserver.com*, 30 сентября 2009 г.

(Компонент III). Это положение было принято для того, чтобы предотвратить повторение геноцидов, подобных тому, что произошел в Руанде. Именно на этот принцип ссылалась Франция при вмешательстве в Ливию, используя предлог резни в Бенгази (ложь, придуманная джихадистами и распространяемая соломенным человеком Саркози[537]). Именно на это R2P ссылалась Россия в августе 2008 года, чтобы остановить бомбардировки русскоязычного гражданского населения Цхинвали в Южной Осетии.

Минские соглашения (см. Приложение 3) направлены на то, чтобы избежать такой ситуации, требуя от украинского правительства найти политическое решение с автономными республиками. Западные гаранты (Германия и Франция) должны были помочь Киеву достичь этого диалога. Но ни Олланд, ни Макрон не выполнили своих обязательств, предпочитая обвинять Россию (которая даже не упоминается в соглашениях). Они в значительной степени ответственны за нынешнюю напряженность. Именно поэтому Владимир Путин предпочитает иметь дело напрямую с американцами, а не с «Табаки»[538].

29 января газета *Вашингтон пост* показала, что мнения западных людей по вопросу о нападении России сильно разделились. В нем упоминается Германия, которая - в отличие, например, от Франции - склонна вовлекать свои спецслужбы в процесс принятия решений[539]:

---

537. Смотрите *интервью* с Мустафой Абдул Джалилем на *YouTube*, загруженное 31 мая 2014 года (https://www.youtube.com/watch?v=Jjf5MTKHbqw).

538. Табаки - это имя маленького шакала, который кружит вокруг тигра Шере Хана, чтобы польстить ему, в *"Книге джунглей"* Уолта Диснея. Именно так назвал Владимир Путин вассалов Соединенных Штатов в своем послании Федеральному собранию в апреле 2021 года ("Послание президента Федеральному собранию", *kremlin.ru*, 21 апреля 2021 года).

539. Шейн Харрис, Джон Хадсон и Эллен Накашима, "США и союзники спорят о том, как быстро Путин отдаст приказ о вторжении в Украину - и отдаст ли вообще", *The Washington Post*, 29 января 2022 г.

Германия по-прежнему скептически относится к неизбежному российскому вторжению. На данном этапе Берлин не видит доказательств того, что Россия немедленно войдет в Украину, сказал высокопоставленный немецкий чиновник. Доказательства того, что Москва хочет действовать быстро, могут существовать, но если они есть у США, они не поделились ими с немцами, добавил чиновник.

В той же статье упоминается, что Франция разделяет американский анализ, но «менее уверена в том, что атака произойдет в ближайшее время», подтверждая тем самым, что анализ ситуации французскими службами гораздо менее эффективен, чем это было, когда я с ними работал.

США то горячо, то холодно обсуждают ситуацию. Два месяца она утверждает, что нападение России на Украину «неизбежно», и вдруг 1ᵉʳ февраля 2022 года американский посол в ООН заявляет, что это уже не так[540] (что не мешает *швейцарскому радио и телевидению на* следующий день поддерживать идею «неизбежного» нападения[541])...

Затем, 3 февраля, Госдепартамент заявил, что Россия якобы замышляет акцию под ложным флагом в качестве предлога для нападения. Естественно, обвинение было выдвинуто без каких-либо доказательств, что привело к причудливому обмену мнениями с журналистами, которым представитель Госдепартамента Нед Прайс заявил, что его заявления являются доказательством[542] !

Однако Филипп Жели, заместитель директора Le *Figaro*, после посещения линии фронта в Донбассе заявил, что заметил

---

540. https://twitter.com/MuradGazdiev/status/1488946727059083264

541.”США и НАТО также опасаются российских кибератак в Украине”, *RTS.ch*, 2 февраля 2022 г.

542.”Госдепартамент надавил на российский видеоролик о фальшивом флаге как предлоге для вторжения в Украину”, *C-SPAN*, 3 февраля 2022 г. (https://www.c-span.org/video/?c5000235/state-department-pressed-russian-false-flag-video-claim-pretext-invading-ukraine)

значительный разрыв между реальностью на местах и заявлениями западных политиков[543]. Наконец-то журналисты, кажется, начинают делать свою работу!

Чтобы придать правдоподобие образу угрозы, Соединенные Штаты пытаются оказать давление на украинское правительство за счет Украины. Телефонные переговоры между Джо Байденом и Владимиром Зеленским не прошли гладко: украинский президент возразил против несвоевременных заявлений западных союзников, которые наносят ущерб стране[544]. 13 февраля 2022 года, когда американцы заявляют, что им известно, что Россия начнет наступление 16 февраля, украинские власти, очевидно, не убеждены в этом. Украинские парламентарии из президентской партии обеспокоены нарративами, выдвигаемыми их западными «союзниками»[545].

В телевизионном обращении президент Зеленский обращается к международному сообществу[546]:

Если у вас или у кого-либо еще есть какая-либо дополнительная информация о 100% русском вторжении 16-го года, пожалуйста, сообщите нам.

К середине февраля 2022 года ситуация казалась шизофренической: с одной стороны, украинские власти утверждали, что не имеют никаких признаков того, что Россия готовит наступление, а Россия заявляла, что не хочет нападать на Украину; с другой стороны, американцы и британцы вывели весь свой военный персонал и перевели дипломатический персонал во Львов.

543.Mayeul Aldebert / AFP, "Crise entre la Russie et l'Ukraine : que se passe-t-il ?", *lefigaro.fr*, 3 декабря 2021 (обновлено 9 февраля 2022)

544.Кэлли Паттесон, "Зеленский упрекает Запад в "панике" по поводу страха вторжения России после звонка Байдена", *Нью-Йорк Пост*, 28 января 2022 г.

545. https://mtracey.substack.com/p/crazy-us-media-coverage-is-a-bigger?

546.Эллен Никмайер, Джим Хайнц и Аамер Мадхани, "Президент Украины: "Если у вас есть информация о российском вторжении, пожалуйста, передайте ее нам"", *Time*, 14 февраля 2022 г.

Почему англосаксы выводят свои войска, когда нет никаких признаков наступления? И почему они настаивают на том, что российское наступление неизбежно? Возможно, потому что они знают, что Россию подтолкнут к действию насильственные военные действия против русскоязычного населения Донбасса. Действительно, 16 февраля начались обстрелы населения Донбасса. Нельзя исключать, что недавняя интеграция Дмитрия Яроша, бывшего лидера неонацистского ополчения «Правый сектор», в качестве советника главнокомандующего вооруженными силами Украины, сыграла свою роль в этой провокации. Был ли Зеленский «обманут» своими подчиненными? Это загадка, но совпадение с российской атакой может быть правдоподобным сценарием.

Это не мешает Жан-Иву Ле Дриану (который ведет спор с Россией с тех пор, как она заняла место Франции в Мали) утверждать 14 февраля 2022 года на телеканале *France 5,* что для российского наступления есть все предпосылки.

Эти заявления вызвали панику: олигархи и бизнесмены покидали страну на *чартерах*547. Заседание Рады, запланированное на 15 февраля, было отложено, поскольку большинство парламентариев отсутствовали или находились за пределами страны.

Соединенные Штаты предупредили своих союзников: российское наступление может начаться 16 февраля[548]. Британский таблоид *Sun* даже упоминает о нападении с 200 000 человек (вдвое больше, чем упоминалось до этого), и уточняет, что оно произойдет в 1 час ночи[549],

547. Юлия Гончаренко, "Олигархи и бизнесмены улетают из Украины чартерами: что происходит", *dengi.ua*, 14 февраля 2022 года (https://dengi.ua/ finance/6238446-oligarkhi-i-biznesmeny-uletayut-iz-ukrainy-charterami-chto-proiskhodit)
548. Александр Уорд и Квинт Форгей, "Путин может напасть на Украину 16 февраля, Байден сказал союзникам", *Politico.com*, 11 февраля 2022 г.; "Байден сказал союзникам, что Россия может напасть на Украину 16 февраля: отчеты", *WION*, 12 февраля 2022 г.
549. Ник Паркер и Джером Старки, "HIGH ALERT Россия готова в любой момент вторгнуться в Украину с помощью массированного ракетного удара и 200 000 солдат, утверждает американская разведка", *The Sun*, 15 февраля 2022 года (обновлено 16 февраля 2022 года)

в то время как другие пишут о 3 часах ночи[550] ! Сами американцы закрыли свое посольство в Киеве. Государственный департамент распорядился уничтожить компьютеры и передающее оборудование[551], а затем перевел своих сотрудников во Львов, недалеко от польской границы[552]. В то же время на польской стороне границы были развернуты американские десантники и спецназ.

Сценарий российского наступления, похоже, уже известен, и Энтони Блинкен представил его Совету Безопасности ООН 17 января:

> *Мы не знаем точно, как это будет происходить, но вот чего может ожидать мир. Фактически, это происходит прямо сейчас, сегодня, когда Россия выходит на тропу войны и повышает угрозу военных действий.*

> *Во-первых, Россия планирует создать предлог для нападения. Это может быть насильственное событие, в котором Россия обвиняет Украину, или возмутительное обвинение, которое Россия выдвигает против украинского правительства. Мы не знаем точно, в какой форме это произойдет. Это может быть так называемый террористический взрыв на территории России, сфабрикованное обнаружение массового захоронения, инсценировка удара беспилотника по гражданскому населению или фальшивая - или даже настоящая - атака с применением химического оружия. Россия могла бы назвать это событие этнической чисткой или геноцидом, высмеивая понятие, к которому мы в этой палате*

550.Крис Хьюз, "Российское вторжение в Украину назначено на "3 утра сегодня" с ракетами и танковой атакой", *mirror.co.uk*, 15 февраля 2022 г. (обновлено 16 февраля 2022 г.)

551.Джон Хьюит Джонс, "Госдепартамент распорядился уничтожить ИТ-оборудование в киевском посольстве", *FedScoop*, 14 февраля 2022 г.

552.Лора Келли, "Посольство США в Киеве уничтожает документы по мере сокращения", *The Hill*, 14 февраля 2022 г.

не относимся легкомысленно, и я не отношусь легкомысленно из-за истории моей семьи. (...)

Во-вторых, в ответ на эту сфабрикованную провокацию высшие чины российского правительства могут театрально созвать экстренные совещания, чтобы разобраться с так называемым кризисом. Правительство будет издавать прокламации, заявляющие, что Россия должна отреагировать, чтобы защитить российских граждан или этнических русских в Украине.

Затем планируется начать атаку. Российские ракеты и бомбы упадут на Украину. Связь будет заглушена. Кибератаки нейтрализуют ключевые украинские институты.

После этого российские танки и солдаты будут продвигаться к ключевым целям, которые были определены и нанесены на подробные планы. Мы считаем, что эти цели включают столицу России, столицу Украины, Киев, город с населением 2,8 миллиона человек. (...)

У нас есть информация, что Россия будет нацеливаться на определенные группы украинцев[553].

Вопреки предположениям Блинкена, этот сценарий является не результатом анализа показаний, собранных американскими спецслужбами, а результатом размышлений о возможном ходе вторжения команды *«Тигр»*. В октябре 2021 года, когда русские выводили свои войска после ZAPAD-2021 и оставляли логистические элементы в Ельнинском секторе, американцы предположили, что они могут

---

553. "Секретарь Энтони Дж. Блинкен об угрозе России миру и безопасности в Совете Безопасности ООН", *state.gov*, 17 февраля 2022 г.

готовиться к нападению на Украину. В начале ноября Белый дом создал *команду «тигров»*, состоящую из «экспертов», для разработки сценариев возможного российского наступления. Именно продукт такого мышления лежит в основе риторики Белого дома в начале 2022 года *в виде* угроз «неминуемых» атак, хотя он признает, что это может не отражать реальность[554].

Здесь важно подчеркнуть, что эта работа *Команды Тигра*, строго говоря, не является разведывательной работой, а представляет собой сценарий, который является лишь своего рода путеводной нитью, помогающей планированию, не являясь при этом моделью. Таким образом, Белый дом воспроизводит эпизод февраля 2003 года в Совете Безопасности перед войной в Ираке: представление фантастического сценария, созданного параллельными агентствами[555] с обычными структурами, без фактического анализа разведданных, чтобы создать иллюзию угрозы.

В действительности, самодовольные души на набережной Орсэ, *France 5*, *РТС* и другие ищут не мира или помощи украинцам, а противодействия Владимиру Путину. Таким образом, президент Зеленский объявляет[556]:

> *Я думаю, что слишком много говорят о крупномасштабной войне со стороны России, а некоторые даже называют даты. Лучший друг наших врагов - это паника в нашей стране, а вся эта информация только создает панику, она нам не поможет.*

---

554. Эллен Накашима и Эшли Паркер, "Внутри подготовки Белого дома к российскому вторжению", *The Washington Post*, 14 февраля 2022 г.

555. Это был Офис специальных планов (OSP) Пентагона, созданный Дональдом Рамсфельдом вскоре после 11 сентября 2001 года, в который входила небольшая конфиденциальная группа под названием "Кабала Вулфовица", напрямую и исключительно информировавшая министра обороны и его заместителя Пола Вулфовица. Они были архитекторами дезинформации, которая привела к войне в Ираке.

556. Дипа Шиварам, "Байден предупреждает Путина о решительном ответе, если Россия вторгнется в Украину", *npr.org*, 12 февраля 2022 г.

16 февраля российской атаки не было. Вместо того чтобы радоваться, западные канцлеры, похоже, сожалеют об этом. Западные СМИ сообщают, что российское правительство объявило об «отводе» своих сил к украинской границе. Вывод войск просрочен, и Россия сохраняет способность осуществить «неминуемое» нападение. Государственный канал RFI[557], даже говорит об «игре в покер для лжецов». На канале France 5 Каролин Ру заявляет, что «Москва инсценирует отвод российских войск от украинской границы[558] «: она пытается предположить, что русские лгут. Это она лжет.

В действительности Россия не объявляла о выводе войск из региона. Очередная рабочая встреча Владимира Путина и его министра обороны, посвященная ходу крупных военных учений и маневров, обыгрывается[559]. Достаточно прочитать содержание, чтобы понять, что они говорят только о текущих упражнениях. Как и планировалось, UNION COURAGE 2022 завершится 20 февраля, и некоторые подразделения начали возвращаться в свои казармы в Западном военном округе. Аналогичным образом, некоторые подразделения, находившиеся на маневрах в Крыму, вернулись в свои пункты дислокации в Южном военном округе. Очевидно, что подразделения, обычно размещаемые в регионе, остались на своих местах. Поэтому, когда Йенс Столтенберг, генеральный секретарь НАТО, говорит, что на местах нет вывода войск, это правда; но он обманывает, потому что играет на ожиданиях, созданных обещаниями, ложно приписываемыми России. Это позволяет ему возродить свои домыслы о скором наступлении.

Для разведывательной службы показатели конфликта являются более сложными, чем несколько аэрофотоснимков. Никто не упоминает, что 16 февраля министр обороны России Сергей Шугу посетил

557.”Украинский кризис: “Перемещение войск не означает отвод”, *rfi*, 17 февраля 2022 г.
558.Программа “C dans l'air” от 16 февраля 2022 года (“Украина : mais à quoi joue France ? #cdanslair 16.02.2022”, *France 5/YouTube*, 18 февраля 2022 г.)
559.”Встреча с министром обороны Сергеем Шойгу”, *kremnli.ru*, 14 февраля 2022 г.

свои войска в Сирии[560], что кажется несовместимым с подготовкой крупного наступления. И снова повествование создается путем опускания части истории.

15 февраля СМИ сообщили о кибернетической атаке типа «отказ в обслуживании», жертвами которой стали крупные украинские банки и учреждения[561]. На следующий день в своей программе «C dans l'air» Каролин Ру подробно рассказала о них. Ален Бауэр, криминолог, но явно не стратег, объяснил сложную стратегию «маленьких шагов», с помощью которых Владимир Путин будет стремиться вести войну, не ведя ее, и что атака была посланием, указывающим на то, что война будет вестись как на земле, так и в киберпространстве[562]. Тем не менее, в день нападения агентство *Reuters*[563] отмечает:

> *Cloudflare, ведущая компания по защите от отказов в обслуживании, базирующаяся в Сан-Франциско, заявила, что не видела доказательств «значительной активности по отказу в обслуживании» в Украине против своих центров обработки данных или клиентов.*

Так что, ничего! Наши так называемые «эксперты» создали вымышленную реальность. В поддержку этих утверждений Татьяна Кастуева-Жан, исследователь и директор Центра России при IFRI, приводит пример с трубопроводом Colonial Pipeline, который подвергся кибератаке в Техасе, с требованием выкупа в мае 2021 года. Однако 10 мая 2021 года сам Джо Байден заявил, что «нет

560.»Министр обороны России встречается с Асадом в Сирии", *The Moscow Times*, 16 февраля 2022 г.

561.Мэгги Миллер, "Сайты Министерства обороны Украины подверглись кибератаке", *politico.com*, 15 февраля 2022 г.

562.Программа "C dans l'air" от 16 февраля 2022 года ("Украина: во что играет Путин? #cdanslair 16.02.2022", *France 5/YouTube*, 18 февраля 2022 года) (16'45")

563.»Сайт министерства обороны Украины, банки, отключенные от сети", *Рейтер*, 15 февраля 2022 г.

никаких доказательств того, что российское правительство было вовлечено в атаку Colonial Pipeline ransomware» [564] ; в то время как ФБР приписало атаку «DarkSide, группе преступных хакеров, базирующихся в Восточной Европе»[565]. Это ставит под вопрос качество исследований во Франции...

15 февраля 2022 года, предположительно для восстановления контроля над ситуацией, президент Зеленский объявил, что 16 февраля будет «*Днем единства*», определенным лондонской газетой Times of London как «новый праздник, введенный как знак неповиновения российским войскам[566] «. Он призвал население массово выйти на улицы. Западные СМИ готовятся к съемкам события, а агентство *Reuters* запустило *прямую трансляцию* с киевской площади Майдан[567].

Но 16 февраля... ничего. *Поток* Рейтер показывает безнадежно пустую площадь. Пользователи Интернета быстро высмеивают. В своем ежедневном отчете наблюдатели ОБСЕ упоминают о собрании 200 человек в Киеве «в общей сложности»[568]. Очевидно, что украинцы не в восторге от демонстрации своего единства против России! Конечно, в программе Каролин Ру на канале *France 5 в* тот вечер старательно избегали упоминания об этом фиаско.

Уже 16 февраля западные СМИ передавали слова Бориса Джонсона (которого в других случаях часто называют лжецом) о вероятности войны[569], но они были очень сдержанны в отношении более успокаивающих слов украинского президента и немецкой

564.Лорен Иган, "Байден говорит, что нет доказательств причастности российского правительства к взлому трубопровода", *NBC News*, 10 мая 2021 г.

565.Сара Моррисон, "Как выкупили крупный нефтепровод", *Vox*, 8 июня 2021 г.

566.Кэтрин Филп, "Украина проводит вызывающий День единства", *The Times*, 17 февраля 202 г.

567. https://nitter.net/UkrWarReport/status/1493681084084760578#m

568. https://reliefweb.int/sites/reliefweb.int/files/resources/2022-02-17 %20Daily %20Report_ ENG.pdf

569. https://www.rts.ch/play/tv/redirect/detail/12881145

дипломатии. Очевидно, что создается тенденциозное повествование, направленное на эскалацию ситуации и возложение вины на Россию.

5.10.3.Атаки «ложного знамя

Американцы опасаются, что Украина начнет наступление на Донбассе, что даст России преимущество и оправдает интервенцию во имя «ответственности по защите» (R2P). 17 января Энтони Блинкен заявил Совету Безопасности, что он «знал», что Россия начнет свое наступление с атаки «под ложным флагом», даже упомянул о химической атаке[570]. Таким образом, он повторяет слухи, циркулировавшие в украинских националистических кругах в январе[571], о химической атаке в городе Горловка. Нет никаких доказательств, подтверждающих эти обвинения.

Мы должны определить, о чем идет речь.

— Провокация» - это несвоевременная атака на противника с единственной целью вызвать его реакцию.

— Атака «под ложным флагом» - это атака, при которой преступник выдает себя за своего противника. Поэтому его обычно проводят против своей стороны, чтобы вина падала на противника и оправдывала действия против него.

17 февраля СМИ сообщают об усилении стрельбы в Донбассе по обе стороны линии соприкосновения. Запад сразу же обвиняет пророссийски настроенных граждан. Снаряд, попавший в детский сад в Станице Луганской, Борис Джонсон и Йенс Столтенберг,

---

570.''Секретарь Энтони Дж. Блинкен об угрозе России миру и безопасности в Совете Безопасности ООН'', *state.gov*, 17 февраля 2022 г.

571.''Кремль готовит повод для вторжения в Украину: "химическое оружие" в оккупированной Горловке'', *Информационное сопротивление*, 16 января 2022 г. (https://sprotyv.info/analitica/kreml-gotovit-povod-dlya-vtorzheniya-v-ukrainu-himicheskoe-oruzhie-v-okkupirovannoj-gorlovke)

генеральный секретарь НАТО, назвали атакой «под ложным флагом»[572]. Во Франции газета *La Dépêche* сообщила об этом событии и процитировала Бориса Джонсона, избежав упоминания термина «ложное знамя», но развернув аргумент и сказав о провокации[573]. Так хотели бы повстанцы, чтобы украинская армия атаковала их?

Беглый осмотр места происшествия после инцидента показывает, что расположение школы на правительственной территории опровергает версию о нападении с использованием ложного баннера, а направление удара указывает на то, что выстрел был произведен с украинских позиций. Приписывание выстрела силам автономистов тем более трудно подтвердить, что украинские войска препятствуют доступу наблюдателей ОБСЕ (СММ) к зданию, как они указывают в своем ежедневном отчете[574]:

СММ смогла провести свою оценку только на расстоянии около 50 м от северо-восточного фасада и около 30 м от юго-западного фасада поврежденного здания, поскольку сотрудник правоохранительных органов не разрешил Миссии доступ на место, заявив, что ведется расследование.

Естественно, ни одно западное СМИ не сообщает об этой стороне дела, поскольку это может подтвердить опасения некоторых, что провокации исходят с украинской стороны, но не обязательно от самих украинцев. В принципе, мы не знаем.

Это не мешает *Швейцарскому радио и телевидению* вновь обратиться к инциденту в детском саду 18 февраля и без колебаний

---

572. Хизер Стюарт, Дэн Саббах и Патрик Винтур, "Борис Джонсон: обстрел детского сада на Украине является операцией под фальшивым флагом", *The Guardian*, 17 февраля 2022 г.; "Премьер-министр Великобритании Джонсон заявил, что нападение на детский сад на Украине является "операцией под фальшивым флагом" Доступ к комментариям", *Euronews/Reuters*, 18 февраля 2022 г.

573. "Bombardment d'une école en Ukraine : ce que l'on sait de cette attaque qui a fait trois blessés", *ladepeche.fr*, 17 февраля 2022 г.

574. https://www.osce.org/files/2022-02-18 Ежедневный отчет_ENG.pdf

приписать его повстанцам. В нем упоминается «возобновление военной активности со стороны сепаратистов»[575]. Однако в этот день наблюдатели ОБСЕ отмечают, что активизация нарушений режима прекращения огня на линии соприкосновения в Донбассе затрагивает в основном повстанческие районы. Карта инцидентов ОБСЕ показывает, что именно автономисты являются жертвами этой «повышенной активности»[576].

На данном этапе кажется, что ни Украина, ни Россия не намерены вступать в более активный конфликт на Донбассе. Непонятно, зачем автономистам провоцировать украинское наступление, а украинцам нечего выигрывать от более широкого конфликта. 18 февраля российский государственный телеканал *RT* заявил, что Украина не отдавала приказа атаковать Донбасс[577], показывая, что ни российская, ни украинская сторона не хотят усиления напряженности. 19 февраля президент Зеленский принял участие в ежегодной Мюнхенской конференции по безопасности[578], хотя американцы советовали воздержаться от этого из-за риска нападения России[579].

Только Запад - во главе с американцами - заинтересован в эскалации ситуации, чтобы подтолкнуть Германию к присоединению к санкциям против «Северного потока-2» и России. Украинцы выступают за такие санкции, но они не хотят ввязываться в конфликт.

Не исключено, что американцы пытаются навязать украинцам свою позицию, разжигая боевые действия на линии фронта в Донбассе. Этим можно объяснить развертывание с января 2022 года

575. https://www.rts.ch/audio-podcast/2022/audio/en-ukraine-les-echanges-d-artillerie-ont-repris-dans-le-donbass-avec-les-forces-separatistes-25802203.html

576. https://www.osce.org/files/2022-02-19 Ежедневный отчет.pdf

577.”Украина заявляет, что не отдавала приказа о нападении на Донбасс”, *rt.com*, 18 февраля 2022 г.

578.”Администрация Президента объявляет график работы Зеленского на Мюнхенской конференции по безопасности”, *ukrinform.ua*, 19 февраля 2022 г.

579.Кайли Этвуд, Фил Маттингли и Мэтью Чанс, “Администрация Байдена призвала Зеленского не покидать Украину и посетить Мюнхен”, *CNN*, 19 февраля 2022 г.

военизированных формирований в составе спецслужб Наземного отдела ЦРУ для ведения тайной войны и проведения терактов[580].

18 февраля украинский националистический сайт «Информационное сопротивление» предупредил о фальшивой баннерной акции против складов аммиака компании «Стирол» в Горловке[581]. В тот же день агентство ТАСС сообщило, что Народная милиция Донецкой народной республики (ДНР) перехватила двух *«польскоязычных»* коммандос, оснащенных *«иностранным оружием»,* которые готовились совершить нападения на склад хлора водоочистной станции и склад аммиака компании «Стирол» в Горловке[582]. Российские спикеры немедленно приписали эту операцию Украине, но она могла быть проведена третьим субъектом.

Столкнувшись с заявлениями Запада о неизбежном нападении, Алексей Резников, министр обороны Украины, заявил в Раде[583]:

> *Украина считает, что вероятность серьезной эскалации конфликта с Россией невелика.*

5.10.4.Провал разведки

Украинский кризис 2021-2022 годов иллюстрирует глубокую слабость наших спецслужб. Как и в 2003 году, европейские службы - за вероятным исключением немецких служб - не смогли парировать американские обвинения. На протяжении всего украинского кризиса информация перегонялась политическими органами, в то время как органы разведки, похоже, отсутствовали.

580.Зак Дорфман, "Обученные ЦРУ украинские военизированные формирования могут занять центральное место в случае вторжения России", *Yahoo News*, 13 января 2022 г.

581."Окупанты минируют места хранения аммиака на заводе "Стирол": данные группы ИС", Информационное сопротивление, 18 февраля 2022 года (https://sprotyv.info/news/ okkupanty-minirujut-mesta-hraneniya-ammiaka-na-zavode-stirol-dannye-gruppy-is)

582. https://tass.ru/mezhdunarodnaya-panorama/13755607/amp

583."Украина оценивает вероятность серьезной эскалации с Россией как низкую", *Reuters/USNews*, 18 февраля 2022 г.

Некоторые западные спецслужбы - в частности, в Германии - начинают понимать, что Россия никогда не собиралась нападать на Украину. Передвижения войск после учений ZAPAD-2021, подготовка к UNION COURAGE 2022 и продолжающаяся реструктуризация российской армии использовались с конца октября 2021 года для создания нарратива, призванного оказать давление на Россию. Опровержения России и Украины не нашли отклика в наших СМИ, что нагнетает напряжение в пользу расширения санкций против России.

То же самое касается угрозы российского наступления в Украине в 2021-2022 годах. В то время как и русские, и украинцы с октября 2021 года отрицают, что Россия намерена вторгнуться в Украину, западные СМИ только пропагандируют идею «неминуемого» конфликта. В результате украинские парламентарии считают западные СМИ большей угрозой, чем сама Россия[584].

18 февраля 2022 года президент Байден заявил, что Владимир Путин принял решение о вторжении в Украину[585]:

> *На данный момент я убежден, что он принял решение. У нас есть основания так считать.*

Он ссылается на спецслужбы, но не приводит никаких доказательств в поддержку своего утверждения. Он лжет. Как отмечает *Washington Post*:

> *Некоторые европейские союзники ставят под сомнение уверенность США в том, что Кремль начнет военные действия, заявляя, что они не видели прямых доказательств того, что Путин движется в этом направлении.*

---

584. https://mtracey.substack.com/p/crazy-us-media-coverage-is-a-bigger?
585.”Президент Байден: “На данный момент я убежден, что он принял решение”, *C-SPAN/YouTube*, 18 февраля 2022 г.

Один из европейских чиновников заявил газете Washington Post в Мюнхене, что «у нас нет четких доказательств того, что Путин принял решение, и мы не видели ничего, что свидетельствовало бы об обратном». Другой сказал, что хотя ситуация серьезная, «на данный момент у нас нет четких данных» о том, что Путин решил вторгнуться в страну.

Чиновники заявили, что они получили мало информации об источниках и методах, использованных США для своих выводов, что ограничивает их способность принимать независимые решения о том, какой вес следует придать заявлениям Байдена о том, что Путин принял решение атаковать[586].

Ни решение Владимира Путина удовлетворить просьбу Госдумы о признании независимости автономных республик Донбасса (21 февраля), ни решение о переходе в наступление (24 февраля) не были ожидаемы западными странами и их спецслужбами. Путина подтолкнуло развитие ситуации. Поэтому Бруно Каль, президент БНД, могущественной немецкой разведывательной службы, был удивлен решением Владимира Путина напасть на Украину и был вынужден спешно покинуть Киев с помощью своих спецслужб[587].

Это показывает, что наша оценка ситуации на правительственном уровне все еще основана на интеллектуальных конструкциях, а не на фактах. В украинском кризисе рост напряженности явно является результатом формы «самовозгорания» наших лидеров, которые построили нарратив, делающий невозможным прибегнуть к дипломатии, отвечающей определению заговора (см. главу 1).

586.Суад Мехеннет, Карун Демирджян, Эллен Накашима, Джон Хадсон и Шейн Харрис, "Зеленский упрекает Запад в бездействии, поскольку из-за обстрелов война между Россией и Украиной кажется все более неизбежной", *The Washington Post,* 19 февраля 2022 г.
587."Спецназ эвакуировал шефа немецкого шпионажа из Украины", *журнал Focus/Reuters,* 25 февраля 2022 г.

В 2002-2003 годах иракская угроза была искусственно создана Управлением специальных планов (УСП) Дональда Рамсфельда и «кабалой Вулфовица». Они пришли на смену ЦРУ, чьи анализы не подтверждали идею угрозы в Ираке. В 2021-2022 годах Энтони Блинкен сделал точно то же самое со своей *«Командой тигров»*, создав мираж, которым руководствовалась западная дипломатия. В результате никто не отреагировал на обстрелы населения Донбасса украинской армией, а Минские соглашения вообще не защищались теми, кто обязался их выполнять, в первую очередь Францией (как подписавшей их и как член Совета Безопасности).

Неудивительно, что документы, подготовленные западными службами в поддержку обвинений в адрес России, практически отсутствуют. Все основано на голословных утверждениях, твитах и коммерческих изображениях, интерпретированных дилетантами. Например, директор ЦРУ Уильям Бернс «не верит в то, что Байден говорит об Украине». Конечно, это заявление относится не к заявлениям конца февраля 2022 года, а к тому нарративу, который несет Байден и его администрация по общей ситуации в Украине. Очевидно, что Бернс приближается к содержанию этой книги.

Это еще раз свидетельствует об ослаблении нашего правового государства, которое должно принимать решения на основе конкретных, реальных и проверенных доказательств. У наших правительств есть разведывательные службы, которые должны информировать их о своих решениях. Проблема заключается в том, что спецслужбы всего Запада утратили свои аналитические навыки и перешли к активным действиям.

5.10.5. Провал дипломатии

20 февраля 2022 года ситуация на линии соприкосновения в Донбассе обострилась, и президент России поднял вопрос о возможности удовлетворения просьбы Госдумы о признании независимости республик Донбасса, от которой он до этого отказался.

Он пытается за несколько часов добиться того, что ему не удалось сделать за пять лет.

Увы, дипломатический балет начала февраля 2022 года с европейцами показывает, что ничего не было воспринято всерьез, и что Запад воспользовался кризисом для заключения выгодных контрактов с Украиной.

- 1ᵉʳ февраля 2022 года в Киев приезжает премьер-министр Борис Джонсон. 27 января Рада только что одобрила выделение Великобританией кредита в размере 1,7 миллиарда фунтов стерлингов на закупку военно-морского оборудования. Джонсон приезжает, чтобы одобрить сделку.
- 3 февраля 2022 года президент Турции Эрдоган посещает Киев, чтобы заверить Зеленского в своей поддержке. Он подписывает контракт на производство в Украине своих беспилотников Bayraktar.
- 8 февраля, по случаю визита Эммануэля Макрона, были завершены контракты на приобретение 130 локомотивов и пожарных машин на общую сумму 1,2 млрд евро.

Хотя СМИ почти не сообщали об этом, это показывает, что европейцы сосредоточились на своих внутренних политических проблемах вместо того, чтобы использовать свой авторитет для продвижения дипломатии.

Что касается визита в Москву 10 февраля Лиз Трусс, министра иностранных дел Великобритании, то он был скорее упражнением в позировании, чем дипломатической инициативой. Будучи своего рода Натали Луазо, говорящей по-английски, британский министр выставила себя на посмешище, не привнеся в дискуссию никаких элементов и оспаривая - по незнанию - суверенитет России над городами Воронеж и Ростов[588].

588.”Высший дипломат Великобритании “высмеян” из-за промахов в поездке в Россию”, *The Moscow Times*, 11 февраля 2022 г.

5. Российская угроза и украинский кризис

7 февраля во время своего визита в Москву Эммануэль Макрон подтвердил Владимиру Путину свою приверженность Минским соглашениям[589], которую он повторил после встречи с Владимиром Зеленским на следующий день[590].

Однако 11 февраля в Берлине встреча политических советников лидеров «нормандского формата» закончилась через 9 часов без какого-либо конкретного результата. Украинцы по-прежнему отказываются выполнять Минские соглашения[591], очевидно, под давлением Соединенных Штатов. Последние не являются частью «Нормандского формата». Они также не подписали Минские соглашения, но, будучи членами Совета Безопасности ООН, одобрили их.

Владимир Путин отмечает, что даже под давлением событий у Макрона нет ни желания, ни возможности выполнять взятые на себя обязательства. Запад не намерен выполнять дипломатическое решение, которое он подписал и/или одобрил в Совете Безопасности: Минские соглашения.

Помимо анекдота, эти эпизоды стали последней каплей. Они стали кульминацией семи лет дипломатического бездействия Запада. Прикрываясь утверждениями о том, что Россия не соблюдает эти соглашения, Запад вообще не вмешивался в их реализацию, возможно, даже не читая текст (см. Приложение 3)[592]. Систематически ссылаясь на *сепаратистов*, Запад показал, что он не ценит Соглашения, в которых говорится, что республики Донбасса ищут внутреннее решение в рамках Украины, и что поэтому существует дипломатическое решение.

589.”Пресс-конференция президента Эммануэля Макрона и президента Владимира Путина”, *Élysée/YouTube*, 7 февраля 2022 г.

590.”Пресс-конференция президента Эммануэля Макрона и президента Владимира Зеленского”, *Елисейские Поля/YouTube*, 8 февраля 2022 г.

591.Ахмет Генчюрк, “Переговоры Нормандского формата в Берлине закончились без ощутимых результатов”, www.aa.com.tr, 11 февраля 2022 г.

592.Заявление президента фон дер Ляйен на совместной пресс-конференции с президентом Мишелем и президентом Зеленским по итогам саммита ЕС-Украина, *Европейская комиссия*, 12 октября 2021 года

Тем временем жители Донбасса продолжают страдать от регулярных ударов, которые никто не осуждает и не пытается предотвратить.

Вполне вероятно, что целью США было подтолкнуть Германию к применению санкций против газопровода «Северный поток-2». Таким образом, украинское правительство оказалось под перекрестным огнем. С одной стороны, она хотела остановить проект *«Северный поток-2», чтобы* через ее территорию шло больше газа; с другой стороны, риск ухудшения ситуации в сфере безопасности мог иметь экономические последствия для страны. Первые открывали экономические возможности, вторые закрывали их. Логично, что поведение Украины выглядело нерешительным и порой противоречивым.

После признания независимости республик Донбасса французские комментаторы придут к выводу, что Макрона «обваляли в муке»[593]. Однако отчет о его телефонном разговоре с Владимиром Путиным лишен малейшего упоминания о выполнении Минских соглашений: кроме фейерверка разрозненных идей, Макрон не предлагает никакого конкретного решения, потому что он явно до сих пор не разобрался в проблеме[594].

Минские соглашения полностью отсутствовали в обсуждениях во время кризиса 2021-2022 годов. На самом деле, они были мертвы задолго до российского наступления 24 февраля 2022 года. Равнодушие, с которым ежедневно наносились удары по мирному населению Донбасса, сделало все остальное. Экспертам было все равно.

593."L'instant PoL du 22 février : Emmanuel Macron "roulé dans la farine" par Vladimir Poutine ?", *tf1info.fr*, 22 февраля 2022 г.
594."Телефонное интервью с Владимиром Путиным, президентом Российской Федерации", *elysee.fr*, 20 февраля 2022 г.

5.11. Почему Владимир Путин признал независимость республик Донбасса?

В мае 2014 года две повстанческие республики Донецк и Луганск стали автономными после референдумов о самоопределении (не независимости!). Несмотря на их требования, Владимир Путин всегда отказывался интегрировать их в состав России.

В феврале 2022 года ситуация меняется. Украинская армия массирует войска вдоль линии соприкосновения, а нарушения режима прекращения огня учащаются. Запад повторяет угрозу неизбежных российских атак на границы Украины, но игнорирует подкрепления украинских войск и бронетехники вдоль линии соприкосновения. С другой стороны, украинцы знают, что у России нет намерения нападать на Украину, поэтому они не укрепляют свою границу. Вместо этого они хотят ввести санкции против «Северного потока - 2». Поэтому они усиливают давление на автономистов, надеясь, что Россия вмешается и поможет им. Намеревались ли они вторгнуться на эти территории, точно не известно, но они явно пытались спровоцировать Россию.

Затем ситуация опасно ухудшилась, настолько, что 15 февраля 2022 года российский парламент принял постановление, в котором обратился к президенту России. [595]

> *рассмотреть вопрос о признании Российской Федерацией Донецкой Народной Республики и Луганской Народной Республики в качестве автономных, суверенных и независимых государств.*

Наши «эксперты» путано объясняют, что это маневр Владимира Путина для получения дополнительных возможностей. Но ему не нужна такая резолюция. Во время пресс-конференции с Олафом

---

595. https://sozd.duma.gov.ru/bill/58243-8

Шольцем Путин дал понять, что вопрос о независимости двух республик не стоит на повестке дня. Приоритетом российской политики является выполнение Минских соглашений, как отмечает оппозиционный сайт *Meduza*[596].

Позиция Владимира Путина остается неизменной и фиксированной на выполнении Минских соглашений, которые направлены только на автономию в составе Украины, а не на независимость.

Но 16 февраля 2022 года, которое американцы объявили первым днем российского вторжения, украинская армия усилила шквальный огонь по населению автономных республик, которое начало эвакуироваться в Россию, к безразличию Запада. Ни одно западное правительство или СМИ не упоминает об этих событиях и не умоляет Украину пощадить мирных жителей. Это происходит на фоне полного отсутствия прогресса в реализации Минских соглашений за последние восемь лет, что вызвало усталость в России.

Наше молчание скрывает одобрение Запада. Именно все эти факторы побудили Владимира Путина объявить, что он последует рекомендации Думы.

Если говорить более конкретно, то элементы, которые побудили Владимира Путина изменить свое мнение о Минских соглашениях и положительно отреагировать на запрос Думы, были следующие.

- Значительная интенсификация обстрелов населения Донбасса со стороны украинской армии, наблюдаемая ОБСЕ и отмеченная в ее ежедневных отчетах.
- Украина никогда не собиралась выполнять Минские соглашения 2015 года, которые требуют внесения изменений в ее конституцию и диалога с представителями республик, который так и не был начат.

596.""Мы должны всделать для решения проблем Донбасса". Путин - о предложении Госдумы признать независимость ДНР и ЛНР", *meduza.io*, 15 февраля 2022 г.

5. Российская угроза и украинский кризис

- Две страны-гаранта Минских соглашений для Украины, Германия и Франция, не выполнили поставленную перед ними задачу и никогда не работали с Украиной над выполнением ее обязательств, определенных в 2015 году.

- Американцы никогда не подталкивали украинцев к выполнению Минских соглашений. Напротив, они систематически подливают масла в огонь, и, скорее всего, именно подпольные подразделения ЦРУ, внедренные в Донбасс, осуществили террористические атаки в феврале 2022 года.

- Что бы ни делала Россия, она будет подвергнута санкциям, потому что такова цель США. Она подготовилась к этому и может положиться на Китай в плане экономических возможностей.

- Российское общественное мнение не согласится с тем, что русскоязычное население Донбасса втянуто в конфликт с Украиной без вмешательства России.

- Россия не хочет нападать на Украину, но должна быть готова помочь населению Донбасса, тем более что проукраинские силы (читай: наемники) начинают совершать террористические атаки на территории обеих республик.

С российской точки зрения, участившиеся обстрелы вдоль линии соприкосновения указывали на то, что Украина готовится начать наступление, которое в любом случае вынудило бы Россию вмешаться. За активизацией боевых действий наблюдает ОБСЕ, но ни одно западное правительство не вмешивается для восстановления спокойствия.

Владимир Путин опасается, что на Донбассе происходит геноцид. Можно спорить о выборе слов, но факт остается фактом: Запад закрыл глаза на расправу над гражданами, которые ранее считались украинцами. Это снова очень двусмысленное отношение со стороны Запада, который знал о рисках для населения Донбасса и который явно и расчетливо использовал их, чтобы побудить Россию к вмешательству.

Вероятно, Владимир Путин считает, что признание двух республик может помочь успокоить ситуацию. Именно поэтому он признает их «в пределах, определенных их конституциями». Поскольку эти границы относятся к Луганской и Донецкой областям, западные комментаторы расценили это как намерение Владимира Путина завоевать их, в то время как основная идея заключается в том, чтобы заставить Украину вести переговоры с республиками.

21 февраля 2022 года, после признания двух республик, Владимир Путин подписал с ними Договоры о дружбе, сотрудничестве и взаимной помощи, ратифицированные Думой на следующий день. С этого момента у России появилась формальная легитимность для оказания военной помощи населению Донбасса. Именно это и происходит 23 числа: две республики обращаются к России с официальным запросом о помощи в связи с ухудшением ситуации.

Европейцы подорвали Минские соглашения. Россия, которая была единственным актором, поддерживающим их реализацию, решила отказаться от них, не жертвуя русскоязычным населением Донбасса. Затем европейцы оплакивали смерть соглашений, реализации которых они препятствовали в течение восьми лет. Они рассматривают это признание как акт войны и подливают масла в огонь. Так, в программе «C dans l›air» от 22 февраля 2022 года на канале *France 5* Паскаль Бонифас заявил, что Владимир Путин «аннексировал» две республики[597]. Это очевидная ложь, так как никогда не возникало никаких вопросов по этому поводу.

597.Программа "C dans l'air" от 22 февраля 2022 года (07'00")

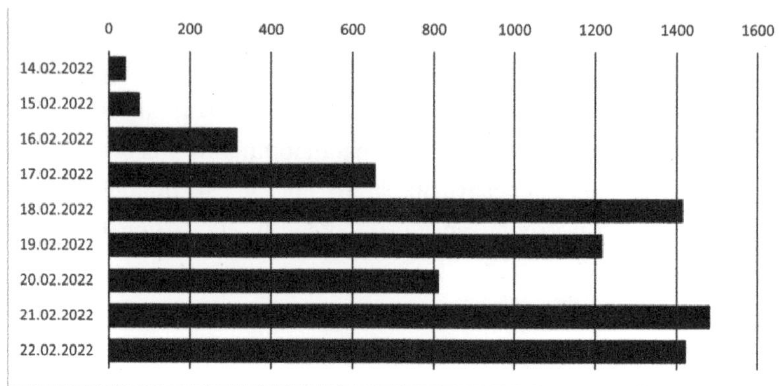

Рисунок 13 - Взрывы, зафиксированные ММС ОБСЕ. Общее количество взрывов дает представление об интенсификации боевых действий с середины февраля 2022 года. Молчание международного сообщества по поводу этой ситуации, безусловно, способствовало решению России признать независимость двух мятежных республик. [Источники: ежедневные отчеты ММС - https://www.osce.org/special-monitoring-mission-to-ukraine].

Несмотря на неизбежный риск санкций против России и их экономические последствия, это провал Запада, и европейцев в частности.

- Если бы они подтолкнули Украину к выполнению Минских соглашений, Украина сохранила бы свою территориальную целостность.

- Нестабильность границы на Донбассе сохраняется и делает интеграцию Украины в НАТО еще более неопределенной.

- Провозгласив право на самоопределение Украины против России, Запад теперь сталкивается с правом на самоопределение русскоязычных республик против Украины.

- Запад столкнулся с ситуацией, подобной той, которую он создал, признав Косово.

— Россия показала своим союзникам, что она не бросает их, когда им угрожает опасность.

Симптоматично видеть, что на канале *France 5* 27 февраля 2022 года в программе «*C Politique*» элементами решения, приписываемого Владимиру Путину, являются штурм Капитолия в январе 2021 года и вывод войск из Афганистана в августе 2021 года. Журналист ни разу не упоминает о ситуации на Донбассе и более общих вопросах безопасности.

Это иллюстрирует неспособность западных людей заранее понять природу проблемы и то интеллектуальное заточение, в котором мы находимся уже тридцать лет.

Более того, Запад так много говорил о «*сепаратистах*» вместо «*автономистов*» и о российском военном присутствии в двух республиках, что ситуация 23 февраля не может быть отражена в западной лексике. Помимо иронии, это показывает, что, переоценив ситуацию, Запад лишил себя политического и интеллектуального пространства для маневра в возможном диалоге.

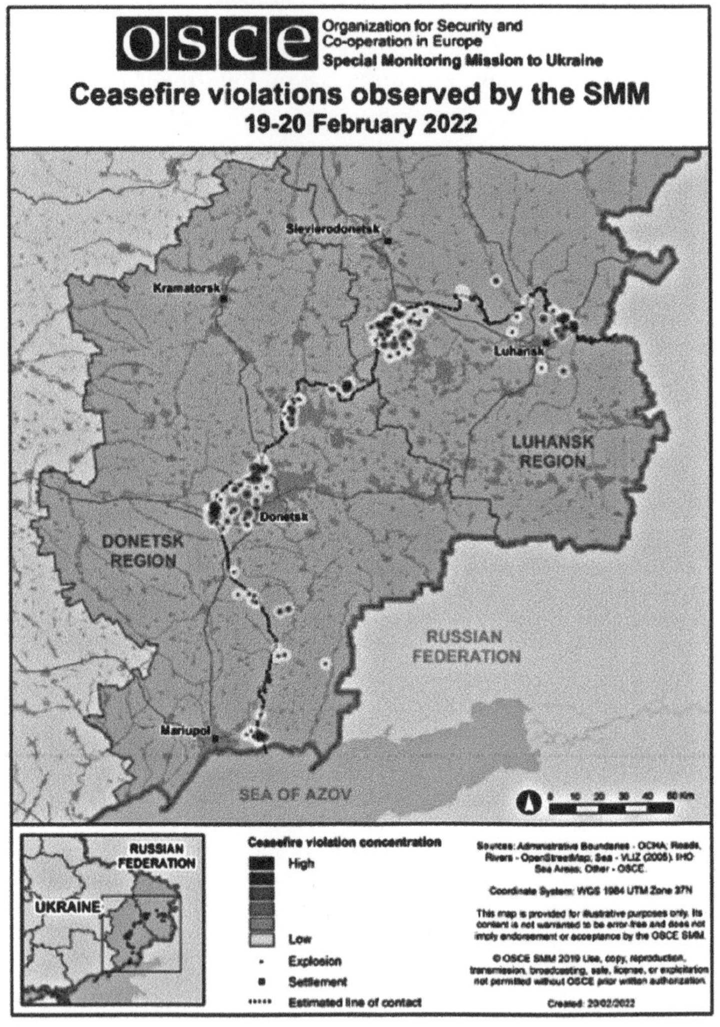

Рисунок 14 - Вопреки мнению западных СМИ, наблюдения ОБСЕ за 19-20 февраля 2022 года показывают, что основная часть стрельбы ведется в населенных пунктах автономных республик.

История покажет нам, было ли российское наступление, которое американцы объявили на 16 февраля 2022 года, скоординировано ими, *посредством* усиления артиллерийского огня по населению Донбасса, с целью спровоцировать российскую интервенцию. Есть все основания полагать, что США хотели нападения России, чтобы вызвать показательные санкции против нее. Вполне вероятно, что Владимир Путин также видел этот риск. Везде, где он не мог ограничиться мелкомасштабной акцией на Донбассе.

Но опять же, вместо того, чтобы попытаться догнать Минские соглашения и попытаться оживить дипломатию, Запад приступает к резкому усилению санкций. Американцы объявили, что хотят отсоединить Россию от западной финансовой системы. Проблема в том, что чем больше мы изолируем Россию, чем больше мы применяем к ней санкции, тем меньше ее проблемы связаны с нами. Очевидно, что, сильно наказывая его, независимо от ситуации, мы даем ему почувствовать, что ему больше нечего терять.

Это не тот результат, которого хотел Владимир Путин, хотя такой сценарий ожидался с конца января 2022 года. К этому решению его вынудила политика Запада. Однако нет уверенности, что Запад от этого выиграет, потому что сразу после российского решения европейцы проснулись и потребовали политического решения. Но это было там: Минские соглашения.

По состоянию на 21 февраля 2022 года Владимир Путин, вероятно, пока не намерен начинать наступление на Украину. Однако у него есть запасной план на случай возможного вмешательства.

В то время как государственные каналы *France 5* и *La Première* показывают изображения некоторых российских противников интервенции в Украине, они затушевывают шествия демонстрантов на автомобилях перед американским посольством в Москве, размахивающих российскими флагами[598].

---

598. https://twitter.com/colonelhomsi/status/1496900865365622792

5. Российская угроза и украинский кризис

Кто, по вашему мнению, стоит за обострением ситуации на востоке Украины?

	ноябрь 2021 года	февраль 2022 года
Соединенные Штаты, страна НАТО	50 %	60 %
Украина	16 %	14 %
Непризнанные республики ДНР и ЛНР	3 %	2 %
Россия	4 %	3 %
Никого конкретного	11 %	9 %
Другое	2 %	1 %
Затрудняюсь ответить	15 %	10 %

Рисунок 15 - Опрос, проведенный в России и опубликованный 24 февраля 2022 года [Источник: https ://www.levada.ru/2022/02/24/ukraina-i-donbass-2/].

Что касается санкций, то они были ожидаемы Россией. Решение Германии приостановить сертификацию газопровода «Северный поток 2» было политически неизбежным. Это было целью Соединенных Штатов с самого начала кризиса. Создание российской угрозы было точно таким же, как то, что американцы планировали в 2003 году в отношении Ирака, и реакция европейцев была идентичной, за исключением бунта Жака Ширака. Здесь Европа не проявила абсолютно никакой солидарности с Германией, которая была настоящей мишенью всего этого дела, и именно Германия заплатит самую высокую цену. Ведь «Северный поток-2» был построен по ее инициативе вопреки скептическому отношению России.

Поставленный в ситуацию, когда, какие бы действия он ни предпринял, он будет подвергнут санкциям, Владимир Путин решил прийти на помощь населению Донбасса, обстрелы которого со стороны Украины никогда не вызывали сострадания у европейцев.

Для России это свидетельствует о том, что Европа не является надежным партнером. Он обратится к Китаю: там строятся два гигантских *трубопровода*, один из которых близок к завершению.

Что касается газопроводов, проходящих транзитом через Украину, которые являются старыми и уже не отвечают экологическим стандартам, то они, вероятно, скоро будут выведены из эксплуатации.

5.12. Почему и как Владимир Путин решил напасть на Украину?

Владимир Путин, вероятно, не собирался нападать на Украину в конце 2021 - начале 2022 года, как говорили сами украинцы. Если бы в феврале 2022 года Запад отреагировал на обстрел мирных жителей Донбасса, это, по крайней мере, устранило бы один элемент из решения Владимира Путина о вмешательстве.

Но Запад этого не сделал. По замыслу, потому что украинские подкрепления в Донбассе были известны, и было известно, что Зеленский хочет начать операцию, вероятно, чтобы заставить Россию вмешаться с помощью самопровозглашенных республик.

23 февраля республики Донбасса обратились к России с просьбой о военной помощи, поскольку ожидают крупного наступления украинских войск[599].

Для Владимира Путина ситуация выглядит следующим образом. Не имея возможности отказаться от вмешательства против артиллерийского огня и угрозы наземного наступления на гражданское население, он мог: а) ограничить свое вмешательство республиками Донбасса или б) воспользоваться возможностью более широкого наступления и таким образом навязать себе изменения, которые он предложил американцам и НАТО в декабре 2021 года.

Он знал, что варианты а) и б) вызовут одинаковую международную реакцию и санкции. Поэтому его решение было простым: начать наступление, которое выйдет за пределы Донбасса и будет

599.”Россия заявляет, что сепаратисты Донбасса просят Путина о военной поддержке”, *dw.com*, 23 февраля 2022 г.

достаточно масштабным, чтобы заставить вести переговоры о нейтрализации Украины. Привыкший к санкциям за все и вся, Владимир Путин закалил свою экономику и сделал ее в значительной степени устойчивой.

Благодаря признанию независимости двух республик Донбасса 21 февраля и подписанным в тот же день договорам о дружбе и помощи, Владимир Путин может сослаться на статью 51 Устава ООН, чтобы ответить на наступление на народ Донбасса.

С этого момента Владимир Путин становится хозяином игры.

5.13. Пытается ли Владимир Путин захватить Украину или уничтожить ее?

Нет. Как сказал Владимир Путин в своей речи 24 февраля 2022 года, у России две цели: «демилитаризация» Украины и ее «денацификация».

Цель демилитаризации - предотвратить установку западных и американских систем вооружения на территории Украины. Одним словом, Владимир Путин пытается превратить Украину в нейтральную территорию. Немного похоже на то, как Великие державы поступили со Швейцарией в Вене: навязанный нейтра-литет с обязательством его защищать (именно поэтому Швейцария содержит сильную армию).

Денацификация направлена не против Владимира Зеленского или его правительства, как утверждает Патрик Коэн на телеканале *France 5*, а против ультраправых и ультранационалистических ополчений, которые действовали против русскоязычного населения, особенно в Донбассе и Мариуполе[600]. Обучаемые, финансируемые

600.”Доклад о ситуации с правами человека в Украине - с 16 ноября 2015 года по 15 февраля 2016 года”, *Управление Верховного комиссара ООН по правам человека*, 3 марта 2016 года

и вооружаемые с 2014 года[601] США, Великобританией, Францией и Канадой, эти фанатичные ополченцы приняли на себя основную тяжесть боев в городах Харьков и Мариуполь в начале марта 2022 года.

Именно преступления этих ополченцев Владимир Путин назвал «геноцидом». Этот термин кажется нам чрезмерным, поскольку он обычно ассоциируется с крупными случаями, такими как еврейский Холокост. Однако определение, данное *Конвенцией о геноциде*[602], является менее ограничительным:

> *Статья 2. В настоящей Конвенции геноцид означает любое из следующих действий, совершенных с намерением уничтожить, полностью или частично, национальную, этническую, расовую или религиозную группу как таковую*
>
> *a) Убийство членов группы;*
>
> *(b) серьезный вред физической или психической неприкосновенности членов группы;*
>
> *(c) намеренное подчинение группы условиям жизни, рассчитанным на ее полное или частичное физическое уничтожение;*
>
> *(d) меры по предотвращению рождений внутри группы ;*
>
> *д) Принудительный перевод детей из группы в другую группу.*

Российское продвижение в Украине осуществлялось по принципу текучей воды: быстро продвигаться там, где сопротивление

---

601. Тим Хьюм, "Крайне правые экстремисты использовали войну в Украине как тренировочную площадку". Они возвращаются домой", *VICE News*, 31 июля 2019 года.
602. https://www.ohchr.org/FR/ProfessionalInterest/Pages/CrimeOfGenocide.aspx

слабое, а точки сопротивления приберечь на потом. В результате города не были атакованы, что было интерпретировано на Западе как результат народного сопротивления. Этот тип операций уходит корнями в крупные советские операции конца Второй мировой войны и не очень хорошо известен военным «экспертам».

Хотя все наши эксперты считают, что Россия стремится оккупировать всю Украину, тот факт, что она не выглядит вынужденной сделать это, интерпретируется как признак того, что Россия не достигает своих целей и компенсирует это обстрелами городов. Похоже, что Россия не пытается захватить всю Украину, а хочет уничтожить силы, которые были сколочены для нападения, и ультраправых ополченцев в городах Харьков и Мариуполь. Обзор продвижения российских войск показывает очень быстрый темп, при этом развертывание сил и сопутствующий ущерб значительно ниже, чем, например, при наступлении США в Ираке.

Приведение в боевую готовность российских сил ядерного сдерживания 27 февраля 2022 года было представлено нашими СМИ как безумный поступок Владимира Путина. На самом деле все гораздо сложнее. Это реакция на слова Жан-Ива Ле Дриана, министра иностранных дел Франции, который угрожает ответить России ядерным оружием[603]. И снова наши СМИ старательно избегают этой связи, чтобы продвинуть идею о том, что Путин иррационален.

Мы знаем, что дезинформацией на войне занимаются все воюющие стороны. Это не мешает нашим СМИ освещать события исключительно из украинских источников. Это случай «расправы» над тринадцатью пограничниками на острове Змеиный 25 февраля, о котором сообщает *РТС604*. Резни никогда не было. Более 50 пограничников были благополучно доставлены обратно российским

---

603. Энтони Одюро, "Украина: Ле Дриан напоминает Путину, что "Атлантический альянс - это также ядерный альянс", *AFP/BFMTV*, 24 февраля 2022 г.
604.　　https://www.rts.ch/info/monde/12895433-larmee-russe-poursuit-son-offensive-en-direction-de-kiev.html

военно-морским флотом[605]. Это заставило Украину опубликовать исправление в Facebook, которое *РТС*, очевидно, не передала[606].

Аналогичным образом, карта операций, представленная 28 февраля тем же *РТС*, показывает удары по всей Украине, не уточняя места и не показывая удары по республикам Донбасса[607]. Однако на следующий день агентство Reuters сообщило, что ООН насчитала 136 погибших россиян и 253 погибших украинцев в Луганской и Донецкой республиках[608].

Очевидно, что СМИ не информируют в соответствии с принципами Мюнхенской хартии.

5.14. Укрепил ли Владимир Путин НАТО?

В 2019 году Эммануэль Макрон шокировал западное мнение, заявив, что у НАТО умер мозг. Он говорил то, что говорили многие, многие военные, с которыми я встречался в НАТО: Альянс больше не актуален, по крайней мере, в его нынешней форме.

Украинский кризис 2021-2022 годов, усиливая сильный дискурс атлантической сплоченности и единодушное осуждение российской агрессивности, кажется, иллюстрирует форму обновления Альянса. Стала ли она в результате этого сильнее?

В январе 2022 года на телеканале *France 5* Паскаль Бонифас заявил, что Путин считает, что его переворот был неудачным и что он «*думал, что время не на его стороне*», потому что «*его политика*

---

605. https://t.me/intelslava/20649

606.Мэтью Холройд, "Война в Украине: Пограничники острова Змеиный живы и здоровы, заявляет украинский флот", *euronews*, 28 февраля 2022 года

607.   https://www.rts.ch/info/monde/12895433-larmee-russe-poursuit-son-offensive-en-direction-de-kiev.html

608."ООН сообщает о по меньшей мере 536 жертвах среди гражданского населения в Украине", *Рейтер*, 1er марта 2022 г.

переворота имела эффект цементирования НАТО, которая была разделена» [609]. Слишком просто.

Таким образом, у Владимира Путина явно не было намерения напасть или вторгнуться в Украину, как говорили украинцы (которых, естественно, не слушали). В начале 2022 года внутри Альянса (и Европейского Союза) сформировались три лагеря: «идеологи» (в основном США, страны Балтии и Польша), которые выступали за «русофобию», оторванную от фактов; «реалисты» (такие как Германия, Венгрия и Италия), которые судили на основе фактов; и «оппортунисты» (такие как Великобритания и Франция), которые рассматривали украинский кризис как рычаг для своей внутренней политики.

Например, в разгар украинского кризиса президент Венгрии, находясь с визитом в Москве, обсуждал расширение энергетического сотрудничества[610]. Германия выступает против доставки оружия в Украину союзниками по НАТО, в частности США, Литвой[611] и Эстонией[612], вынуждая Великобританию обходить ее воздушное пространство (которое она не закрыла) для доставки своего собственного[613].

Естественно, российское наступление в Украине, кажется, снова собрало всех вместе. Это правда, но только на первый взгляд. Потому что, несмотря на видимость, НАТО обнаружило двойную слабость: поняв, что если бы Украина была частью Альянса, мы

609.Программа "C dans l'air" от 25 января ("Украина: русский или американский перегиб? #cdanslair 25.01.2022", *France 5/YouTube*, 26 января 2022 года (25'15")

610.Приянка Шанкар, "Виктор Орбан в Венгрии ищет милостей у Владимира Путина на фоне кризиса в Украине", *dw.com*, 31 января 2022 г.

611."Структура НАТО заблокировала передачу Киеву оплаченного противодроного оружия. Украина будет убеждать, что это для сдерживания РФ", *zn.ua*, 11 декабря 2021 года

612.Юлиан Рёпке и Луиза Фолькхаузен, "Deutschland blockiert Waffenlieferung an die Ukraine", *bild.de*, 21 января 2022 г.

613.Джордж Эллисон, "Британские самолеты избегают Германии при поставках оружия на Украину", *ukdefencejournal.org.uk*, 17 января 2022 г.

бы оказались в ядерном конфликте, и если бы одна из стран Балтии начала совершать поборы против своего русского меньшинства, мы могли бы оказаться в такой же ситуации.

Другими словами, яростно антироссийски настроенные страны «новой Европы» являются ее ахиллесовой пятой. Неприкрытая риторика, они, похоже, укрепляют дух, который лежал в основе НАТО в 1949 году. Если они находятся в непосредственном контакте с российской территорией, любой инцидент может обернуться ядерной катастрофой.

Об этом Владимир Путин говорил в своих выступлениях в январе и феврале 2022 года.

Несмотря на жесткую официальную риторику, американские стратеги начинают понимать, что расширение НАТО создало серьезную уязвимость. Конечно, американцы смогли использовать атлантическую солидарность, чтобы добиться вклада в свои войны на Ближнем Востоке. Но в 2022 году они осознают, что атлантическая связь может быть реализована и в другом направлении, причем с гораздо более драматическими последствиями.

6. Осуществление власти и оппозиция в России

6.1.Является ли Россия диктатурой?

Термин «диктатура» стал анафемой. По сути, это система правления, которая определяется в соответствии с определенными критериями (концентрация власти, подавление свобод и т.д.). Но если мы применим эти критерии к России, то увидим, что они не совсем подходят.

Анна Колин-Лебедев, преподаватель Париж-Нантерр, дает честный ответ на вопрос, заданный на сайте *France Culture*[614]. Даже если некоторые из ее объяснений вызывают споры, она выносит суждение, основываясь на соответствующих критериях и беспристрастном подходе к проблеме. Вместо «диктатуры» она предлагает для России термин «конкурентный авторитаризм». Наиболее близким к реальности является выражение Владимира Федоровского, который предпочитает «контролируемую демократию»[615], поскольку, как говорит Анна Колин-Лебедев, в России есть структуры и политическая система, очень похожие на те, что существуют в Западной Европе. Именно способы, которыми они действуют, имеют серьезные недостатки.

614.”Является ли Россия диктатурой?", *France Culture/YouTube*, 30 октября 2018 г.
615.Франсуа Клемансо, "Федоровский: "Poutine a tout verrouillé"", *Le Journal du Dimanche*, 17 августа 2013 г. (обновлено 19 июня 2017 г.)

Для того чтобы понять это, вероятно, необходимо объяснить, что подразумевается под «демократией». Франция считает себя примером демократии, но с точки зрения швейцарцев это всего лишь форма монархии, где идея «народовластия» весьма далека. Это отражается в частоте крупных демонстраций[616] и количестве дней забастовок[617], по которым Франция находится на вершине пьедестала.

Конечно, можно возразить - с полным основанием, - что Франция - это страна, где есть право на демонстрации и забастовки. Но это также одна из стран, где репрессии наиболее жестоки, что привело к тому, что Верховный комиссар ООН по правам человека выделил ее в отдельную группу за «жестокое и чрезмерное применение силы»[618] наряду с Суданом, Зимбабве и Гаити. Демонстрации «желтых жилетов» или против «глобальной безопасности» исчезли из государственных СМИ; трансляция изображений жестокости полиции подавляется[619]; их последствия скрываются[620]. Вместо этого в изобилии демонстрируются кадры небольших демонстраций в России или Гонконге, а также адаптируется лексика: то, что франкоязычные СМИ называют «интерпелляциями» во Франции, в России становится «арестами».

Поэтому наше представление о демократии во многом зависит от нашей культуры. Например, *Индекс восприятия демократии 2020*, который измеряет восприятие людьми управления своей страной, показал, что только 27% респондентов в России считают свою

---

616. Мохаммед Хаддад, "Составление карты основных протестов по всему миру", *aljazeera.com*, 30 марта 2021 г.

617. Мартин Армстронг, "Страны, которые чаще всего бастуют", *statista.com*, 2 дек. эмбер 2019

618. "Верховный комиссар Бачелет призывает государства принять решительные меры против неравенства", 40th сессия Совета ООН по правам человека в Женеве, *ohchr.org*, 6 марта 2019 г.

619. Мелани Веккио и Клеман Бутен, ""Глобальная безопасность": начало расследования после трансляции кадров, на которых полицейский бьет демонстранта в Париже", *BFM TV*, 30 января 2021 г.

620. Фредерик Лемэр и Жюльен Бальдассарра, "Видеонаблюдения полицейских насилий: Париж светлеет", *Акримед*, 19 января 2021 г.

страну демократической. Во Франции этот показатель составляет 52%, а в Китае - 73%[621] !

Однако, по данным Левада-центра, с декабря 1999 года популярность Владимира Путина никогда не была ниже 59%. В феврале 2022 года популярность Владимира Путина возрастает до 71%, а доверие к работе правительства увеличивается с 46% в сентябре 2021 года до 52% в феврале 2022 года[622]. Нам это может показаться непоследовательным, но это иллюстрирует, как трудно судить об обществе, сидя в кресле.

В марте 2000 года приход к власти Владимира Путина радикально изменил ситуацию. Олигархов, обогатившихся незаконным путем, выслеживали и конфисковывали их состояния[623]. Шесть из них - евреи (Борис Березовский, Владимир Гусинский, Александр Смоленский, Михаил Ходорковский, Михаил Фридман и Валерий Малкин)[624], что подогревает миф об антисемитском характере этой охоты. Большинство из них находят убежище в Израиле и особенно в Великобритании (которая не слишком тщательно следит за происхождением состояний, приходящих в ее финансовый центр), откуда они продолжают влиять на внутреннюю политику России, финансируя оппозицию[625]. Они присутствуют во всех инициативах и проектах, направленных на то, чтобы повлиять на мнение Запада в отношении России.

В России санкции, обрушившиеся на страну, особенно после 2014 года, только усилили ощущение, что Запад враждебен российскому народу. В некотором смысле они приблизили народ к своим лидерам.

621.Индекс восприятия демократии (DPI) 2020, *Dalia Research*, 2020 год

622. https://www.levada.ru/en/2022/02/18/approval-of-institutions-the-state-of-affairs-in-the-country-trust-in-politicians-2/

623.Камиль Гранж, "Путин или охота на олигарха", *Le Journal International*, 7 мая 2013 г.

624.Люк Хардинг, "Чем богаче они приходят...", *The Guardian*, 2 июля 2007 г.

625.Сабина Зибольд, Антон Зверев, Кэтрин Белтон и Эндрю Осборн, "Специальный репортаж: В немецком Шварцвальде критик Путина Навальный набрался сил и решимости", *Рейтер*, 25 февраля 2021 г.

Русская культура отличается от нашей. Стремления россиян могут быть теми же, но они более приемлемы к идее, что доступ к ним не обязательно должен быть немедленным. На протяжении веков российское общество привыкло жить тяжело и в суровых условиях. У нее свое мировоззрение и свой темп развития, и Запад склонен использовать это различие для вмешательства в дела России и давления на нее.

То, что беспокоит нас в отношении Владимира Путина, похоже, не беспокоит нас больше нигде. Так и с ЛГБТ-законодательством, которое превращает Россию в «ад[626] «, но не мешает Джо Байдену объявить Катар[627] «ключевым союзником, не входящим в НАТО[628] «.

Более того, постоянное напоминание о советском периоде поддерживает своевременную путаницу между СССР и Россией. Так, на телеканале *France 5* Жан-Доминик Джулиани напоминает о преступлениях, совершенных в советский период, и подчеркивает, что пережили страны Балтии и Польша. К сожалению, он забывает сказать, что СССР был федерацией государств. Таким образом, Прибалтикой управляли прибалты, а КГБ имел территориальную структуру, управляемую прибалтами в Прибалтике. Польша была независимым государством, не управляемым СССР. Злодеяния, совершенные там после Второй мировой войны, были совершены самими поляками. Как и во время Второй мировой войны, когда они следовали за немецкими оккупантами или даже опережали их в своих преступлениях, эти страны часто были даже более коммунистическими и репрессивными, чем сами Советы - мы помним пытки отца Ежи Попелушко. После холодной войны они последовали за Соединенными Штатами в программах ЦРУ по пыткам и похищениям людей, при этом им не

626.””Живой ад”: российский закон о “пропаганде” наносит ущерб ЛГБТ-молодежи, считает HRW”, *РСЕ/РС*, 12 декабря 2018 г.
627.Сет Дж. Францман, “Катар запрещает гомосексуализм, так как “Аль-Джазира” на английском языке отмечает месяц гордости ЛГБТ”, *The Jerusalem Post*, 4 июня 2019 г.
628.Майкл Д. Шир, “Байден считает Катар основным союзником, не входящим в НАТО”, *Нью-Йорк Таймс*, 31 января 2022 г.

пришлось жертвовать давно потерянной честью и не подвергаться санкциям со стороны Европейского Союза.

Наше восприятие России во многом зависит от предрассудков, мифов и предположений. Можно спросить, почему российское правительство идет на риск публичных убийств оппонентов, когда в диктатуре, казалось бы, проще арестовать их и заставить исчезнуть тихо или после фиктивных судебных процессов.

Люди - такие как журналистка Анна Политковская, бывший агент ФСБ Александр Литвиненко и политик Борис Немцов, - убийства которых западники приписывают российскому правительству, скорее всего, были ликвидированы организованной преступностью, связанной с определенными олигархами, эмигрировавшими на Запад, на которых напали все трое. Однако, в отсутствие официальных доказательств, это служит для разжигания нарратива против Владимира Путина и защиты организованной преступности, питающей Тель-Авивскую и Лондонскую фондовые биржи.

6.2.Оправдан ли запрет политических партий и организаций?

Опять же, о запрете политических партий и организаций в России информация представлена в усеченном виде.

В 2019 году по случаю выборов в Московскую Думу от 20 000 до 50 000 демонстрантов призвали к свободным выборам, что привлекло внимание французских СМИ. С такими заголовками, как «27 кандидатов были исключены» (*Le Figaro*) или «Власти исключают кандидатов от оппозиции» (*Le Monde*), предполагается, что утверждение кандидатов является дискреционным[629]. BBC утверждает, что кандидатов «игнорировали» и «обращались с ними так, как будто они были

629."En Russie, les autorités excluent des candidats d'opposition aux élections locales à Moscou", *Le Monde*, 16 июня 2019 г.

незначительными[630] «. Однако это проблема валидации кандидатур: как и во Франции на президентских выборах, кандидаты должны иметь определенное количество подписей для участия. В отличие от Франции, где кандидат должен иметь подписи 500 выборных должностных лиц, российский беспартийный кандидат должен собрать подписи 5 000 простых граждан, что не кажется слишком большим требованием в городе с 12-миллионным населением. Естественно, эти подписи проверяются избирательной комиссией во избежание мошенничества, и, несмотря на 10-процентный допуск, некоторые кандидаты не набрали необходимого количества. Вот что произошло с этими небольшими группами, чьи тенденции варьировались от крайне правых до крайне левых, у которых не было никакой народной базы, а некоторые из них даже не пытались собрать подписи...

То же самое произошло с Партией прогресса Алексея Навального в 2015 году: у нее просто не хватило сторонников, чтобы иметь отделения хотя бы в 85 субъектах Российской Федерации. Поэтому он был исключен из избирательных списков не по произволу, а потому что не соответствовал критериям, установленным в законе[631].

Помимо этих институциональных проблем, причина, по которой несистемная оппозиция - то есть та, которая не структурирована в партии, с достаточным народным представительством, чтобы быть избранной - отвергается, заключается в том, что она финансируется из-за рубежа. Отчасти олигархами, виновными в незаконном обогащении, которые бежали из страны в Великобританию или Израиль[632], а отчасти иностранными державами, в частности США и Великобританией.

США используют *Национальный фонд в поддержку демократии* (NED) для финансирования несистемной оппозиции в России. По

630.”Московские протесты: что стоит за митингами в России?", *BBC News*, 13 августа 2019 г.
631.”Партия главного противника Кремля запрещена", *Tribune de Genève*, 28 апреля 2015 г.
632.Сабина Зибольд, Антон Зверев, Кэтрин Белтон и Эндрю Осборн, "Специальный репортаж: В немецком Шварцвальде критик Путина Навальный набрался сил и решимости", *Рейтер*, 25 февраля 2021 г.

данным *New York Times*[633], NED был создан в начале 1980-х годов[634], чтобы облегчить нагрузку на ЦРУ. В 2021 году она поддержала не менее 109 политических мероприятий и мероприятий влияния в России на общую сумму $14 млн.[635]... Что касается Великобритании, то она участвует в этих усилиях, финансируя антироссийские СМИ в окружающих ее странах. По данным журналиста-расследователя Мэтта Кеннарда, для борьбы с Россией Великобритания в период с 2017 по 2021 год потратила бы около 96 млн евро на контр-информацию в 20 странах[636].

В ответ на ситуацию, которая нарастала с начала 2000-х годов, в 2012 году в России был принят закон, аналогичный действующему в США с 1938 года, который позволяет запретить финансируемые из-за рубежа политические организации.

В ноябре 2017 года, в ответ на решение США классифицировать российское СМИ *RT* как иностранного агента, Россия ужесточила свою политику и приняла закон, позволяющий классифицировать иностранных журналистов и СМИ как иностранных агентов[637]. В 2018 году этот закон был распространен на физических лиц и НПО, финансируемые иностранными государствами[638]. В частности, это затрагивает[639]

---

633. Дэвид К. Шиплер, "Миссионеры за демократию: помощь США для глобального плюрализма", *Нью-Йорк Таймс*, 1 июня 1986 г.

634. https://www.ned.org/about/history/

635. https://www.ned.org/region/eurasia/russia-2021/

636. Мэтт Кеннард, "Великобритания тратит более £80 млн на СМИ в 20 странах вокруг России", *Declassified UK*, 8 февраля 2022 г.

637. Натан Ходж, "Российская Дума проголосовала за то, чтобы назвать международные СМИ "иностранными агентами", *The Wall Street Journal*, 15 ноября 2017 г.; "Журналисты, блогеры будут включены в закон об иностранных агентах", *civicus.org*, 24 августа 2018 г.

638. *Правовое регулирование деятельности филиалов иностранных НКО будет усовершенствовано*, Государственная Дума Российской Федерации, 12 июля 2018 года (http://duma.gov.ru/news/27585/).

639. "Авторам СМИ-иноагентов предпишут отчитываться перед государством по закону об НКО", *thebell.io*, 3 июля 2018 г. (https://thebell.io/avtoram-smi-inoagentov-predpishut-otchityvatsya-pered-gosudarstvom-po-zakonu-o-nko)

[организации, получающие деньги или имущество от иностранных государств или граждан, а также от российских компаний и граждан, получающих иностранное финансирование.

Эти организации не запрещены автоматически. Чтобы соответствовать закону, они должны четко указывать, что финансируются из-за рубежа. Это случай с НПО «Мемориал Интернешнл», которая была распущена в 2021 году, что вызвало международный резонанс.

Созданный в конце 1980-х годов для регистрации и сохранения памяти о преступлениях коммунизма, «Мемориал» в 2010-х годах постепенно перешел к активистской деятельности в поддержку критиков правительства. В частности, занимая позицию против судебных дел против «Свидетелей Иеговы» и исламистской организации «Хизб-ут-Тахрир», запрещенных в России, она была расценена как поддержка экстремистских организаций[640].

Однако на данном этапе его влияние на внутреннюю политику, вероятно, незначительно, и он не запрещен правительством. Проблема в том, что его политический дрейф сопровождается финансированием, которое все чаще поступает из-за рубежа. Поэтому в 2012 году она попала под действие Закона об иностранных агентах, который требует от нее опубликовать источники своих доходов, чего она не сделала, несмотря на несколько напоминаний.

Ни Владимир Путин, ни российские власти не спровоцировали недавнюю бурю против «Мемориала». Его написал Арон Шнейер, американский еврейский историк. В августе 2021 года он обнаружил имена трех нацистских коллаборационистов в базе данных НПО «жертв несправедливого преследования». Затем он опубликовал несколько постов в Facebook, первый из которых был озаглавлен «Позор Мемориала», что вызвало бурю в российских социальных сетях. Это стало последней каплей: поскольку организация не

640.Маша Гессен, “Российский проект памяти, ставший врагом государства”, *The New Yorker*, 6 января 2022 г.

выполняла свои юридические обязательства, правительство воспользовалось возможностью отдать распоряжение о ее роспуске.

В какой степени российская оппозиция может свободно выражать свое мнение. Это сомнительно. С другой стороны, если мы его финансируем, он становится *ipso facto* нелегитимным и незаконным. И если бы оппозиция была такой сильной и такой живой, как говорят в России, она бы не нуждалась в нашей финансовой помощи.

Все свидетельствует о том, что мы финансируем российскую оппозицию не для того, чтобы улучшить положение россиян, а для того, чтобы оказать давление на правительство. Похоже, что вместо того, чтобы помочь ей преодолеть своих старых тоталитарных демонов, мы делаем все для того, чтобы она их сохранила. Ведь ни одно западное правительство не признает, что его оппозиция финансируется или находится под влиянием иностранных держав. Франция и Бельгия запрещают некоторые исламские организации, обвиняемые в финансировании из-за рубежа.

6.3. Коррумпирован ли Владимир Путин?

Видео Алексея Навального о так называемом «дворце Путина» систематически упоминается западными СМИ для демонстрации коррупции Владимира Путина. Здесь мы отсылаем читателя к книге «Дело Навального»[641], в которой подробно рассказывается об этом «дворце», якобы принадлежащем Путину.

На Западе коррупцию всегда называют одной из причин, по которым население отвергает Владимира Путина. Но и здесь, согласно опросам Левада-центра (который, не будем забывать,

---

641. Жак Бо, *Дело Навального*, Макс Мило, 2021 год

считается в России иностранным агентом[642]), российское население, похоже, гораздо менее категорично, чем западные недоброжелатели.

	04.2012	08.2013	05.2014	07.2015	04.2016	04.2017	01.2021
Несомненно, виновен; как это представлено в Интернете и свободных СМИ	16	10	6	7	14	11	17
Возможно, да, как и все высокопоставленные чиновники, но я не верю.	32	43	34	29	37	31	25
Даже если это правда, важнее то, что с ним жизнь в стране улучшилась.	25	18	31	31	18	23	24
Что бы ни говорили люди, я не думаю, что Путин злоупотребляет своей властью.	11	13	18	22	17	22	29
Я затрудняюсь ответить	16	17	11	12	14	13	5

Рисунок 16 - Ответы (в %) на вопрос: Считаете ли вы, что Владимир Путин виновен в злоупотреблениях властью, в которых его обвиняют оппоненты? [Источник: Левада-центр, 9 ноября 2021 г.].

В действительности мы находимся в сфере спекуляций и западных заговоров. В октябре 2021 года *Международный консорциум журналистов-расследователей* (ICIJ) опубликовал около 11,9 млн. документов («*Pandora Papers*»), которые представляют собой «*крупнейшую в истории сокровищницу данных, раскрывающих*

---

642. "Российская группа опросов "Левада-центра" названа иностранным агентом", *BBC News*, 5 сентября 2016 г.

тайну налоговых убежищ», как сообщает британская *Guardian*[643]. Составленные 600 журналистами из 148 СМИ в 117 странах, их точное происхождение неизвестно, но полное отсутствие американских личностей позволяет предположить, что (большая) часть данных поступает от спецслужб США.

На своей веб-странице *Guardian разместила* фотомонтаж с лицами основных фигурантов скандала. Лицо Владимира Путина - самое большое в монтаже, за исключением того, что в Pandora Papers он вообще не упоминается! Вместо этого они упоминают российских бизнесменов, якобы близких к президенту России[644]. Так что ничего.

С другой стороны, эти документы показывают распространение коррупции в Украине, которая является страной, наиболее «представленной» в Pandora Papers... Но никто на Западе не указывает на это, потому что проблема не в том, чтобы помочь Украине: она в том, чтобы бороться с Владимиром Путиным.

6.4.Является ли Навальный главным противником Владимира Путина?

Каролин Ру представляет Навального как «*главного оппонента Владимира Путина*». Если бы она была честной, то сказала бы, что он просто самый заметный[645], поскольку его популярность - которая ненадолго достигла 5% после кампании на Западе в социальных сетях в начале 2021 года - быстро пошла на спад. В январе 2022 года она находится на уровне 2%, как показал опрос «Левада-центра»...

643."Документы Пандоры: крупнейшая в истории утечка данных об офшорах раскрывает финансовые секреты богатых и влиятельных", *The Guardian*, 3 октября 2021 г.
644."Что документы Пандоры говорят о внутреннем круге Путина", *theweek.in*, 5 октября 2021 г.
645.Мануэль Алавер и Ксавье Кондамин, "Почему Алексей Навальный представлен как главный оппонент Владимира Путина?", *Libération/Checknews*, 18 сентября 2020 г.

«Реальные» вопросы, волнующие россиян, такие как социальная ситуация, работа с КоВиД-19 или экономическая ситуация, решаются традиционными партиями, такими как Коммунистическая партия, а не сторонниками Навального.

Таким образом, это обманчивая оппозиция, значение которой на российской политической сцене преувеличено западной пропагандой. Внесистемная» оппозиция - это очень разрозненная оппозиция, состоящая из молодых людей, которые варьируются от крайне правых до крайне левых. Она по-прежнему не способна перегруппироваться в целостное политическое образование. У этих «желтых жилетов» непонятные требования, которые основаны не на конкретном проекте, а на недопущении переизбрания Владимира Путина.

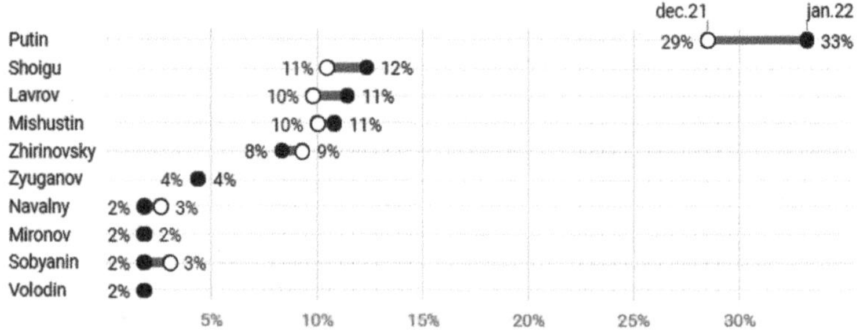

Рисунок 17 - Опрос, проведенный Левада-центром в январе 2022 года. Он показывает рост (или потерю) доверия к некоторым российским политикам в период с декабря 2021 года по январь 2022 года. Видно, что Навальный, доверие к которому в декабре 2021 года временно поднялось до 3%, в январе 2022 года снова упало до 2%. [Источник: https://www.levada.ru/cp/wp-content/uploads/2021/11/PPJM3-please-name-5-6-politicians-whom-you-trust-the-most-nbsp-1-1.png]

Можно сколько угодно повторять, что Алексей Навальный - «главный оппонент Путина» и что он находится в тюрьме «по политическим причинам», но население России знает, что это не так: в результате а) Владимир Путин кажется правым и б) Алексей Навальный оказывается «троянским конем» Запада. В результате Владимир Путин укрепляет свои позиции, а Навальный их не улучшает.

Был ли Навальный объектом покушения?

Репортаж *France 5* «Путин, мастер игры» начинается с российских «отравлений», в которых обвиняют российские власти, уделяя особое внимание делам Скрипаля и Навального. Я рассмотрел оба случая в своих книгах «*Управление через* фальшивые новости»[646] и «*Дело Навального*»[647]. Поэтому я не буду вдаваться в подробности.

Предполагаемое покушение на Алексея Навального (2020) последовало за покушением на Сергея Скрипаля в Великобритании (2018). В отсутствие уверенности появились теории, что российские спецслужбы использовали яд, «один грамм которого мог убить тысячу человек за несколько секунд»[648]. Однако «жертвы» не только не умирали, но и их симптомы, которые у каждого из них были разными, не соответствовали симптомам нейротоксинов...

Симптомы Сергея Скрипаля и его дочери Юли (и показания врача скорой помощи британской NHS [649][650]) позволяют предположить, что они, скорее всего, стали жертвами пищевого отравления[651] (например, сакситоксином), как и другие посетители того же

---

646. Жак Бо, *Управление через* фальшивые новости, Макс Мило, Париж, 2020, стр. 400
647. Жак Бо, *Дело Навального, op. cit*, Париж, 2021, стр. 220
648. Программа "C dans l'air" от 17 октября 2021 года ("Poutine, maître du jeu #cdanslair 17.10.2021", *France 5/YouTube*, 18 октября 2021) (20'26")
649. NHS = Национальная служба здравоохранения
650. Фиона Гамильтон, Джон Симпсон и Дебора Хейнс, "Россия: опасения по поводу яда в Солсбери развеял врач", *The Times*, 16 марта 2018 г.
651. Грег Хеффер, "Нападение в Солсбери: двоюродный брат Скрипаля утверждает, что пара пострадала от "пищевого отравления"", *SKY News*, 7 апреля 2018 г.

6. Осуществление власти и оппозиция в России

ресторана несколько месяцев спустя[652]. Что касается Навального, то военные лаборатории не опубликовали результаты своего анализа. В Швеции адвокат Мэтт Нильссон потребовал опубликовать результаты анализа крови Навального от Шведского агентства оборонных исследований (FOI). В FOI был опубликован только отредактированный текст, в котором говорилось, что «присутствие XXXX было подтверждено в крови пациента[653] «... Затемнение, позволяющее предположить, что было обнаружено что-то другое, а не новичок, чего ожидали западные люди. Более того, элементы его истории болезни, опубликованные врачами берлинской больницы Шарите в медицинском журнале *The Lancet*, склоняются к тому, что он, вероятно, стал жертвой неудачной комбинации лекарств[654].

Имеющиеся данные свидетельствуют о том, что в обоих случаях имело место не преднамеренное (преступное), а случайное отравление. При отсутствии официального подтверждения - минимум честности. Но это означает приостановить суждение. К сожалению, истории, которые без нюансов доносятся до нас в СМИ, являются искусственными конструкциями, которым приходится играть с фактами, чтобы казаться правдоподобными.

Например, Каролин Ру утверждает, что Россия использует «оружие, запрещенное международными конвенциями». Она указывает, что «Новичок» был добавлен в список Конвенции о запрещении химического оружия (КХО) после дела Скрипаля (это правда), и что, несмотря на это, он был использован против Навального: это ложь.

---

652. Грегори Кац, “Полиция Великобритании заявляет об отсутствии доказательств отравления нервно-паралитическим веществом после того, как 2 человека заболели в Солсбери”, *Associated Press/Global News*, 17 сентября 2018 г.

653. Стефан Линдгрен, “FOI: Det fanns XXXX i Navalnyjs blod”, *nyhetsbanken.se*, 22 сентября 2020 г.

654. Доклад врачей берлинской больницы Шарите, опубликованный в медицинском журнале The Lancet, 22 декабря 2020 года (https://www.thelancet.com/journals/lancet/article/PIIS0140-6736(20)32644-1/fulltext).

Чтобы поддержать эту ложь, Каролина Ру скрывает от нас несколько вещей. Во-первых, «Новичок» не был в списке КЗХО до 2018 года, потому что СССР (а затем Россия) так и не принял его, считая лабораторным исследованием. Во-вторых, именно по просьбе России в список КХО были добавлены несколько вариантов «Новичка», поскольку лаборатория, изучавшая его, была ликвидирована американцами, а американцы предоставили образцы нескольким странам НАТО[655]. Сами американцы синтезировали его для исследовательских целей еще в 1998 году[656]. Поэтому британская лаборатория в Портон-Дауне отказалась разрешить Терезе Мэй подтвердить, что токсичное вещество, проанализированное после дела Скрипаля, было российского происхождения[657]. Наконец, Каролина Ру избегает напоминания о том, что «следы токсинов», обнаруженные немецким правительством в крови Навального (которые не нашли берлинские врачи), не были включены в список САС[658] и что немецкое правительство отказалось внести их в список САС, утверждая, что они слишком опасны[659] !

В заключение следует отметить, что научные данные, как правило, противоречат утверждениям политиков и других пропагандистов. Дело остается загадочным, хотя в отчете немецких врачей из берлинской больницы Шарите указано, что отравление

655. Георг Масколо и Хольгер Штарк, «Geheimdienste:BND beschaffte Nervengift «Nowitschok «in den 90er Jahren», *Süddeutsche Zeitung*, 16 мая 2018 г.

656. Карел Книп, «"Неизвестный" новичок novichok был давно известен", *nrc.nl*, 21 марта 2018 г.

657. "Britisches Institut fand keine Quelle für Skripal-Gift", *AFP/Die Zeit*, 3 апреля 2018 г.

658. Резюме отчета о деятельности, осуществленной в поддержку запроса на техническую помощь со стороны Германии (визит технической помощи - TAV/01/20), записка Технического секретариата, *ОЗХО*, 6 октября 2020 года (S/1906/2020) (см. приложение 4)

659. *Antwort der Bundesregierung auf die Kleine Anfrage der Abgeordneten Dr. Anton Friesen, Armin-Paulus Hampel, Dr. Roland Hartwig, weiterer Abgeordneter und der Fraktion der AfD- Drucksache 19/25516*, Deutscher Bundestag, Drucksache 19/26684, 15 february 2021

Навального, по-видимому, стало результатом неправильного сочетания лекарств[660].

В любом случае, неясно, какова была бы цель этих операций. Скрипаля можно было устранить гораздо более незаметно, пока он находился в российской тюрьме восемь лет назад. Что касается устранения Навального, когда дело «Северного потока-2» все еще вызывало споры в Европе, то оно не имеет смысла и могло быть осуществлено - если бы российские власти действительно намеревались это сделать - в любое время...

В этот момент у тех, кто утверждает, что знает, например, у внештатного сотрудника Conspiracy Watch Антуана Хасдая, возникают вопросы. Ведь «знать» могут только те, кто способствовал покушению, или те, кто сфабриковал эту историю... выбирайте сами. Остальным приходится признать, что мы не знаем... Остаются нечестные, самые многочисленные.

Имеющиеся научные данные не позволяют нам ни утверждать, что это был «Новичок», ни утверждать, что за отравлениями стоит Россия. Таким образом, мы сводимся к интерпретации обвинений политиков, которые являются результатом сбора частичных фактов и неполной информации: определение заговора!

6.5. Находится ли популярность Владимира Путина в свободном падении?

Уже стало привычным говорить, что популярность Путина находится в свободном падении. На самом деле все обстоит совсем иначе. Цифры, которые мы здесь используем, получены от Левада-центра, который российские власти считают иностранным

---

660. https://www.thelancet.com/pdfs/journals/lancet/PIIS0140-6736(20)32644-1.pdf

агентом[661] и который в настоящее время подает иск о снятии этого обозначения[662].

Западные комментаторы опираются на его рейтинг одобрения 86,7% в 2016 году, который упал до 66% в 2018 году и остается стабильным на этом уровне с[663]. В период с января 2021 года (после дела Навального) по октябрь 2021 года (первые слухи о нападении на Украину) Путин набрал три пункта популярности, достигнув 67%[664]. В феврале 2022 года Путин даже достиг 71% популярности в разгар украинского кризиса.

За 23 года пребывания у власти рейтинг одобрения Владимира Путина (по данным Левада-центра) ни разу не опускался ниже 59%. Это цифра, которую ни один президент V[e] Республики со времен Жискар д›Эстена не удерживал дольше шести месяцев, согласно *La Tribune*[665]. Что касается Эммануэля Макрона, то его популярность с 2017 года колеблется в районе 40%[666].

Популярность Владимира Путина заметно высока и стабильна. Только недобросовестные эксперты, которые основывают свои суждения на контактах с оппозиционным меньшинством, искажают наше восприятие. В Приложении 2 читатель найдет рейтинги популярности Владимира Путина в сравнении с оценками наших «экспертов». Это сравнение позволяет нам измерить степень целостности наших СМИ. Это также объясняет, почему французы не доверяют прессе и почему в ключевых областях (таких как CoViD)

---

661. Согласно сайту Левада-Центра: "Левада-Центр был принудительно внесен в реестр некоммерческих организаций, выполняющих функции иностранного агента". (www.levada.ru)

662. https://www.levada.ru/en/about-us/

663. Мартин Армстронг, "Рейтинг одобрения Путина снижается на фоне пенсионных трений", *Statista.com*, 22 октября 2018 г.

664. "Одобрение институтов, положение дел в стране, доверие к политикам и электоральные рейтинги партий", *Левада-центр*, 24 февраля 2022 года (русская версия)

665. "Les Français mécontents du président Macron (mais pas sur tout)", *latribune.fr*, 18 апреля 2018 г.

666. Romain Giraud, " La cote de popularité d'Emmanuel Macron progresse fortement ", *rtl.fr*, 24 сентября 2021 г.

они считают себя обязанными разрабатывать параллельные, даже конспирологические теории.

Влияние украинского кризиса на популярность Владимира Путина трудно точно измерить. Наше восприятие вещей подпитывается социальными сетями, а значит, публикациями молодой публики, которая не имеет реального влияния на управление страной. И все же, даже там поддержка Владимира Путина кажется высокой.

В феврале 2022 года, после решений 21 и 24, наши СМИ показывают нам демонстрации в России. Эти демонстрации запрещены, а демонстранты арестованы. Несмотря на то, что видимость этих инцидентов невелика, и несмотря на то, что оценить оппозицию решениям Владимира Путина сложно, кажется, что она остается очень скромной по размеру и численности. Опросы, проведенные Левада-центром, показывают более нюансированную картину, чем та, которую пропагандируют наши СМИ. Что касается восприятия Украины, то в феврале 2021 года 55% россиян имели о ней положительное представление, а год спустя - только 35%[667].

6.6.Можно ли сравнить экономику России с экономикой Италии?

Эксперты» продолжают говорить нам, что Россия не является великой державой, потому что ее ВВП близок к ВВП Италии (или Испании[668]). И да, и нет.

Аргумент о том, что Россия больше не имеет статуса сверхдержавы, как утверждает Путин, показывает их недобросовестность и невежество. Они основывают свои аргументы на размере военного аппарата и ВВП, но это упрощение и введение в заблуждение.

667. https://www.levada.ru/2022/02/24/ukraina-i-donbass-2/

668.Джим Эдвардс, “Экономика России сократилась настолько, что теперь она такая же маленькая, как Испания”, *Business Insider*, 7 декабря 2014 г.

Сверхдержавой Россию делает не ВВП, а ядерный арсенал и способность его использовать, постоянное членство в Совете Безопасности ООН и политическое влияние в мире.

Однако номинальный ВВП России, выраженный в долларах[669], кажется непропорционально низким по сравнению с размерами страны и ставит ее на одиннадцатое место среди экономик мира. Поэтому возникает соблазн увидеть, как это делают наши «эксперты», бесхозяйственность, последствия коррупции или неудачный стратегический выбор. Не утверждая, что менеджмент был идеальным, эти суждения о «шаблонах» в основном необоснованны.

После распада СССР и десяти лет плохого управления ельцинской командой Россия оказалась в большом долгу, вступив в 21 век.[е] Поэтому приоритетной задачей Владимира Путина было наведение порядка в финансах страны, что он и сделал в 2017 году. Между тем, иранский кризис, а затем украинский кризис с его обвинениями Запада во вторжении показали ему, что во внешней политике Запада усиливается тенденция к отказу от дипломатии в пользу политики санкций. Владимир Путин понял последствия этого и начал ужесточать экономику страны.

Так, вместо того, чтобы инвестировать средства, полученные от продажи углеводородов, в промышленность, она вложила их в массовую покупку валютных резервов, которые должны защитить ее от возможной потери доступа к западным рынкам или спекуляций против рубля. В феврале 2022 года Россия занимала четвертое место по объему валютных резервов после Китая, Японии и Швейцарии.

Более того, Россия является одной из стран с наименьшей задолженностью в мире. В 2021 году отношение долга к валовому

---

669. Программа "C dans l'air" от 17 октября 2021 года ("Poutine, maître du jeu #cdanslair 17.10.2021", *France 5/YouTube*, 18 октября 2021 года) (1h47'03")

6. Осуществление власти и оппозиция в России

внутреннему продукту (ВВП) составит 13,79%. Это сравнимо с 99,20% для Франции и 106,7% для США[670].

Российское население жило в условиях военной экономики в период холодной войны и в культурном отношении привыкло делать много, имея мало. Запад сильно недооценивает стойкость своего народа. С 2014 года российская промышленность стала меньше полагаться на иностранный капитал. Это привело к пику инфляции в 16% и более тяжелой ситуации для населения. Однако население сохранило доверие к своему лидеру: в период с апреля 2014 года по май 2018 года уровень его популярности превышал 80%[671].

В результате, при сравнении российской экономики с экономикой западных стран честнее рассматривать паритет покупательной способности (ППС). Действительно, стоимость жизни в России значительно ниже, а сравнение по паритету покупательной способности (ППС) дает более реалистичную картину. ВВП (по ППС) примерно на 30% выше, чем во Франции, и на 65% выше, чем в Италии.

Другими словами, российская экономика не является впечатляюще сильной, но она значительно более прочная и устойчивая, чем западная. Она стала в значительной степени самодостаточной в области природных ресурсов, технологий и обороны, а ее недавнее партнерство с Китаем, которому также угрожают санкции, скорее всего, будет способствовать его укреплению.

В экономическом плане западные санкции оказали три основных эффекта: побудили Россию развивать промышленную базу для производства потребительских товаров, которой у нее не было, побудили ее развивать связи с Китаем, которых у нее не было раньше, и уменьшили ее зависимость от иностранного капитала. Стимул к

670.”Отношение долга к ВВП по странам в 2021 году, (https://worldpopulationreview.
com/countries/countries-by-national-debt)
671. https://www.levada.ru/

развитию местного потенциала во многих областях способствовал улучшению управления занятостью.

Наши «эксперты» склонны ограничивать возможности России в ответ на санкции закрытием газового крана. Это немного недальновидно. Россия является для нас источником многих стратегических материалов, таких как скандий, неон (необходимый для сжигания микропроцессоров) или титан (используемый в аэронавтике) и другого стратегического сырья[672], непоставка которого может привести к разрушению западной промышленности[673].

Кроме того, часто забывают, что Россия остается главным поставщиком ракетного топлива для Соединенных Штатов и вторым по величине поставщиком нефти. Более того, Россия - далеко не простой поставщик сырья. Доля углеводородов в ВВП страны составляет около 15%[674], в то время как доля услуг - около 63%.

Для «экспертов» «C dans l᾽air» Россия, очевидно, является адом на земле. Жан-Доминик Джулиани утверждает, что Россия - самая неравноправная страна в мире[675]. Это ложь. Экономисты измеряют степень неравенства в стране с помощью *коэффициента Джини*, который является предметом сложного расчета[676]. Согласно рейтингу Всемирного банка, самой неравной страной на планете является ЮАР с коэффициентом 63 (2014); у США - 41,4 (2018), России - 37,5 (2018), Швейцарии - 33,1 (2018) Франции - 32,4 (2018) и Бельгии - 27,2 (2018)[677].

---

672. Ник Дж. Адам, "Ответный удар: Путин разыгрывает собственную карту после того, как попал под санкции", *techilive.in*, 23 февраля 2022 г.
673. Александра Альпер и Карен Фрайфельд, "Россия может ударить по американской промышленности чипов, предупреждает Белый дом", *Рейтер*, 11 февраля 2022 г.
674. Чарльз Кеннеди, "Доля нефти и газа в ВВП России снизилась до 15% в 2020 году", *oilprice.com*, 13 июля 2021 г.
675. Программа "C dans l'air" от 25 января ("Украина: российское или американское единоборство? #cdanslair 25.01.2022", *France 5/YouTube*, 26 января 2022 года (41'09")
676. Википедия, статья "Коэффициент Джини".
677. https://data.worldbank.org/indicator/SI.POV.GINI

6. Осуществление власти и оппозиция в России

Россия, конечно, не является экономическим центром, как можно было бы предположить по ее размерам и потенциалу. Экономика страны все еще восстанавливается, но, вопреки распространенному на Западе мнению, дела идут хорошо; и это одна из причин, почему правительство - в первую очередь Владимир Путин - сохраняет положительный имидж.

7. Западная стратегия

7.1.Распался ли СССР из-за гонки вооружений и "звездных войн"?

Окончание холодной войны было скорее результатом саморазрушения социалистической системы, чем каких-либо действий Запада. Идея о том, что Запад подтолкнул Советский Союз к процессу перерасхода средств через Стратегическую оборонную инициативу (СОИ), более известную как «звездные войны», и тем самым вызвал крах режима, является причудливым мифом.

Впервые о SDI было упомянуто в марте 1983 года. В то время это была лишь амбициозная исследовательская программа, требующая масштабного перенаправления промышленных ресурсов, которую Соединенные Штаты начали, но не смогли завершить. Сегодня «эксперты» видят в этом только технологический вызов, но это был, прежде всего, политико-стратегический вызов. SDI радикально изменила логику холодной войны. От баланса, основанного на наступательном потенциале, мы перешли к балансу сил, основанному на оборонительном потенциале. Рональд Рейган даже видел в этом глобальное измерение, потому что логика работала только в том случае, если эти возможности были общими. Его европейские союзники во главе с Великобританией увидели в этом опасную и дорогостоящую утопию и всем своим весом встали на сторону американцев.

Вопреки устоявшемуся мифу, SDI не стала причиной бегства советской экономики[678]. Конечно, американцы утверждали это в то время, о чем свидетельствует эта статья из *Washington Times* за ноябрь 1986 года, сохранившаяся в архивах ЦРУ[679]. Это состояние знаний на тот момент, которое Тьерри Вольтон рассматривает в своей книге, опубликованной в 1987 году[680]. Но секретный документ ЦРУ, составленный в начале 2000-х годов и рассекреченный в 2014 году, дает совсем другую картину.

В отличие от США, СССР жил в условиях военной экономики, где потребительские товары не были приоритетом. Советское руководство осознавало, что достигло предела своих возможностей[681] и не стремилось заниматься СОИ. По данным ЦРУ, кремлевское руководство планировало увеличить количество своих ракет, а не разрабатывать новую параллельную систему. Сами американцы, должно быть, быстро поняли, что откусили больше, чем могли прожевать. Помимо обилия зачастую непрактичных идей, IDS не принесла никаких конкретных результатов и была оставлена американцами в 1993 году.

Кроме того, стоит помнить, что передача технологий не была односторонней: многие технологии, необходимые для SDI, были разработаны Советами, особенно в области материаловедения. Тридцать лет спустя американцы по-прежнему сильно зависят от высокотехнологичной металлургии и ракетных двигателей, которые

---

678. Дэвид Э. Хоффман, "Взаимно гарантированное заблуждение по SDI", *Arms Control Today*, 6 октября 2010 г.
679. "Реакция Москвы на планы США по противоракетной обороне", ЦРУ (https://www.cia.gov/readingroom/docs/CIA-RDP99-01448R000301220006-5.pdf)
680. См. Тьерри Вольтон, *"КГБ во Франции"*, Grasset, 1987 г.
681. Эндрю Кокберн, *Угроза: Внутри советской военной машины*, Random House, 1983

продолжают поставляться Россией... и при этом никогда не попадали под санкции[682] !

К концу 1980-х годов советская система была глубоко больна. Чернобыльская катастрофа вызвала на всех уровнях осознание неэффективности административных и политических механизмов управления: она стала главным событием, приведшим к распаду СССР. Это было главное событие, приведшее к распаду СССР, после которого началась политика открытости (*гласности*) в поддержку только что начавшейся реструктуризации *(перестройки)*. С тех пор усилия Запада по подрыву коммунистической системы имели лишь незначительный эффект, настолько, что сами западники были удивлены событиями 1989-1990 годов, что подтвердил генерал Дэвид Ричардс, начальник британского штаба обороны в то время: «Мы понятия не имели!»[683].

Через несколько часов после падения Стены я был в Государственном департаменте в Вашингтоне, чтобы обсудить стратегическую ситуацию в Европе. Мы с делегацией были поражены тем, что ни это событие, ни его последствия не представлялись американским политикам. Таким образом, наше чувство победы узурпировано, а наше презрение к России неоправданно.

7.2. Актуальна ли стратегия Запада в отношении России?

Европейцы довольно наивны, когда речь идет о политике США. 7 марта 1992 года газета *«Нью-Йорк Таймс»* опубликовала проект руководства Пентагона по планированию обороны на 1994-1998

---

682. Тони Капаччио, "Заменить российский ракетный двигатель нелегко, говорит Пентагон", *Блумберг,* 1er май 2014 г.

683. Рози Лэйдон, "Бывший британский военный начальник "не имел ни малейшего представления", что Берлинская стена падет в 1989 году", www.forces.net, 5 ноября 2019 г.

годы, в котором изложена стратегия США после окончания холодной войны[684]:

> *Наша первая цель - предотвратить появление нового соперника, на территории бывшего Советского Союза или где-либо еще, который представляет собой угрозу такого порядка, какую когда-то представлял Советский Союз.*

Что касается Европы:

> *Мы должны стремиться избежать появления уникальных европейских механизмов безопасности, которые могут ослабить НАТО.*

Этот документ вызвал бурную реакцию, и Министерству обороны пришлось смягчить его в окончательном варианте от 16 апреля 1992 года. Тем не менее, она по-прежнему известна как *доктрина Вулфовица* и продолжает пронизывать американскую стратегию и сегодня.

Западный дискурс в отношении России четко соответствует позиции и стратегии США. Чтобы понять стратегию США, необходимо обратиться к RAND Corporation, американскому аналитическому центру, созданному в 1948 году для консультирования Министерства обороны по вопросам ядерной стратегии и стратегии национальной безопасности.

В 2019 году *корпорация RAND* опубликовала документ о стратегии США в отношении России, названия шести подразделов главы 4 которого говорят сами за себя[685]:

Мера 1: Предоставить Украине летальную помощь

---

684. ”Выдержки из плана Пентагона: “Предотвратить появление нового соперника””, *Нью-Йорк Таймс*, 8 марта 1992 г.

685. Джеймс Доббинс, Рафаэль С. Коэн, Натан Чандлер, Брайан Фредерик, Эдвард Гейст, Пол ДеЛюка, Форрест Е. Морган, Говард Дж. Шац, Брент Уильямс, “Расширение России: конкуренция с выгодных позиций”, *RAND Corporation*, 2019 г.

Мера 2: Увеличить поддержку сирийских повстанцев

Мероприятие 3: Содействие смене режима в Беларуси

Мера 4: Эксплуатация напряженности на Южном Кавказе

Мера 5: Уменьшить влияние России в Центральной Азии

Мера 6: Бросить вызов российскому присутствию в Молдове

Все темы, которые определяли политику США и ЕС в отношении России в период с 2020 по 2022 год, вполне узнаваемы.

Что касается того, как это будет достигнуто, то это было подробно описано в 2019 году в другом документе RAND Corporation. Он был разработан «для США и их союзников» и направлен на «создание перенапряжения и дисбаланса в России»[686]. Цель - создать ситуации социальной и экономической напряженности, которые поставят Россию в постоянную оборону, причем сразу на нескольких фронтах, чтобы дестабилизировать и ослабить ее политически, как внутри страны, так и за ее пределами.

В его основе лежит распространенный во Франции[687] миф о том, что СССР распался в результате перенапряжения его ресурсов, вызванного проектом Рональда Рейгана «Звездные войны».

Среди мер, предложенных RAND в экономической сфере, выделяются усилия против немецко-российского газопровода, которые до последних дней своего мандата возглавлял Дональд Трамп[688], а затем были переданы некоторыми европейскими депутатами по трем основным направлениям.

---

686. Джеймс Доббинс *и другие*, "Перенапряжение и разбалансировка России", *RAND Corporation*, (Doc. Nr RB-10014-A), 2019 г.

687. Тьерри Вольтон, *КГБ во Франции, указ. соч.*

688. Фаустин Винсент и Набиль Ваким, "Les États-Unis accentuent les sanctions contre le gazoduc Nord Stream 2", *Le Monde*, 5 января 2021 г.

– Расширить производство энергии в США, чтобы оказать давление на экономику России, ее государственные расходы и, как следствие, расходы на оборону. Кстати, это увеличит мировое предложение и снизит мировые цены, а значит, и доходы России. Помимо того, что это принесет пользу экономике США, это не требует многостороннего одобрения.

– Ввести более жесткие торговые и финансовые санкции для ослабления российской экономики.

– Увеличить способность Европы импортировать газ от других поставщиков, кроме России, чтобы создать экономическую напряженность в России и сделать Европу независимой от России.

Это далеко от европейской традиции, но проект RAND на этом не останавливается. Подрыв российской политической системы заметен как в мерах, принятых для поддержки Навального, так и в проектах, финансируемых NED[689] (рис. 18).

Стратегия США по дестабилизации России (выдержка)

Высокозатратные идеологические и информационные варианты	Вероятность успеха при перерастяжении России	Льготы (для США)	Затраты и риски (для России)
Снижение доверия к российской избирательной системе	Низкий	Средний	Топ
Создание впечатления, что режим не преследует общественные интересы	Среднее	Средний	Топ

---

689. См. вопрос 6.2

Поощрение внутренних протестов и других видов ненасильственного сопротивления	Низкий	Средний	Топ
Подрыв имиджа России за рубежом	Среднее	Средний	Средства

Рисунок 18 - Варианты наложения издержек на Россию в области политики и информации. [Источник: ''Overextending and Unbalancing Russia'', RAND Corporation, 2019, p. 5.

Что поражает в этом документе, содержащем около тридцати основных рекомендаций, так это то, что в нем ни разу не упоминается продвижение прав человека или верховенства закона. Это подтверждает уже сделанное *выше* наблюдение: дело Навального было использовано как рычаг для поддержки политики, которая не имеет ничего общего с улучшением ситуации в России, а направлена только на обслуживание интересов США[690].

В июне 2018 года на встрече, организованной МИДом для мобилизации поддержки операций влияния, цель операции четко сформулирована: «Программа направлена на ослабление влияния России на своих соседей»[691].

В отличие от СССР, где коммунистами были лишь 5-9% населения, сегодня действия Владимира Путина одобряют 60-65% россиян. Поэтому во время холодной войны, когда население страдало от режима, пропаганды, восхваляющей Запад, было достаточно, чтобы надеяться дестабилизировать СССР. Сегодня ситуация

---

690. "Trump schaltet sich im Fall Nawalny ein und kritisiert Nord Stream 2", *Handelsblatt*, 5 сентября 2020 года; "Trump fordert Stopp von Nord Stream 2", *Der Spiegel*, 7 сентября 2020 года.

691. *Мероприятие для поставщиков, Поддержка независимых СМИ в странах Восточного партнерства, Поддержка независимых СМИ в странах Балтии*, Министерство иностранных дел и по делам Содружества, Лондон, 26 июня 2018 г.

совершенно иная: каким бы несовершенным оно ни было, российское правительство не идет в ногу со своим населением. Поэтому пропаганды как дестабилизирующего фактора уже недостаточно. Необходимо дезинформировать. Вот почему Запад был вынужден создать структуры для этих целей.

Односторонние санкции - но глобального масштаба, посредством применения законодательства США по всему миру - призваны создать неприемлемую ситуацию для местного населения, чтобы спровоцировать его на восстание. Этот принцип излагается Ричардом Нефью, главой Госдепартамента по санкциям при Бараке Обаме и представителем по Ирану при Джо Байдене, в книге *«Искусство санкций»*, дух которой можно описать как отвратительный[692].

В том же духе в феврале 2021 года Бернар Гетта, депутат Европейского парламента от *Маршевой республики*, заявил на канале *France 5*[693]:

> *Уровень жизни в России неуклонно падает отчасти, но только отчасти, из-за западных санкций.*

Значит, уровень жизни в России падает благодаря нашим санкциям! Это то, чем можно гордиться.

Французские политики работают по той же преступной программе. После изгнания из Мали хунты, которая не видит перспектив во французском подходе к конфликту, ответной реакцией стало давление на соседей с целью удушения малийской экономики[694].

1[er] марта 2022 года, на следующий день после введения первых экономических санкций против России и неоднозначного успеха атак на рубль, Запад отметил, что российская экономика оказалась

---

692. Ричард Нефью, *Искусство санкций - взгляд с поля*, Издательство Колумбийского университета, Нью-Йорк, 2018 г.
693. ”Le 5 sur 5! - C à Vous - 03/02/2021”, *France 5/YouTube*, 3 февраля 2021 года (17’10”)
694. Кароль Ассиньон, “Мали: к удушению экономики?”, *dw.com*, 18 января 2022 г.

более устойчивой, чем ожидалось. Настолько, что в Германии начинают задумываться, не слишком ли быстро Европа отреагировала. Во Франции министр экономики Брюно Ле Мэр сказал о России[695]:

> *Мы собираемся вести тотальную экономическую и финансовую войну против России, но за последствия будет расплачиваться российский народ.*

Позже он робко отказался от некоторых своих комментариев. Остается главное: полное отсутствие морали, политической этики и чести у наших политиков, которые не смогли справиться с кризисом заранее, и которые мстят мирному населению.

Конечно, начинать широкомасштабное наступление на Украину было неправомерно и нецелесообразно. Это не оправдывает принесение в жертву наших ценностей и чести: давайте оставим это другим!

7.3. Кто политизировал борьбу против CoViD-19?

В программе «C dans l›air» от 17 ноября 2021 года, когда 5[e] волна CoViD-19 поражает Европу и, в частности, Россию, Патрик Пеллуд, врач скорой помощи, который явно не компетентен в вопросах вакцин, говорит, что «российская вакцина не работает!

Однако в феврале 2021 года авторитетный медицинский журнал *The Lancet* заявил, что вакцина эффективна[696], этот вывод был

---

695. ”Война в Украине: “Мы собираемся вызвать крах российской экономики”, говорит Брюно Ле Мэр”, *Радио Франс*, 1[er] марта 2022 г.

696. Иэн Джонс и Полли Рой, “Кандидат в вакцину Sputnik V COVID-19 кажется безопасным и эффективным”, *The Lancet*, том 397, № 10275, 2 февраля 2021 года, стр. 642-643; Denis Y Logunov, et al, “Safety and efficacy of an rAd26 and rAd5 vector-based heterologous prime-boost COVID-19 vaccine: an interim analysis of a randomised controlled phase 3 trial in Russia”, *The Lancet*, том 397, № 10275, 2 февраля 2021 года, стр. 671-681.

подтвержден в статье в известном журнале *Nature* в июле 2021 года[697]. В сентябре 2021 года еще одна статья в журнале *Lancet*, основанная на наблюдениях в Аргентине[698], вновь подтвердила эффективность вакцины. 24 ноября - через неделю после выпуска - исследование, проведенное в Венгрии (где российская вакцина используется наряду с другими западными вакцинами) на 3,7 миллионах пациентов, показало, что эффективность *«Спутника-В»* составляет 85,7%[699]. *Clinical Trials Arena*, общая платформа, используемая несколькими фармацевтическими компаниями, 25 ноября заявила, что российская вакцина будет эффективной в долгосрочной перспективе[700]. 20 декабря он заявил, что он также будет эффективен против варианта Omicron[701].

Поэтому наш врач скорой помощи обвиняет, говоря что угодно, не принимая во внимание науку. Именно из-за таких людей, для которых воображение заменяет разум, возникают теории заговора, и общество больше не доверяет ученым... которых обвиняют (иногда справедливо) во лжи.

Рост числа случаев заболевания и смертей от КоВиД в России в ноябре 2021 года связан не с «неэффективностью» вакцины, как

697.Бьянка Ногради, "Нарастающие доказательства свидетельствуют о безопасности и эффективности вакцины Sputnik COVID", *Nature*, 6 июля 2021 г. (обновлено 8 июля 2021 г.)

698.Соледад Гонсалес *и др.*, "Эффективность первого компонента Gam-COVID-Vac (Спутник V) по снижению числа подтвержденных инфекций SARS-CoV-2, госпитализаций и смертности среди пациентов в возрасте 60-79 лет: ретроспективное когортное исследование в Аргентине", *The Lancet*, том 40, № 101126, 12 сентября 2021 г.

699.Воко, Золтан *и другие*, "Общенациональная эффективность пяти вакцин против SARS-CoV-2 в Венгрии - исследование HUN-VE", *Клиническая микробиология и инфекция*, 24 ноября 2021 года, (doi:10.1016/j.cmi.2021.11.011)

700."Российская вакцина "Спутник V Ковид-19" демонстрирует долгосрочную эффективность", *clinicaltrialsarena.com*, 25 ноября 2021 г.

701."Российская вакцина Sputnik V показывает эффективность против варианта Omicron", *clinicaltrialsarena.com*, 20 декабря 2021 г.

утверждает Патрик Пеллуд, а с тем, что в России вакцинируется мало людей (тогда около 36%). [702]

Такой низкий уровень вакцинации имеет два объяснения: запоздалые принудительные меры со стороны правительства и общее нежелание вакцинироваться среди российского населения. Если бы г-н Пеллуд был честен, он бы отметил, что кривые вакцинации в Европейском Союзе показывают, что страны Восточной Европы значительно ниже среднеевропейского уровня, который подталкивается Западной Европой. Поэтому, вероятно, существует культурная причина такого недовольства вакцинами. Например, показатели смертности от CoViD в Европе выше в странах Восточной Европы (Болгария, Венгрия, Чешская Республика, Румыния, Хорватия, Словакия, Литва, Словения, Польша, Латвия).[703]

Однако в случае с Россией нельзя исключать, что на это нежелание повлияли западные так называемые «ученые» - такие как Пеллуд, - которые, очернив российскую вакцину, подорвали доверие к вакцине, которая работает. Как и в случае с распространителями фейковых новостей на Западе, те, кто распространяет фейковые новости о российской вакцине, столь же преступны. Конспирологией не ограничиваются вакцинаторы в Европе!

Утверждается, что российская вакцина не была лицензирована в Европе. Несмотря на то, что заявка на одобрение была подана 4 марта 2021 года, Европейское агентство по лекарственным средствам (EMA) к концу года так и не приняло решение. Вместо этого он добавляет «этический» критерий (который не применялся ни к одной другой вакцине) в свой обзор вакцины «Спутник-V»[704].

По-видимому, Агентство, не читая специализированной прессы, серьезно относится к слухам вокруг объявления о российской

---

702. Данные на 17 ноября 2021 года (https://ourworldindata.org/coronavirus)
703. Данные на 18 декабря 2021 года (https://www.worldometers.info/coronavirus/)
704. "Регулятор ЕС проверит этические стандарты испытаний вакцины "Спутник" - FT", *Рейтер*, 7 апреля 2021 г.

7. Западная стратегия

вакцине. Можно ли это объяснить тем, что Эмер Кук, новый глава ЕМА с ноября 2020 года, ранее возглавлял Европейскую федерацию фармацевтической промышленности и ассоциаций (EFPIA), *лоббистскую* ассоциацию, в которую входят AstraZeneca, Johnson & Johnson и Pfizer? Если бы это было так, мы были бы недалеки от случая коррупции... Похоже, что именно ЭМА нуждается в этике!

7.4.Борется ли Запад за уважение международного права?

Было бы заманчиво ответить «да», но это уже не так. Как ежедневно показывают «эксперты», появляющиеся на экранах наших телевизоров, за последние четверть века наше представление о международных отношениях претерпело глубокие изменения.

Наш подход к России, Китаю и другим игрокам основан на доктрине, согласно которой до тех пор, пока наши ценности считаются хорошими (с нашей точки зрения), мы можем уйти от международного права. Именно этот дух позволил испанцам истреблять индейское население, североамериканцам - индейцев, израильтянам - палестинцев и т.д. Этим объясняются военные интервенции (причем вопреки международному праву) в Ираке, Сирии и других странах.

Сразу после окончания холодной войны, когда Китай все еще развивался, а Россия была нестабильна, баланс сил в Совете Безопасности (СБ) ООН был в пользу США. Она может влиять на решения СБ или игнорировать его, чтобы безнаказанно вести войны против международного права. Но к началу 2000-х годов, по мере того как Россия и Китай наращивали свою экономику и авторитет, СК начал возвращаться к своему «Я» времен холодной войны.

Для осуществления своей войны с террором Соединенные Штаты и Великобритания стремятся создать альтернативный международный порядок, который даст им свободу действий. С начала 2000-х годов они пытаются снизить авторитет международных институтов и заменить международный порядок, основанный на законе, международным порядком, основанным на правилах.

Другими словами, международные отношения больше не регулируются нормами права, признанными и принятыми всеми, а правилами, установленными в одностороннем порядке. Этими правилами могут быть ценности (знаменитые «западные ценности»), но также и национальные интересы. Именно благодаря этому новому подходу американцы смогли оправдать похищение граждан на территории европейских стран без их согласия или применение пыток в Европе.

Вдохновленный израильскими теориями, этот подход привел к тому, что США вышли из всех договоров по контролю над вооружениями (как обсуждалось в вопросе 5.1). Это также объясняет, почему администрация Трампа приняла санкции против судей Международного уголовного суда (МУС), которые хотели привлечь к ответственности военнослужащих США за военные преступления. Администрация Байдена отменила это решение в апреле 2021 года, но оказала давление на МКТ, чтобы не расследовать военные преступления, совершенные американскими военными в Афганистане[705].

Таким образом, мы медленно движемся к «закону сильнейшего».

Важной вехой в этом процессе стало выступление Тони Блэра в 2004 году в Чикаго. Будучи премьер-министром, он изложил концепцию «ответственности по защите» (R2P), которая стала известна как «доктрина Блэра». Она основана на идее, что существуют принципы (или ценности), которые настолько важны, что

---

705. Andrea Germanos, "Critics Fume as ICC Excludes US From Probe Into Afghan War Crimes", *commondreams.org*, 27 сентября 2021 года; "Заявление Прокурора Международного уголовного суда Карима А. А. Хан КК, после подачи заявления об ускоренном постановлении в соответствии со статьей 18(2) с просьбой разрешить возобновить расследования по ситуации в Афганистане", www.icc-cpi.int, 27 сентября 2021 г.

позволяют обойти международное право и институты для оправдания военных интервенций.

Таким образом, он пытался оправдать участие Великобритании в войне в Ираке уже *постфактум,* без одобрения Совета Безопасности ООН. Тем самым он открыл ящик Пандоры, потому что, по иронии судьбы, российская интервенция в Грузию по приказу Дмитрия Медведева в 2008 году (а не Владимира Путина, как утверждает Каролин Ру[706]) была оправдана R2P. Аналогичным образом, притеснения русскоязычных меньшинств в странах Балтии или возможная операция Украины против автономистских республик Донбасса могут оправдать российское вмешательство.

Соединенные Штаты считают, что ООН находится в оппозиции к их однополярному видению мира, в котором они являются образцом для подражания. Однако с ростом Китая и России и их сплочением в Совете Безопасности ООН США пытаются создать альтернативную систему управления международным порядком, основанную на благоприятных для них странах. На этом основан Саммит демократии, запущенный Джо Байденом в декабре 2021 года, главной целью которого является «укрепление демократии и защита от авторитаризма». Однако из 111 приглашенных стран только 19 были «полными демократиями», по определению Economist Intelligence Unit (EIU). Остальные 92 страны были (опять же по данным EIU) «несостоятельными демократиями» (такими как сами США, Франция и Бельгия), «гибридными режимами» и «авторитарными режимами»[707].

Примером такого нового международного порядка является вторжение американской подводной лодки класса «Вирджиния» на 4 км в российские территориальные воды вокруг Курильских островов в

---

706. Программа "C dans l'air" от 17 октября 2021 года ("Poutine, maître du jeu #cdanslair 17.10.2021", *France 5/YouTube*, 18 октября 2021 года) (53'04")
707. "Индекс демократии 2020 - в болезни и в здравии?", *The Economist Intelligence Unit*, 2021 г.

феврале 2022 года. Курильские острова принадлежали Японии до 1945 года, когда они были предоставлены СССР Соединенными Штатами в качестве благодарности за вмешательство в дела Маньчжурии. С тех пор суверенитет над островами остается предметом спора между Россией и Японией, но в 2014 году дело приняло новый оборот, когда США признали суверенитет Японии над островами.

За рамками данного примера видно, что мы перешли в контекст, где господствует закон сильнейшего.

Например, Соединенные Штаты признают, что:

> *совместное коммюнике 1979 года между США и Китайской Народной Республикой дало дипломатическое признание Тайбэя в Пекине. В совместном коммюнике США признали правительство Китайской Народной Республики в качестве единственного законного правительства Китая, признав позицию Китая о том, что существует только один Китай и что Тайвань является частью Китая[708] .*

Это не мешает им удвоить свое военное присутствие на острове в 2021 году[709] и поставлять туда оружие[710]. Аналогично, хотя Европейский Союз придерживается принципа «одного Китая» и не признает Тайвань в качестве суверенного государства[711], делегация Европейского парламента во главе с Рафаэлем Глаксманом посетила Тайвань вопреки совету Пекина[712].

---

708. "Отношения США с Тайванем - Информационный бюллетень о двусторонних отношениях", *Государственный департамент*, 31 августа 2018 г.

709. Эрин Хейл, "США почти удвоили количество военных, размещенных на Тайване в этом году", *Голос Америки*, 2 декабря 2021 г.

710. "США одобрили продажу оружия Тайваню на 100 миллионов долларов для модернизации ракет", *France 24*, 8 февраля 2022 г.

711. "Информационные бюллетени по Европейскому Союзу - Восточная Азия", *Европейский парламент*, 2021 г.

712. Джон Фенг, "Европейские законодатели посещают Тайвань, отмахиваясь от предупреждений Китая", *Newsweek*, 3 ноября 2021 г.

Примерно как Китай поставляет оружие на Гавайи, или Италия поставляет оружие на Корсику и проводит кампанию за ее независимость, или итальянский министр посещает «Желтые жилеты» во Франции без согласования с Парижем...

Ценности», которые мы должны защищать, очень ограничены географически и далеко не универсальны. У нас теплые отношения с Соединенными Штатами. Тем не менее, в период с 1947 по 1989 год они 72 раза пытались свергнуть правительства: 6 раз открыто и 66 раз с помощью тайных операций, из которых только 26 увенчались успехом[713].

Более того, по случаю украинского кризиса Джо Байден неоднократно заявлял, что «нации имеют свободу выбирать свой собственный путь и выбирать, с кем они хотят сотрудничать[714] «. США вводят санкции против стран, которые покупают российское оружие. Например, в соответствии с Законом о противодействии противникам Америки посредством санкций (CAATSA) он ввел санкции против Китая. В результате 33 страны[715] попали под санкции или приняли ответные меры, чтобы отучить их делать то же самое[716]. Франция не лучше: истоки раскола между Бамако и Парижем имеют мало общего с верховенством закона (Париж был вполне доволен государственным переворотом в 2020 году), а скорее с оружейным контрактом между Мали и Россией[717].

____

713. Линдси А. О'Рурк, "США пытались сменить правительства других стран 72 раза во время холодной войны", *The Washington Post*, 23 декабря 2016 г.

714. Шейн Харрис, Робин Диксон, Рейчел Паннетт и Эмили Раухала, "Байден говорит, что США не подтвердили отвод российских войск от границы Украины, несмотря на заявления Москвы", *The Washington Post*, 15 февраля 2022 г.

715. Алжир, Ангола, Армения, Азербайджан, Беларусь, Камерун, Китай, Египет, Гана, Индия, Индонезия, Иран, Ирак, Казахстан, Кыргызстан, Малайзия, Мексика, Марокко, Мьянма, Непал, Никарагуа, Нигерия, Пакистан, Перу, Филиппины, Катар, Саудовская Аравия, Сербия, Южная Корея, Турция, Объединенные Арабские Эмираты, Узбекистан и Вьетнам.

716. John V. Парачини, Райан Бауэр, Питер А. Уилсон, "Влияние санкционных режимов США и союзников на продажи российского оружия", *Rand Corporation*, 2021 г.

717. Жорж Франсуа Траоре, "Les vraies raisons de la brouille : Bah N'Daw aurait communiqué aux Français des documents de contrat d'armement", *maliweb.net*, 26 мая

Таким образом, мы боремся не за соблюдение международного права, а за сохранение превосходства Запада.

7.5.Помогает ли наше нынешнее восприятие России решить эту проблему?

Нет, потому что очень немногие комментаторы понимают сегодняшнюю Россию. Они до сих пор путают его с СССР. Это проблема многих «экспертов», советников и даже некоторых министров «новой Европы», которых я знаю. Они имеют лишь книжные знания и отдаленное представление о русской культуре и духе.

В начале 2000-х годов, когда администрация Буша затевала долгосрочные войны и, пользуясь моментом, наращивала американское присутствие в Восточной Европе, Владимир Путин пришел к власти и дал о себе знать. Его Мюнхенская речь в 2007 году положила конец российскому благодушию ельцинских лет.

Он быстро стал «бестией» европейской интеллигенции. Все средства используются для того, чтобы попытаться дискредитировать его.

Приход Дональда Трампа в США позволил определить своеобразную единицу измерения ненависти, которая позволяет квалифицировать Владимира Путина. Говорят, что американский президент находится под влиянием Путина[718], что между ними было попустительство[719] и «позитивная алхимия»[720], вплоть до того, что Трамп предпочел бы Путина своим партнерам по НАТО[721]. В газете

2021 года; Georges Ibrahim Tounkara, “Assimi Goïta, l’homme au centre de la transition au Mali”, *dw.com*, 26 мая 2021 года.

718.”Трамп - “маньчжурский кандидат”?”, *letemps.ch*, 28 сентября 2020 г. (обновлено 29 сентября 2020 г.)

719.”Donald Trump : pourquoi ses liens avec la Russie interrogent”, *AFP/Le Point*, 14 января 2019 г. (обновлено 15 января 2019 г.)

720.Николя Баротт, “Трамп-Путин: лицом к лицу на фоне кризисов”, *Le Figaro*, 7 июля 2017 г.

721.Франсуа д’Алансон, “L’Otan coincée entre Trump et Poutine”, *La Croix*, 11 июля 20 г.

Le Monde Фредерик Шарийон, политолог, даже утверждает, что Трамп и Путин «являются объективными союзниками[722] «.

Другие утверждают, что довольно причудливая идея Дональда Трампа купить Гренландию исходила от Владимира Путина[723], а Лора Мандевиль с дрожью в голосе вспоминает, что Трамп пытался навести мосты с Россией...

Достаточно посмотреть на действия Дональда Трампа против России на протяжении всего срока его пребывания в должности (см. Приложение 1), чтобы понять, что отношения с Россией никогда не были хуже.

Правление Владимира Путина может оставлять желать лучшего, но наше презрение к нему смехотворно.

Его пребывание в КГБ объясняет «его любовь к теориям заговора[724] «. Он становится ответственным за все, включая теракты в Париже в 2015 году[725] и нападение на аэропорт Анкары 17 февраля 2016 года[726]. Глава Службы безопасности Украины (СБУ) возлагает на него ответственность за брюссельские теракты 22 марта 2016 года[727], а украинский эксперт рассматривает теракт в Ницце 14 июля 2016 года как способ укрепить свои позиции на переговорах с Джоном Керри[728].

---

722. Фредерик Шарийон, "Дональд Трамп и Владимир Путин - объективные союзники, но не равные", *Le Monde*, 18 июля 2018 г.

723. Ричард Вулфф, "Трамп хочет купить Гренландию - еще один признак марионеточности Путина", *The Guardian*, 21 августа 2019 г.

724. Квентин Пил, "Портрет Владимира Путина - президента Российской Федерации", *Институт Монтеня*, блог, 17 июля 2018 года

725. Авраам Шмулевич, «Организовал Ли Путин Парижские Теракты?», *tsn.ua*, 17 ноября 2015 г.

726. ТСН, «До терактів у Туречині може бути причетна Росія», *YouTube*, 21 февраля 2016 г.

727. Новости Украины, «Глава СБУ Грицак - Придурок и Дегенерат», *YouTube*, 24 марта 2016 г.

728. "Эксперт рассказал, как Керри убедил Путина не делать глупости», *glavnoe.ua*, 15 июля 2016 г.

Во Франции вечером 20 апреля 2017 года, когда произошло нападение на Елисейские поля, Кристоф Жирар, мэр-социалист 4ᵉ округа Парижа, без колебаний написал в Твиттере[729]:

> *Нападение во Франции за несколько дней до президентских выборов. Как странно! Пойдите и спросите, например, господина Путина.*

...великолепная демонстрация имбецильности, раскрывающая состояние ума, симптоматичное для политического класса, столь же непросвещенного, сколь и ответственного. Во время демонстрации «желтых жилетов» 1ᵉʳ декабря 2018 года журналист Брис Кутюрье даже заявит, что «Путин у руля». Небольшая гражданская война во Франции пошла бы ему на пользу![730] «.

В том же ключе Борис Джонсон[731], принц Англии Чарльз[732] или Хиллари Клинтон[733] сравнивают его с Адольфом Гитлером. Министерство внутренней безопасности США (DHS) даже предупредило американцев, что русские могут попытаться разделить их из-за ананасовой пиццы[734] !

Короче говоря, Владимир Путин стал своего рода оправданием отсутствия политики. Проблема в том, что мы судим о нем своим чутьем, а не головой. В 2016 году американская платформа геополитического анализа *Stratfor* предсказала, что ни России, ни Владимира

---

729. Текст был "твитнут" 20 апреля 2017 года в 21:47 - сразу после этого он был быстро удален.

730. https://twitter.com/briceculturier/status/1068854748932128770

731. "Британский министр Борис Джонсон сравнивает Путина с Гитлером", *Challenges. fr*, 21 марта 2018 г.

732. "Принц Чарльз сравнивает Путина с Гитлером", *Le Nouvelliste*, 7 августа 2015 г. (обновлено 20 октября 2015 г.)

733. "Украина: когда Хиллари Клинтон сравнивает Путина с Гитлером", *Le Parisien*, 6 марта 2014 г.

734. Майк Левин, "МНБ предупреждает о попытках России разделить Америку из-за ананасовой пиццы - вроде того", *abcnews*.com, 19 июля 2019 г.

Путина не будет существовать к 2025 году[735]. На каком основании? Нет ответа.

В 2014 году Барак Обама призвал Запад к сближению с Россией, чтобы сосредоточиться на противостоянии вызову, брошенному Соединенным Штатам Китаем. Теперь, семь лет спустя, мы видим, что европейцы (и, в частности, шаги «новой Европы») преследуют линию, начертанную для них Дональдом Трампом, вынуждая Джо Байдена следовать за ними. В результате Запад столкнулся с двумя соседними «противниками», которые стремятся сформировать единый мощный блок: Россия и Китай.

7.6. Помогает ли проверка фактов лучше бороться за верховенство закона?

Теоретически, да. На практике - нет. Да, когда они помогают нам беспристрастно и непредвзято смотреть на мир. Нет, когда они представляют пристрастную точку зрения, что приводит к поляризованным мнениям.

Чтобы *проверка фактов* была полезной и мирной, она должна быть беспристрастной и свободной от внешнего влияния. К сожалению, *специалисты по проверке фактов* часто склонны путать свое вполне законное мировоззрение с фактами. Они становятся воинственными. В их методологии не используются строгие определения терминов, что позволяет им клеймить заговорами все, что им не нравится. Таким образом, они становятся органами влияния, поляризуя мнения, что противоречит их основной цели.

Украинский кризис 2021-2022 годов, как и большинство кризисов, имеет свои корни в том, как мы интерпретируем факты

---

735. "Десятилетний прогноз: 2015-2025", *Stratfor.com*, 23 февраля 2015 г.; Дебра Киллалеа, "Мир в 2025 году: Китай теряет власть, Россия "не будет существовать", *news.com.au*, 6 февраля 2016 г.

с обеих сторон. За свою карьеру в разведке в спецслужбах США и Великобритании я научился пытаться понять ход и логику мышления противника. Не в соответствии с моим собственным мнением, а без моих предрассудков. Это не означает, что я поддерживаю идеи оппонента, но я стараюсь понять его точку зрения, чтобы иметь возможность адекватно ответить. Именно это я объяснил в книге «*Управляя фальшивыми новостями*», цель которой - бороться с заговорами и представить более сбалансированный взгляд на события. В результате он был назван «конспирологом» организацией Conspiracy Watch[736], которая разместила его приговор в *Википедии*.

Это проблема структур, связанных с организациями, имеющими политический проект или транслирующими идеологию, например, Центр передового опыта НАТО по стратегической коммуникации[737]. Но это касается и таких организаций, как Conspiracy Watch, которая работает с британской Integrity Initiative (II). II был создан под эгидой Министерства иностранных дел Великобритании (МИД), в ведении которого находятся Секретная разведывательная служба (MI-6) и Штаб правительственной связи (GCHQ), отвечающий за кибервойны, и оба эти подразделения связаны с данной инициативой. Он также финансируется Министерством обороны и армии Великобритании, Министерством обороны Литвы и НАТО и направлен на борьбу с российской дезинформацией в Европе[738]. NI полагается на BBC и Reuters в продвижении официального дискурса для противодействия российской дезинформации.

Во Франции во II есть *кластер*, целью которого является «изучение российского влияния». Список участников,

---

736. Антуан Хасдай, "На *RT France* Жак Бо выполняет все требования геополитического заговора", *Conspiracy Watch*, 7 сентября 2020 года.
737. https://www.stratcomcoe.org/
738. *Министерство иностранных дел и по делам Содружества: Инициатива добросовестности, вопрос для Министерства иностранных дел и по делам Содружества*, UIN 196177, 27 ноября 2018 г.

раскрытый «Анонимусом», включает журналистов, чиновников из Министерства иностранных дел, Генерального секретариата по обороне и национальной безопасности (SGDSN), Руди Райхштадта из Conspiracy Watch[739], Франсуазу Том (противница иностранных платных СМИ и дипломатического диалога с Россией[740]) или Галию Акерман, которая регулярно выступает на канале *France 5 с речами о России*. В британском *кластере*, что неудивительно, мы находим *Bellingcat* и Владимира Ашуркова, близкого соратника Навального.

Технически, эти корреспонденты инициативы, финансируемой иностранными правительствами, соответствуют определению агентов влияния[741]. По данным *SwissInfo*, Инициатива добросовестности позволила Великобритании:

> *вмешиваться во внутренние дела независимых европейских государств: одним из примеров является операция MONCLOA в Испании, в ходе которой Великобритания помешала назначению Педро Баньоса на должность директора Департамента внутренней безопасности Испании[742].*

Поэтому мы участвуем в операциях, которые выходят далеко за рамки борьбы с дезинформацией: речь идет о влиянии на политику стран Европейского союза. На самом деле, речь идет не столько о борьбе с российской дезинформацией, сколько о борьбе с тем, что противостоит западной дезинформации. Именно это влияет на наше отношение к России и способствует неспособности европейских стран и Европейского союза найти решения до начала военных действий.

---

739. Бенуа Бревиль, "Chasseur de "conspis"", *Le Monde diplomatique*, апрель-май 2018; Брис Перье, "Conspiracy Watch de Rudy Reichstadt : les contradictions de l'anti-complotiste professionnel", *Marianne*, 23 ноября 2019; Лоран Дауре, "Quand les 'complotologues' de *Franceinfo* font l'impasse sur la principale théorie du complot de l'ère Trump", *Acrimed*, 10 марта 2021.
740. Изабель Мандро, "Франсуаза Том, прокурор Путина", *Le Monde*, 21 октября 2019 г.
741. https://fr.wikipedia.org/wiki/Agent_d влияние
742. "Anonymous svela 'rete anti Russia'", *swissinfo.ch*, 24 ноября 2018 г.

Понимание конфликта требует целостного прочтения событий. Проблема в том, что для того, чтобы подвергнуть Россию и Китай остракизму, «эксперты» на «С dans l›air» и другие вынуждены систематически затушевывать часть истории, чтобы сделать свое повествование последовательным. Такое чтение ни к чему не приводит, кроме как к поляризации мнений.

Однако борьба с диктатурой не требует лжи: поколение, предшествовавшее сегодняшним лидерам, смогло преодолеть режим Франко, режим Салазара в Португалии, коммунизм в Польше, Чехословакии, Румынии, Венгрии, СССР, турецкую и греческую диктатуры, и это лишь некоторые европейские страны, без *проверки фактов*.

Сегодня, как это ни парадоксально, из-за отсутствия целостного взгляда на проблемы, *фактчекеры* и журналисты только укрепляют авторитет Владимира Путина и других.

8. Выводы - Путин, мастер игры?

Да, Путин - мастер игры, но не по тем причинам, которые внушают нам наши предрассудки и о которых напоминают «эксперты». Он - мастер игры, потому что знает нас лучше, чем мы знаем себя, и лучше, чем мы знаем *его*.

Мы не разделяем те же критерии управления, что и Владимир Путин, это правда; но непримиримость наших «экспертов» перед лицом России или Китая лишь создает иллюзию нашей силы. Подчиняясь, мы ослабляем себя. Меры, которые мы принимаем, не соответствуют реальной ситуации и отражают лишь наше восприятие. В результате у него формируется иррациональное представление о ситуации, что означает, что он всегда будет на шаг впереди.

8.1. Балансовый отчет

В начале марта 2022 года складывается следующая картина.

— Европейский Союз, который полностью отсутствовал (и даже был контрпродуктивен) на дипломатической фазе конфликта, доказал свою эффективность только поставками оружия украинскому гражданскому населению - безответственное, если не сказать глупое решение.

- По просьбе Украины Китай становится посредником в конфликте в ущерб более традиционным посредникам, таким как Швейцария.

- Многие американские эксперты осознали безответственность попыток любой ценой расширить НАТО до границ России. НАТО, похоже, понимает это только сейчас.

- НАТО представляется структурой, которая не может реагировать на ситуации, подобные тем, которые возникнут в 2021-2022 годах. Европа должна найти архитектуру безопасности, адаптированную к ее контексту. В какой степени американцы согласятся быть исключенными? Этот вопрос остается открытым.

- Беларусь, которая в 2020 году хотела дистанцироваться от России и приблизиться к европейцам, теперь полностью вернулась в орбиту России благодаря политике Европейского Союза.

- Россия и Китай сильно сблизились в политическом и экономическом плане.

- Как на национальном уровне, так и на уровне ЕС, западные механизмы принятия решений руководствуются одними эмоциями и становятся непоследовательными, иррациональными и неспособными к предвидению.

- Своим невежеством «эксперты» сформировали наше восприятие России, Украины и событий таким образом, что у нас не было спокойного прочтения ситуации, которое могло бы предотвратить катастрофу. Напротив, кажется, что с декабря 2021 года мы оказались в ускоренной динамике непонимания и предвзятости.

- С самого начала кризиса, как в США, так и в Европе, спецслужбы были заметны своим отсутствием. Некоторые из них имели гораздо менее тревожную картину ситуации, чем преподносили СМИ, что позволило бы вести беспристрастный диалог, но их обошли справа политики, больше заинтересованные в позерстве и *остротах,* чем в размышлениях и переговорах.

8.2. Роль предрассудков

В 1982 году Джордж Кеннан, американский дипломат, который был одним из разработчиков стратегии *сдерживания* Советского Союза, написал[743]:

> *Я считаю, что представление о Советском Союзе, преобладающее сегодня в большей части нашего правительственного и журналистского истеблишмента, настолько экстремально, настолько субъективно, настолько далеко от того, что могло бы показать тщательное изучение внешней реальности, что оно не только неэффективно, но и опасно для руководства политическими действиями.*

В 2022 году замените «Советский Союз» на «Россию», и вы увидите, что мы не сильно изменились.

Конфликт в Украине - это результат конструкции, в которой слова и действия Владимира Путина систематически интерпретируются в соответствии с нашими предрассудками.

В отношении России мы совершаем точно такую же ошибку, как и в отношении джихадистского терроризма: мы приписываем противнику доктрину, построенную на основе наших собственных представлений, подгоняя факты под нашу логику. В результате мы не вникаем в реальную логику оппонента и оставляем инициативу за

---

743. Джордж Ф. Кеннан, *Ядерное заблуждение: советско-американские отношения в атомный век,* Пантеон (Нью-Йорк), 1982 г.

ним. Вот почему Запад сдерживается на всех театрах своих операций, почему израильтяне не могут контролировать терроризм уже более шестидесяти лет и почему Франция опасается возвращения джихадистов, несмотря на поражение «Исламского государства». Вы не можете победить противника, которого не хотите знать...

Ни разу западные дипломаты не озаботились судьбой народа Донбасса, лишенного ресурсов и избиваемого украинским правительством на протяжении восьми лет. В итоге, единственным заметным материальным влиянием Европейского Союза на драматические события начала 2022 года стало принятие санкций и массированные поставки оружия, но его дипломатический вклад был буквально нулевым.

8.3. Институциональный конспирологизм

Никто, даже Владимир Путин, не выступает за войну только потому, что ему нравится война. Ястребы не видят альтернативы войне, потому что их картина ситуации диктует только такое решение.

С 2014 года наше прочтение речи Владимира Путина следует логике: «Путин - диктатор[744] «, «диктатура порождает войну[745] «, «Россия наращивает свое присутствие на украинской границе[746] «, «Путин хочет напасть на Украину[747] «. Таким образом, непроверяемые, непроверяемые *штампы,* оправдываемые приближениями, выстраиваются в ряд, чтобы создать искусственную логику и образ, препятствующие любому мирному разрешению конфликта.

---

744. https://youtu.be/akCBS12of_s

745."Украина и Беларусь: диктатура по-прежнему порождает войну", *huffingtonpost.fr,* 16 апреля 2014 г. (обновлено 5 октября 2016 г.)

746."Украина: российские войска развернуты на границе", *francetvinfo.fr,* 3 февраля 2022 г.

747.Лор Мандевиль, "Учитывая прецеденты Путина, нападение России на Украину вполне вероятно", *lefigaro.fr,* 10 февраля 2022 г.

Таким образом, ярлыки «сепаратисты», «независимые» и «пророссийские» вводят в заблуждение, но они формируют сознание. С 2015 года русские систематически призывают к выполнению Минских соглашений, целью которых был автономный статус для русскоговорящих в составе Украины. Поразительно, что на таких каналах, как *РТС*, ситуация систематически представлялась таким образом, что исключалась возможность какого-либо примирения.

Государственные СМИ, такие как *RTS*, *France 5*, *France 24* или *RTBF*, не работают в соответствии с принципами Мюнхенской хартии (Приложение 4). Другие СМИ, например, частный канал *LN24* в Бельгии, представляют относительно сбалансированную информацию о ситуации в Украине. На французском канале *CNews* леденящие душу свидетельства журналистки Анн-Лор Боннель о военных преступлениях Украины на Донбассе[748], должны заставить нас задуматься не только об этой войне, но и о том, как мы подходили к конфликту. В этом контексте мы должны серьезно задаться вопросом о моральной и уголовной ответственности СМИ, которые не работают в соответствии с этическими журналистскими критериями и намеренно искажают наше восприятие.

Это также показывает, что нас устраивают плохие решения под предлогом того, что они служат благой цели. Это вариант «цель оправдывает средства». Это не соответствует нашим ценностям. Как мы видели, все, что рассказывали нам «эксперты», было основано на усеченной реальности, с некоторыми событиями, удаленными, чтобы соответствовать повествованию.

---

748. Анн-Лор Боннель: "Украина бомбит собственное население уже восемь лет, и за это время погибло 13 000 человек", *CNews*.fr, 1ᵉʳ марта 2022 г.

8.4. Возмущение переменной геометрией

Выросший в культуре, которая отвергает насилие как в действиях, так и в мыслях, я осуждаю войну, но я, как мы говорим в Швейцарии, гражданин-солдат, который принимает и даже считает законным применение силы в случае необходимости!

Отнюдь не считая, что решение Владимира Путина напасть на Украину было правильным, я все же думаю, что стоит критически взглянуть на то, как мы справились с этим кризисом и кризисами вообще.

Ибо мы должны задать себе несколько вопросов. После нескольких месяцев *заявлений о* том, что Владимир Путин находится в опасности нападения на Украину, полное отсутствие решимости Запада выполнить Минские соглашения необъяснимо.

Кто осудил и пытался предотвратить систематические бомбардировки населения Донбасса собственным правительством? Кто ввел санкции против украинского правительства за прекращение подачи воды жителям Крыма?

Ценности, которые мы утверждаем, что защищаем, являются изменяемой геометрией.

Джулиан Ассанж отсидел в тюрьме больше, чем виновные в военных преступлениях, которые он осудил, и никто не наказал Соединенные Штаты за эти преступления. И мы продолжаем... Мы осуждаем - и совершенно справедливо - нападки на свободу мысли, прессы и информации. Но в Германии дирижера увольняют за отказ осудить российское наступление[749]. В Чешской Республике демонстрация в поддержку России против Украины считается *«поддержкой преступления против человечности или геноцида»*,

---

749. Марианна Гуэно, "Известный дирижер, который близко дружит с Путиным, был уволен из своего оркестра за то, что не осудил вторжение в Украину", *Business Insider*, 1ᵉʳ марта 2022 г.

Путин - мастер игры?

что карается лишением свободы на срок до трех лет[750]. Если добавить к этому отвратительные заявления Бруно Ле Мэра, министра экономики Франции, то получится картина того, во что превратились наши ценности.

Те же люди, которые аплодировали ударам по Ливии и Ираку, удивляются, что Россия делает то же самое, разрушая украинскую инфраструктуру. Те же люди, которые борются с национализмом во Франции и Европе, празднуют, вооружают и поддерживают ультранационализм в Украине...

Наступление Владимира Путина является незаконным в соответствии с Уставом ООН. Но... разве США хоть раз подвергались санкциям за намеренную ложь Совету Безопасности, чтобы оправдать свою войну в Ираке?

Признание Владимиром Путиным республик Донбасса 21 февраля 2022 года было встречено первым шквалом санкций. Однако одностороннее признание Дональдом Трампом Голанских высот израильской территорией или Иерусалима столицей Израиля не вызвало никакой реакции или санкций против Израиля или США. Тем не менее, это было незаконно.

26 февраля 2022 года международное (западное) сообщество ставит под сомнение воздержание Объединенных Арабских Эмиратов от осуждения России в Совете Безопасности[751]. Это яркая демонстрация того, что наш западный ум не пытается понять, почему народы Ближнего Востока смотрят на этот кризис несколько иначе.

Что делает российское наступление в Украине более заслуживающим порицания, чем война США и Великобритании против Ирака, против которой не было принято никаких санкций, несмотря

---

750. Даниэла Лазарова, "Главный прокурор предостерегает от общественной поддержки российской агрессии", *Радио Прага*, 26 февраля 2022 г.
751. Лаура-Май Гаверье, "Au Conseil de sécurité de l'ONU, le non-alignement stratégique des Émirats arabes unis", *Les Echos*, 26 февраля 2022 г.

8. Выводы - Путин, мастер игры?

на сотни тысяч (возможно, миллионы) жертв? Разве арабское население стоит меньше, чем украинское?

США, Великобритания, Франция, Польша, Литва, Румыния и другие страны были вовлечены в агрессивные войны после того, как солгали международному сообществу. Они пытали, убивали женщин и детей задокументированным и известным способом, под честное слово Европейского Союза и НАТО. «Отсутствие реакции равносильно одобрению.[752]

Я не знаю, каковы ценности Владимира Путина, и я не знаю, как его назвать, но я знаю, что в любом случае у нас нет ценностей, и мы не лучше.

Как писал Генри Киссинджер, советник Рональда Рейгана по национальной безопасности, в газете *«Вашингтон пост»*:

> *Демонизация Владимира Путина - это не политика; это алиби для того, чтобы не иметь политики*[753] .

В конце концов, большим победителем стал Владимир Путин.

752.”Аэроплан, перенаправленный Беларусью: “Отсутствие реакции со стороны России стоит гарантировать”, говорит Жан-Ив Ле Дриан”, *francetvinfo.fr*, 26 мая 2021 г.
753.Генри А. Киссинджер, “Чем закончится кризис в Украине”, *The Washington Post*, 5 марта 2014 г.

Приложение 1 - Действия и деятельность администрации Трампа против России и ее интересов

Дата	Измерение/деятельность	Источник
6 января 2017 г.	Первые американские танки высаживаются в Европе для развертывания на Востоке	rtbf.be
16 января 2017 г.	Американские солдаты размещены в нескольких европейских странах	AFP/Le Point
7 апреля 2017 г.	Трамп наносит удары по Сирии после химической атаки	AFP/Le Point
22 апреля 2017 г.	Трамп отказывает Exxon Mobil в отмене санкций против России	Мир
12 апреля 2017 г.	Для Путина приход Трампа ухудшил российско-американские отношения	lesoir.be
2 августа 2017 г.	Дональд Трамп вводит новые санкции против России	rts.ch
13 сентября 2017 г.	Вашингтон запрещает антивирус Касперского в федеральных учреждениях	AFP/La Presse
14 ноября 2017 г.	Российский канал классифицирован как иностранный агент	Трибюн де Женев
26 сентября 2017 г.	Соединенные Штаты ограничивают полеты российских военных над своей территорией.	The Independent
13 декабря 2017 г.	Касперский: Президент Дональд Трамп подписал закон о запрете на использование продуктов компании в правительстве	developpez.com
23 декабря 2017 г.	Вашингтон поставит Киеву летальное оружие	Мир

Дата	Заголовок	Источник
20 декабря 2017 г.	Россия: новые санкции США, цель - чеченский лидер	AFP/lexpress.fr
18 января 2018 года	Вашингтон обвиняет Россию в помощи Северной Корее	AFP/Le Figaro
19 января 2018 года	США считают Китай и Россию более серьезными угрозами, чем терроризм	Радио-Канада
17 февраля 2018 года	Сирия: российские истребители погибли от ударов США?	Франция24
26 марта 2018 года	Трамп приказал закрыть российское консульство в Сиэтле	LeMatin.ma
26 марта 2018 года	Дело Скрипаля: Трамп распорядился выслать из страны шестьдесят россиян	Рейтер/ Проблемы
4 апреля 2018 г.	США направляют военных в Восточную Европу для противостояния России	Эхо
3 апреля 2018 года	Трамп критикует Германию за газопровод в Северном море	DPA
7 апреля 2018 года	Вашингтон вводит санкции против «олигархов», близких к Путину	Les Echos
14 апреля 2018 года	Трамп наносит целевые удары в Сирии совместно с Францией и Великобританией	Huffington Post
12 апреля 2018 года	Напряженность между США и Россией из-за Сирии: к возвращению холодной войны?	Europe1.fr
9 апреля 2018 года	Алюминий. Российский гигант «Русал», попавший под санкции Вашингтона, падает на фондовом рынке	AFP/ Ouest-France
8 мая 2018 г.	Иран: Россия «глубоко разочарована» решением Трампа	AFP/lexpress.fr
11 июля 2018 г.	Трамп просит союзников увеличить военные расходы до 4% ВВП	Эхо
11 июля 2018 г.	Нато: Трамп говорит Макрону, что «разрыва» с Европой не будет	AFP/BFM TV
29 июля 2018 г.	Газ: Трамп готов наступать на пятки России в Европе	мнение
9 августа 2018 г.	Дело Скрипаля. Вашингтон объявляет о новых санкциях против Москвы	Международный курьер
12 августа 2018 г.	Дональд Трамп готов запустить свою космическую армию	Время

Путин - мастер игры?

14 августа 2018 г.	США: подписан рекордный бюджет для Пентагона	latribune.fr
11 сентября 2018 г.	Россию обвиняют в звуковых атаках на американских дипломатов на Кубе	Холм
21 сентября 2018 г.	США ввели санкции против Китая за покупку у России самолетов Су-35 и систем С-400	opex360.com
5 октября 2018 г.	Индия приобретает российские зенитные комплексы, несмотря на предупреждения Вашингтона	AFP/lexpress.fr
21 октября 2018 г.	Трамп выходит из ядерного договора с Россией	AFP/lexpress.fr
7 ноября 2018 г.	Дональд Трамп введет новые санкции против России	capital.fr
30 ноября 2018 г.	Напряженность между Россией и Украиной: Трамп отменяет встречу с Путиным	Радио-Канада
19 декабря 2018 г.	Вмешательство в выборы: санкции США против российских чиновников	AFP/ Le Figaro.fr
12 июня 2019 года	Трамп заявил, что США направят в Польшу 1000 военнослужащих	Рейтер/Ле Фигаро
2 августа 2019 года	США официально выходят из договора о разоружении ядерного оружия INF	Франция 24
3 августа 2019 года	Дело Скрипаля: США ввели новые финансовые санкции против России	AFP/Le Parisien
3 января 2020 года	Дональд Трамп одобрил санкции США в отношении компаний газопровода «Северный поток 2	Европейское агентство
18 февраля 2020 года	США ввели санкции против Rosneft Trading S.A., чтобы обезопасить природные ресурсы Венесуэлы	Государственный департамент США, заявление Майкла Помпео
21 мая 2020 г.	Дональд Трамп денонсирует Договор об открытом небе, обвиняя Москву в его нарушении	AFP/franceinfo
13 июля 2020 г.	Эльза Трухильо, «Трамп впервые подтверждает кибератаку США на Россию	BFM TV
16 октября 2020 г.	Договор о новом старте: Вашингтон отвергает «неприемлемое» предложение Путина	liberation.fr
22 ноября 2020 года	США официально выходят из Договора по открытому небу	Белга/РТБФ

Приложение1-ДействияидеятельностьадминистрацииТрампапротивРоссиииееинтересов

24 ноября 2020 года	Россия обвиняет американский корабль в нарушении своих территориальных вод	AFP/Le Figaro
14 декабря 2020 г.	США ввели санкции против Турции за покупку российских ракет С-400	Франция 24
15 декабря 2020 года	Помпео обвиняет Россию в «сеянии хаоса» в бассейне Средиземного моря	7sur7.be
19 декабря 2020 г.	США закроют консульства в России	24heures.ch
5 января 2021 года	США усиливают санкции против газопровода «Северный поток 2	Мир

Приложение 2 - Оценка Путиным ситуации

Дата		Источник	Популярность (%)
26/12/2011	Путин столкнулся с самым большим кризисом в своей жизни	The Tribune	63
19/12/2014	Путин ослаблен	L'Obs	85
01/02/2015	Путин теряет влияние на московские элиты	CBC News	85
08/07/2015	Путин слаб и напуган	Vox	87
18/05/2016	Путин в затруднительном положении	Новости США	80
29/06/2017	Путин теряет престиж	Stratfor	81
28/09/2018	Путин ослаблен проведенными реформами	BFM TV	67
05/10/2018	Путин теряет контроль	Express UK	66
20/06/2019	Путин теряет доверие россиян	Politico	68
13/08/2019	Путин - символ унижения России	Int. Policy Digest	67
09/09/2019	Путин теряет контроль	Отчет Палмера	68
20/01/2020	Путин близок к своей политической гибели	Аль-Джазира	68
26/04/2020	Путин может быть свергнут из-за кризиса CoViD	The Sun	59
01/05/2020	Путин столкнулся с крупнейшим кризисом за последние 20 лет	The Times	59
17/06/2020	Путин терпит крах в опросах	Аль-Джазира	60
29/08/2020	Путин потрясен	Экономист	66

21/09/2020	Путина дестабилизирует воскрешение Навального	Фигаро	69
08/10/2020	Путин оказался в изоляции из-за крупнейшего кризиса своего режима	Daily Beast	68
20/11/2020	У Путина рак	Гала	65
01/02/2021	Путин в обороне	Франция Интер	64
17/10/2021	Общественное мнение о Путине продолжает снижаться	Франция 5	67
10/01/2022	Популярность Путина идет на спад	Le Devoir	69

Оценка власти Владимира Путина, данная «Аль-Джазирой», в сравнении с рейтингами популярности, зафиксированными «Левада-центром» в то же время[754]. Левада-центр считается российскими властями иностранным агентом.

754.”Одобрение институтов и доверие к политикам”, *Левада-центр*, 2022 год

Приложение 3 - Соглашения Минск II
(15 февраля 2015 года)

Данный текст Минских соглашений - это текст, содержащийся в резолюции SC/2202 (2015), принятой Советом Безопасности ООН 17 февраля 2015 года.

Комплекс мер по выполнению Минских соглашений

(Минск, 12 февраля 2015 г.)

1. Немедленное и всеобъемлющее прекращение огня в определенных районах Донецкой и Луганской областей Украины и его неукоснительное выполнение с полуночи по местному времени 15 февраля 2015 года.

2. Отвод обеими сторонами всех тяжелых вооружений на равные расстояния для создания зоны безопасности шириной не менее 50 км для артиллерийских систем калибра 100 мм и выше и зоны безопасности шириной 70 км для реактивных систем залпового огня и 140 км для реактивных систем залпового огня TORNADO-S, OURAGAN и SMERCH и тактических ракетных систем TOTCHKA (TOTCHKA-U):

   — -Для украинских сил - от фактической линии соприкосновения;

   — -Для вооруженных формирований в определенных районах Донецкой и Луганской областей Украины, от линии соприкосновения, установленной в соответствии с Минским меморандумом от 19 сентября 2014 года.

Отвод тяжелых вооружений, перечисленных выше, должен начаться не позднее второго дня после прекращения огня и завершиться в течение 14 дней.

Организация по безопасности и сотрудничеству в Европе (ОБСЕ) внесет свой вклад в этот процесс при поддержке Трехсторонней контактной группы.

3. Эффективный мониторинг и верификация ОБСЕ режима прекращения огня и отвода тяжелых вооружений с первого дня прекращения огня с использованием всех необходимых технических средств, включая спутники, беспилотники, радары и другие системы.

4. в первый день после отвода открытие диалога о модальностях проведения местных выборов в соответствии с украинским законодательством, включая Закон «О временных формах осуществления местного самоуправления в отдельных районах Донецкой и Луганской областей», а также о будущем режиме этих районов в рамках указанного Закона.

   Незамедлительно, не позднее 30 дней со дня подписания настоящего документа, Верховная Рада Украины принимает постановление, определяющее территорию, на которой действует особый режим в соответствии с Законом Украины «О временных условиях осуществления местного самоуправления в отдельных районах Донецкой и Луганской областей», исходя из линии, установленной Минским меморандумом от 19 сентября 2014 года.

5. всеобщее помилование и амнистия путем принятия закона, запрещающего любое преследование и наказание лиц в связи с событиями в отдельных районах Донецкой и Луганской областей Украины.

6. освобождение и обмен всех заложников и незаконно удерживаемых лиц по принципу «всех на всех». Этот процесс должен быть завершен не позднее пятого дня после снятия.

7. предпринять шаги для обеспечения, через международный механизм, безопасного доступа гуманитарного персонала и безопасной доставки, хранения и распределения гуманитарной помощи нуждающимся.

8. Установление условий для полного восстановления социально-экономических отношений, включая социальные трансферты, такие как выплата пенсий и другие выплаты (доходы и поступления, своевременная оплата всех коммунальных платежей, возобновление налогообложения в рамках украинского законодательства).

Для этого Украина восстановит контроль над частью своей банковской системы, расположенной в районах, затронутых конфликтом, и в конечном итоге будет создан международный механизм для содействия таким переводам.

9. Восстановление полного контроля государственной границы украинским правительством на всей территории зоны конфликта, которое должно начаться в первый день после местных выборов и завершиться после всеобъемлющего политического урегулирования (местные выборы в отдельных районах Донецкой и Луганской областей на основе украинского законодательства и конституционной реформы) к концу 2015 года, при условии выполнения пункта 11 *по консультации и согласованию с представителями отдельных районов Донецкой и Луганской областей в* рамках Трехсторонней контактной группы.

Вывод всех иностранных вооруженных формирований, военной техники и наемников с территории Украины под наблюдением ОБСЕ. Разоружение всех незаконных группировок.

Проведение конституционной реформы в Украине и вступление в силу до конца 2015 года новой конституции, ключевым элементом которой будет децентрализация, с учетом особенностей отдельных районов Донецкой и Луганской областей, которые будут определены *по согласованию с представителями этих районов*, и принятие до конца 2015 года постоянного законодательства об особом статусе отдельных районов Донецкой и Луганской областей в соответствии с мерами, изложенными в примечании ниже (см. примечание)

На основании Закона Украины «О временных мерах по осуществлению местного самоуправления в отдельных районах Донецкой и Луганской областей» в рамках трехсторонней контактной группы будут *обсуждаться и согласовываться с представителями отдельных районов Донецкой и Луганской областей* вопросы, связанные с проведением местных выборов. Выборы будут проводиться в соответствии с соответствующими стандартами ОБСЕ, и за ними будет наблюдать Бюро ОБСЕ по демократическим институтам и правам человека.

13. Активизация работы Трехсторонней контактной группы, в том числе путем создания рабочих групп по реализации соответствующих аспектов Минских соглашений. Эти рабочие группы будут отражать состав Трехсторонней контактной группы.

Примечание

Меры, принятые в соответствии с Законом «О временных мерах по осуществлению местного самоуправления в отдельных районах Донецкой и Луганской областей», включают следующее.

- Никаких наказаний, преследований или дискриминации в отношении лиц, связанных с событиями в определенных районах Донецкой и Луганской областей, не будет.
- Право на языковое самоопределение будет обеспечено.

– Местные администрации будут участвовать в назначении руководителей органов прокуратуры и суда в некоторых районах Донецкой и Луганской областей.

– Центральные органы исполнительной власти могут заключать соглашения с соответствующими органами местного самоуправления по вопросам экономического, социального и культурного развития отдельных районов Донецкой и Луганской областей.

– Государство будет поддерживать социально-экономическое развитие отдельных районов Донецкой и Луганской областей. Центральное правительство будет способствовать приграничному сотрудничеству между некоторыми районами Донецкой и Луганской областей и районами Российской Федерации.

– По приказу местных советов будут сформированы подразделения ополчения для поддержания порядка в определенных районах Донецкой и Луганской областей.

– Депутаты и члены, избранные на выборах, ранее проведенных Верховной Радой Украины (парламентом Украины) в соответствии с настоящим законом, не могут быть смещены с должности до окончания срока их полномочий.

Члены Трехсторонней контактной группы:

Хайди Тальявини, посол

Л.Д. Кучма, второй президент Украины

Г-н Иов Зурабов, посол Российской Федерации в Украине

А.В. Захарченко

И.В. Плотницкий

Заявление Президента Российской Федерации, Президента Украины, Президента Французской Республики и Канцлера Федеративной Республики Германия в поддержку пакета мер по выполнению Минских соглашений, принятых 12 февраля 2015 года

Президент Российской Федерации Владимир Путин, Президент Украины Петр Порошенко, Президент Французской Республики Франсуа Олланд и Канцлер Федеративной Республики Германия Ангела Меркель подтверждают свое полное уважение суверенитета и территориальной целостности Украины. Они твердо убеждены, что урегулирование исключительно мирными средствами является единственным вариантом. Они полностью готовы принять все возможные индивидуальные или совместные меры для достижения этой цели.

В этом контексте главы государств и правительств одобряют пакет мер по выполнению Минских соглашений, принятый и подписанный в этом городе 12 февраля 2015 года всеми сторонами, подписавшими Минский протокол от 5 сентября 2014 года и Минский меморандум от 19 сентября 2014 года. Главы государств и правительств будут вносить свой вклад в этот процесс и использовать свое влияние на заинтересованные стороны для содействия реализации пакета.

Германия и Франция предоставят техническую поддержку для восстановления части банковской системы, расположенной в районах, пострадавших от конфликта, возможно, путем создания международного механизма для содействия социальным трансфертам.

Лидеры разделяют убеждение, что более тесное сотрудничество между ЕС, Украиной и Российской Федерацией будет способствовать урегулированию кризиса. С этой целью они поддерживают продолжение трехсторонних переговоров между ЕС, Украиной и Российской Федерацией по энергетическим вопросам, чтобы добиться прогресса в вопросе зимних поставок газа.

Они также поддерживают проведение трехсторонних переговоров между Европейским Союзом, Украиной и Российской Федерацией для поиска конкретного пути решения проблем, поднятых Российской Федерацией в связи с реализацией углубленной и всеобъемлющей зоны свободной торговли между Европейским Союзом и Украиной.

Главы государств и правительств остаются привержены перспективе создания общего гуманитарного и экономического пространства от Атлантического до Тихого океанов, основанного на полном уважении международного права и принципов Организации по безопасности и сотрудничеству в Европе (ОБСЕ).

Лидеры будут по-прежнему привержены выполнению Минских соглашений. С этой целью они договорились создать механизм последующих действий в «нормандском формате», который будет проводить регулярные встречи, в принципе, на уровне старших должностных лиц министерств иностранных дел.

Приложение 4 - Мюнхенская хартия

Десять обязанностей журналиста

1. уважать правду, какими бы ни были последствия для себя, из-за права общества знать правду
   Защищать свободу информации, комментариев и критики.

3. публиковать только ту информацию, происхождение которой известно, или сопровождать ее, если необходимо, соответствующими оговорками; не удалять существенную информацию и не изменять тексты и документы

4. не использовать нечестные методы для получения информации, фотографий и документов.

5. обязаны уважать частную жизнь людей.

6. исправлять любую опубликованную информацию, которая признана неточной.

7. сохранять профессиональную тайну и не раскрывать источник информации, полученной конфиденциально.

8. воздерживаться от плагиата, клеветы, наговоров, необоснованных обвинений и получения какой-либо выгоды от публикации или удаления информации.

9 Никогда не путайте журналистику с рекламой или пропагандой; не принимайте никаких прямых или косвенных указаний от рекламодателей.

10. не поддаваться давлению и принимать редакционные указания только от тех, кто отвечает за редакцию.

Пять прав журналиста

1. Журналисты требуют свободного доступа ко всем источникам информации и права свободно расследовать все факты, влияющие на общественную жизнь. Тайна государственных или частных дел может быть использована против журналистов только в порядке исключения на четко выраженных основаниях.

2. Журналист имеет право отказаться от любого подчинения, которое противоречит общей политике его компании, изложенной в письменном виде в трудовом договоре, а также от любого подчинения, которое явно не подразумевается этой общей политикой.

3. Журналисты не могут быть принуждены к совершению профессионального действия или выражению мнения, которое противоречит их убеждениям или совести.

4. Редакция должна быть проинформирована о любом важном решении, которое может повлиять на жизнь компании. С ним, по крайней мере, должны проводиться консультации до принятия окончательного решения по любым мерам, влияющим на состав редакции: прием на работу, увольнение, перевод и продвижение журналистов.

5 С учетом своих функций и обязанностей журналисты имеют право не только на преимущества коллективного договора, но и на личный контракт, обеспечивающий их материальную и моральную безопасность, а также на вознаграждение, соответствующее их социальной роли и достаточное для гарантии их экономической независимости.

Achevé d'imprimer en septembre 2024
par la Société SEVEN · 91942 COURTABŒUF

Dépôt légal à parution
Imprimé en France